紙芝居入門②

おすすめ 紙芝居 400冊

こんな時はこの紙芝居を

子どもの文化研究所　編

もくじ

はじめに／リストの使い方…4

こんな時はこの紙芝居を（索引―ジャンルと活用別）……… 6

日本の昔話の索引 ……… 6

春…6　夏…6（「怪談」…14）　秋…7　冬…7　季節を問わない昔話…7

アジアの昔話の索引 ……… 9

韓国・中国・モンゴル・チベット・ベトナム・ラオス・スリランカ・インドネシア・インド

欧・米・アフリカの昔話（イソップ、グリムも）の索引 ……… 10

ロシア・ウクライナ・ポーランド・ベルギー・フランス・イタリア・イギリス・ナイジェリア・北米ネイティブ、イソップ・グリム

原作－文学作品（宮沢賢治〜アンデルセンなどの名作）の索引 ……… 10

日本…10　外国…12

いろいろなお話の索引 ……… 13

笑い話・落語…13　怪談・怖い話…14　冒険…14
友だち・友情…14　親子・家族…15

行事の索引 ……… 15

保育園・幼稚園、学校で　の索引 ……… 17

生活習慣…17　防犯・防災…17　交通安全…17　健康…18
乗り物…18　自然…18

平和と人権の索引 ……… 19

本当にあった話の索引 ……… 20

紙芝居であそぼ！の索引 ……… 20

赤ちゃんと高齢者へ　の索引 ……… 21

赤ちゃん向け…21　高齢者向け…22

創作紙芝居の索引 ……… 22

シリーズ（『アンパンマン』〜『ロボット・カミイ』まで）……… 25

作品紹介 450 冊（五十音順） ……… 29

あ行（『あかしろうんどうかい』〜『おむすびくん』まで）……… 30
か行（『かあさんのイコカ』〜『金色夜叉』まで） ……… 52
さ行（『さぎとり』〜『そんごくう』まで） ……… 77
た行（『だいくとねこ』〜『とんまなおおかみ』まで） ……… 91
な・は行（『ないたあかおに』〜『ほねほね…ほ！』まで） ……… 113
ま〜わ行（『まっくらぐらぐら』〜『わんわんちゃん』まで） ……… 147
執筆者一覧…165

紙芝居作家が語る—私と紙芝居 ……… 166

岡野　和…166　香山美子…167　篠崎三朗…168　鈴木幸枝…169
瀬名恵子…170　高木あきこ…171　土田義晴…172　ときわひろみ…173
とよたかずひこ…174　夏目尚吾…175　藤本四郎…176　古山広子…177
水谷章三…178　宮﨑二美枝…179　やべみつのり…180　わしおとしこ…181
渡辺享子…182　和歌山静子…183　長野ヒデ子…184

作者別索引 ……… 201

脚本…201　画…194　原作…187

はじめに

ここ十年ほど、紙芝居は、赤ちゃんから高齢者まで観客の年齢層が広がりました。また活用の場も幼稚園・保育園はもとより教育、地域、各種施設に広がり、図書館では貸出しがますます盛んになっています。読書ボランティアや高齢者介護士など、演じる人びとも増えています。しかし演じ手の多くは、どのような紙芝居があるのか、演じたい作品選びに悩んでいます。手作り紙芝居が方々で盛んに作られているのは、その答えの一つかもしれません。あるいは出版されている作品の中でその良さが理解されていないこともあるでしょう。「こんな紙芝居もありますよ」「この作品にはこんな演じ方も」「赤ちゃん向けだけど、高齢者にも人気です」「子どもが演じても楽しい」などの情報があれば、手助けになりそうです。

そこで紙芝居の仲間の力を集め、お勧めできる作品を選び解説をつけ、リストを作ることにしました。上地ちづ子さんが毎月『保育の友』に書き続け残してくれた作品紹介を参考にしました。また、長年にわたり各地で紙芝居の楽しさを広めた不世出の実演家・右手和子さんがよく演じ勧めてきた作品群がもとになりました。右手さんにはリストの監修をお願いするつもりでしたが、かないませんでした。

このリストにある450あまりの作品のうち、今、購入できるものは五割ほどです。その他は図書館で借りられます。いつも使う図書館になくても、公共図書館は相互協力のネットワークを使い、リクエストに応じ提供します。職員に相談してください。保育現場、学校、図書館、高齢者施設、地域交流、子育て支援の場などでこのリストが活用され、紙芝居を楽しむ方がふえることを願ってやみません。

編集委員一同

リストの使い方

1．収録範囲

2000年から2013年の間に出版されたものと、1999年以前に出版され2000年当時入手（購入）可能だったものを、あわせて選びました。

絵本の絵をそのまま使っている作品や、上演に長時間かかるものなどはさけました。

2．配列

題名の50音順です。シリーズとしてまとめて紹介したもの（「ちいさいモモちゃんシリーズ」など）は、該当ページの近くに載せました。

（最終段階で選定した『おとうさん』は、126ページの空きスペースに挿入）

■3．記載事項

①題名　②脚本　画　原作の作者名　③出版社　出版年　④枚数（上演時間のめやす）
⑤キーワード

①副題とシリーズ名は省略しました。　②作者名は作品に記されたものをもとにしました。
③出版年は初版を基本とし、作品に記載のないものは出版社に問い合わせて入れました。
④上演時間は、おおよその目安です。　⑤キーワードは作品の内容をつかむ参考にしてください。

■4．解説

あらすじと作品の特徴と演じ方について書きました。演じ方は、演じる人・場・観客により様々ですから、演じる一例とお考えください。作者や制作の経緯には、ほとんどふれていません。

■5．索引

巻頭の「索引—ジャンルと活用別」は、作品を適切に選べるように、項目一覧表により分け、いろいろに使える作品は数項目にのせました。

作品名【必要に応じて、地名・人名・行事等が入る】の後に、作者・出版社・出版年・枚数を補記し、掲載ページに案内しています。

巻末の「作者索引—脚本、画、原作別」は、作品名を補記し、掲載ページに案内しています。

■6．エッセイ「紙芝居作家が語る—私と紙芝居」

多くの紙芝居を出版している作家の方に執筆していただきました。

【凡例】

タイトル —— おおきくなりたいな

①場面の画像
脚本の作者名
画の作者名
出版社名
初版年
実演時間の目安
枚数（場面数）
キーワード

脚本／松谷みよ子　絵／垂石眞子
童心社　2001年　8枚（5分）
食事　女の子　兎

＊〈間《ま》のとり方〉〈抜き方〉のアドバイスは、〈　〉で表記しています。

＊語句説明…「遠目《とおめ》がきく」：離れたところからでも、絵がはっきり見えること。

（演じ方のコツと、紙芝居の絵・脚本の特性については、姉妹編『紙芝居－演じ方のコツと基礎理論のテキスト』をご参照ください。）

＊五山《ござん》賞…紙芝居作家・高橋五山を顕彰して 1962 年に制定された、紙芝居唯一の賞。各年度の出版紙芝居から、年間最優秀作に授与されます。

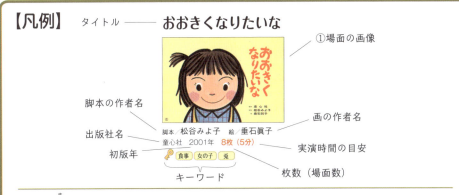

こんな時はこの紙芝居を
索引―ジャンルと活用別

〔日本の昔話〕春　6／夏　6／秋　7／冬　7／季節を問わない昔話　7〔アジアの昔話〕9〔欧・米・アフリカの昔話〕10〔原作―文学作品〕日本　10／外国　12〔いろいろなお話〕笑い話・落語　13／怪談・怖い話　14／冒険　14／友だち・友情　14／親子・家族　15〔行事〕15〔保育園・幼稚園、学校で〕生活習慣　17／防犯・防災　17／交通安全　17／健康　18／乗り物　18／自然　18〔平和と人権〕19〔本当にあった話〕20〔紙芝居であそぼ！〕20〔赤ちゃんと高齢者へ〕赤ちゃん向け　21／高齢者向け　22〔創作紙芝居〕22〔シリーズ〕25

日本の昔話

春

おだんご　ころころ【お彼岸】　坪田譲治　二俣英五郎　童心社　1972年　12枚……**47**
かっぱのすもう　渋谷　勲　梅田俊作　童心社　1984年　12枚……**55**
だんごとじぞう【お彼岸】　日本仏教保育協会　諸橋精光　夏目尚吾　すずき出版　1997年　16枚……**95**
とんだちょうじゃどん　堀尾青史　二俣英五郎　童心社　1969年　12枚……**111**
なぜ、おふろにしょうぶをいれるの？【端午の節句】　常光　徹　伊藤秀男　童心社　2001年　12枚……**114**
はなさかじじい　浜田広介　黒崎義介　教育画劇　1971年　16枚……**130**
ひなにんぎょうのむかし【ひな祭り】　小野和子　池田げんえい　教育画劇　1993年　12枚……**136**
ふしぎなしゃもじ　佐々木悦　須々木博　童心社　1977年　12枚……**141**
めしくわぬよめさま　東川洋子　岡本武紫　教育画劇　1988年　12枚……**151**
りゅうとにわとり【沖縄民話】　平田恵美子　友利恭子　童心社　1997年　12枚……**161**

夏（「怪談」は14ページ）

あかんぼばあさん　川崎大治　金沢佑光　童心社　1975年　12枚……**30**
天の川にかかるはし【七夕】　小野和子　狩野富貴子　教育画劇　1995年　12枚……**32**
うなぎにきいて　桂　文我　長谷川義史　童心社　2005年　12枚……**38**
うみにしずんだおに【土佐民話】　松谷みよ子　二俣英五郎　童心社　1973年　16枚……**39**
おけやのてんのぼり　川崎大治　二俣英五郎　童心社　1971年　16枚……**45**
おぶさりてい　市川京子　夏目尚吾　教育画劇　1984年　12枚……**50**
くわず女房　松谷みよ子　長野ヒデ子　童心社　1998年　12枚……**64**
じいさまときつね　増田尚子　二俣英五郎　童心社　1982年　12枚……**80**
てつだいねこ【田植え】　水谷章三　大和田美鈴　童心社　2004年　12枚……**103**
天人のはごろも　堀尾青史　丸木俊子　童心社　1961年　16枚……**105**
なしとりきょうだい　東川洋子　池田げんえい　教育画劇　1992年　12枚……**114**
のっぺらぼう　渋谷　勲　小沢良吉　童心社　1982年　16枚……**124**

へっこきよめ　香山美子　川端　誠　教育画劇　1998年　12枚……**145**
へっこきよめさま　水谷章三　藤田勝治　童心社　2005年　12枚……**145**
りゅうになったおむこさん　近江民話　今関信子　西村達馬　教育画劇　1993年　12枚……**161**

秋

いのししのすもう【お月見】　吉田タキノ　篠崎三朗　教育画劇　1998年　12枚……**36**
おだんご　ころころ【お彼岸】　坪田譲治　二俣英五郎　童心社　1972年　12枚……**47**
かぜのかみとこども　渋谷　勲　わかやまけん　童心社　1983年　12枚……**53**
さるかにがっせん　長崎源之助　若菜　珪　教育画劇　1971年　16枚……**78**
さるとかに　松谷みよ子　西巻茅子　童心社　1986年　16枚……**78**
十五夜さま【お月見】　渋谷　勲　藤田勝治　童心社　1989年　12枚……**83**
せんとくのおかね【山形昔話】　佐々木悦　箕田源二郎　童心社　1995年　12枚……**88**
たべられたやまんば　松谷みよ子　二俣英五郎　童心社　1970年　16枚……**94**
だんごとじぞう【お彼岸】　日本仏教保育協会　諸橋精光　夏目尚吾　すずき出版　1997年　16枚……**95**
天人のよめさま　松谷みよ子　中尾　彰　童心社　1969年　12枚……**105**
なぜ、お月さまにおそなえをするの？【お月見】　渡辺享子　童心社　2001年　12枚……**114**
わらしべちょうじゃ　吉野弘子　木佐森隆平　教育画劇　1983年　12枚……**164**

冬

あとかくしの雪　ときわひろみ　藤本四郎　教育画劇　2012年　12枚……**31**
おおみそかのおきゃくさま【大晦日】　矢崎節夫　藤本四郎　教育画劇　1998年　12枚……**44**
かさじぞう【大晦日】　長崎源之助　箕田源二郎　教育画劇　1993年　16枚……**53**
かさじぞう【大晦日】　松谷みよ子　まつやまふみお　童心社　1973年　16枚……**53**
さぎとり　桂　文我　国松エリカ　童心社　2004年　12枚……**77**
ざしきわらし　水谷章三　篠崎三朗　童心社　1993年　12枚……**77**
だいくとねこ　新井悦子　堀川　波　教育画劇　2012年　12枚……**91**
つるのおんがえし　岡上鈴江　輪島みなみ　教育画劇　1977年　16枚……**102**
ねずみのおもちつき【年末】　杉本由紀子　西村達馬　教育画劇　1989年　12枚……**123**
はなたれこぞうさま　安田　浩　若菜　珪　教育画劇　1987年　12枚……**130**
びんぼうがみとふくのかみ【大晦日】　鈴木敏子　佐々木悦　二俣英五郎　童心社　1995年　12枚……**139**
ふくはうち　おにもうち【節分】　藤田勝治　童心社　1998年　12枚……**141**
冬のわらたば　津谷タズ子　西山三郎　童心社　1991年　16枚……**143**
ゆきおんな　桜井信夫　箕田源二郎　童心社　1982年　16枚……**156**

季節を問わない昔話

天の石屋戸（日本の神話シリーズ）【出雲神話】　西野綾子　黒田征太郎　かみありづき　2013年　14枚……**118**
あんもちみっつ　水谷章三　宮本忠夫　童心社　1984年　8枚……**35**
いっすんぼうし　浜田留美　池田仙三郎　教育画劇　1977年　16枚……**36**
イナバのしろうさぎ（日本の神話シリーズ）【出雲神話】　西野綾子　長野ヒデ子　かみありづき　2013年　12枚……**118**
うしかたとやまんば　坪田譲治　福田庄助　童心社　1967年　16枚……**38**

うばすて山　岩崎京子　長野ヒデ子　童心社　2011年　16枚……**39**
うまいものやま　佐々木悦　箕田源二郎　童心社　1975年　12枚……**39**
うみのみずはなぜからい　水谷章三　藤田勝治　童心社　2002年　16枚……**40**
うらしまたろう　奈街三郎　工藤市郎　教育画劇　1971年　16枚……**40**
うりこひめとあまのじゃく　松谷みよ子　梶山俊夫　童心社　1973年　16枚……**41**
おさんぎつね　折口てつお　若菜　珪　教育画劇　1988年　16枚……**46**
おとうふさんとそらまめさん　松谷みよ子　長野ヒデ子　童心社　2005年　8枚……**48**
おにのかたなづくり　鶴見正夫　清水耕蔵　教育画劇　1992年　12枚……**49**
おまんじゅうのすきなとのさま　村上春夫　日下部由美子　篠崎三朗　童心社　1995年　12枚……**51**
国ゆずりのものがたり（日本の神話シリーズ）【出雲神話】　西野綾子　スズキコージ　かみありづき　2013年　12枚……**119**
子そだてゆうれい　桜井信夫　須々木博　童心社　1991年　16枚……**72**
したきりすずめ　安田　浩　輪島みなみ　教育画劇　1971年　16枚……**81**
したきりすずめ　松谷みよ子　堀内誠一　童心社　1980年　16枚……**81**
しりなりべら　渋谷　勲　福田庄助　童心社　1984年　12枚……**84**
しりやのめいじん　望月新三郎　金沢佑光　童心社　1984年　12枚……**84**
太陽のかみのけ【奄美大島昔話】　水谷章三　藤田勝治　童心社　1996年　前後編各12枚……**91**
小さな神さま（日本の神話シリーズ）【出雲神話】　西野綾子　やべみつのり　かみありづき　2013年　12枚……**118**
ちからたろう　川崎大治　滝平二郎　童心社　1969年　16枚……**99**
どくのはいったかめ　多田ヒロシ　教育画劇　1997年　12枚……**107**
とのさまからもらったごほうび　山路愛子　渋谷正斗　童心社　1995年　11枚しかけつき……**108**
とりのみじっちゃ　斎藤　純　宮本忠夫　童心社　1995年　12枚……**110**
なぞなぞむこどん　佐藤義則　久米宏一　童心社　1980年　12枚……**115**
日本の神話シリーズ【出雲神話】　かみありづき　2013年……**118**
にんじんさん　だいこんさん　ごぼうさん　川崎大治　瀬名恵子　童心社　1971年　8枚……**120**
ねずみちょうじゃ　川崎大治　久保雅勇　童心社　1974年　12枚……**122**
根の国のものがたり（日本の神話シリーズ）【出雲神話】　西野綾子　渡辺享子　かみありづき　2013年　12枚……**118**
はちかつぎ　木村次郎　池田仙三郎　童心社　1969年　12枚……**129**
ふるやのもり　水谷章三　金沢佑光　童心社　1980年　12枚……**144**
ぶんぶくちゃがま　筒井敬介　前田松男　教育画劇　1971年　16枚……**144**
まほうのひょうたんいけ　柴野民三　小松　修　教育画劇　1987年　12枚……**148**
豆っ子太郎　川崎大治　岡野　和　童心社　1969年　16枚……**149**
むかでのおつかい　吉田タキノ　原田ヒロミ　教育画劇　1997年　12枚……**151**
ももうりとのさま　津谷タズ子　西山三郎　童心社　1988年　12枚……**152**
ももたろう　さねとうあきら　石倉欣二　童心社　1986年　16枚……**153**
ももたろう　香山美子　太賀　正　教育画劇　1971年　16枚……**153**
やまたのおろち（日本の神話シリーズ）【出雲神話】　西野綾子　長野ヒデ子　かみありづき　2013年　12枚……**118**
りゅうぐうのおよめさん　松谷みよ子　遠藤てるよ　童心社　1973年　16枚……**160**

竜のおさんばさん　田村つねこ　降矢洋子　童心社　2011年　16枚……**163**

アジアの昔話

天の川にかかるはし【中国】　小野和子　狩野富貴子　教育画劇　1995年　12枚……**32**
アリとバッタとカワセミ【韓国】　イ・スジン　童心社　2010年　12枚……**34**
いぼがえるとにわとり【ラオス】　トンミー　汐文社　1998年　12枚……**37**
おとうさん【インドネシア】　与田準一　田畑精一　童心社　1968年　12枚……**126**
おひゃくしょうさんとだんご【スリランカ】　こわせ・たまみ　村田エミコ　教育画劇　2009年　12枚……**49**
おひゃくしょうとえんまさま【中国】　君島久子　堀尾青史　二俣英五郎　童心社　1973年　12枚……**50**
くろねこのしろいはな【中国】　わしおとしこ　藤本四郎　教育画劇　2009年　12枚……**64**
しあわせの花【ベトナム】　ダン・ミン・ヒエン　童心社　2000年　12枚……**80**
ゾウとネズミ【モンゴル】　イチンノロブ・ガンバートル　バーサンスレン・ボロルマー　津田紀子　童心社　2013年　12枚……**89**
そんごくう（シリーズ）【中国】　呉　承恩　上地ちづ子　夏目尚吾　童心社……**90**
そんごくう　火炎山をこえるのまき【中国】　呉　承恩　上地ちづ子　夏目尚吾　童心社　1992年　前後編各16枚……**90**
そんごくう　金角銀角のまき【中国】　呉　承恩　上地ちづ子　夏目尚吾　童心社　1995年　前後編各16枚……**90**
そんごくう　たびだちのまき【中国】　呉　承恩　上地ちづ子　夏目尚吾　童心社　1993年　前後編各16枚……**90**
そんごくう　たびのおわりのまき【中国】　呉　承恩　上地ちづ子　夏目尚吾　童心社　1995年　16枚……**90**
太陽はどこからでるの【ベトナム】　チョン・ヒエウ　童心社　1996年　12枚……**92**
たなばたものがたり【中国】　北田　伸　三谷靭彦　童心社　1980年　12枚……**92**
トラのおんがえし【中国】　渡辺享子　童心社　2001年　12枚……**109**
トラよりつよいカエルくん【チベット】　矢崎節夫　すがわらけいこ　教育画劇　2009年　12枚……**109**
なぜ、お月さまにおそなえをするの？【ベトナム】　渡辺享子　童心社　2001年　12枚……**114**
花ぬのむすめ【中国】　ときありえ　尾崎曜子　童心社　2003年　16枚……**131**
はなのすきなおじいさん【中国】　小林純一　小谷野半二　童心社　1964年　12枚……**131**
ひっこし【中国】　夏目尚吾　教育画劇　1982年　10枚……**135**
まほうのふで【中国】　川崎大治　二俣英五郎　童心社　1974年　16枚……**148**
りゅうぐうのくろねこ【韓国】　イ・スジン　童心社　2011年　12枚……**161**
りょうしとうずら【インド】　足沢良子　横溝英一　教育画劇　1979年　12枚……**163**

欧・米・アフリカの昔話

おおぐいのダチョウ【ナイジェリア】 降矢洋子 童心社 2006年 12枚……**43**
おじいさんといぬ 藤田勝治 童心社 2007年 12枚……**46**
おなべとことこ【ロシア】 本田カヨ子 前田康成 教育画劇 1999年 12枚……**48**
かあさんのイコカ【ナイジェリア】 降矢洋子 童心社 2003年 24枚……**52**
かめのえんそく【イギリス】 中谷靖彦 教育画劇 2009年 12枚……**56**
きんのがちょう【グリム】 川崎大治 田中武紫 童心社 1971年 12枚……**59**
くまになったピアナ【北米ネイティブ】 さねとうあきら スズキコージ 童心社 1991年 16枚……**63**
五色のしか 鈴木 徹 童心社 2000年 12枚……**69**
こびととくつや【グリム】 稲庭桂子 富永秀夫 童心社 1971年 12枚……**73**
こわいおおかみのこわいもの【フランス】 福島のり子 鈴木信一 教育画劇 1990年 12枚……**75**
三びきのこぶた【イギリス】 川崎大治 福田岩緒 童心社 1986年 12枚……**79**
ジャックとまめのき【イギリス】 堀尾青史 かみやしん 童心社 1986年 12枚……**82**
てぶくろ【ウクライナ】 堀尾青史 箕田美子 童心社 1979年 12枚……**103**
とんまなおおかみ【ポーランド】 堀尾青史 福田庄助 童心社 1974年 16枚……**112**
ながぐつをはいたねこ【フランス】【ペロー】 堀内誠一 童心社 2011年 17枚……**113**
ながぐつをはいたねこ【フランス】【ペロー】 安田 浩 野々口重 教育画劇 2008年 16枚……**113**
のねずみとまちのねずみ【イソップ】 稲庭桂子 長島克夫 童心社 1975年 12枚……**124**
のみのかわでつくった王さまのながぐつ【イタリア】 高橋五山 岩崎ちひろ 童心社 1976年 16枚……**125**
ぱんくがえる/ぺちゃんこがえる【イソップ】 堀尾青史 二俣英五郎 童心社 1975年 各6枚……**133**
ハンスのしあわせ【グリム】 堀尾青史 篠原勝之 童心社 1971年 12枚……**133**
ひとうち七つ【グリム】 川崎大治 高橋恒喜 童心社 1971年 12枚……**136**
ブレーメンのおんがくたい【グリム】 川崎大治 宮本忠夫 童心社 1992年 16枚……**144**
まるぱんころころ【ロシア】 川崎大治 鈴木寿雄 童心社 1969年 12枚……**149**
ヤギとコオロギ【イタリア】 さえぐさひろこ 大畑いくの 童心社 2011年 12枚……**154**
やさしいまものバッパー【ベルギー】 野坂悦子 降矢なな 童心社 2009年 12枚……**155**
やせためんどりとキツネ【イタリア】 剣持弘子 剣持晶子 童心社 2011年 12枚……**155**
よくばりわんくん【イソップ】 堀尾青史 久保雅勇 童心社 1975年 12枚……**158**
りっぱなつののしか【イソップ】 八木田宜子 にいざかかずお 童心社 1975年 12枚……**160**

原作ー文学作品

日本

【厳谷小波】

なんにもせんにん 川崎大治 佐藤わき子 童心社 1972年 12枚……**116**

【江口文四郎】
しろいしか　佐々木悦　岡野　和　童心社　1978年　12枚……84
【小川未明】
のばら　堀尾青史　桜井　誠　童心社　1967年　12枚……125
【尾崎紅葉】
金色夜叉　サワジロウ　雲母書房　2012年　12枚……76
【小泉八雲】
あらしのうみのゆうれい　諸橋精光　童心社　1991年　16枚……34
いなむらの火　川崎大治　降矢洋子　童心社　2011年　16枚……36
【斎藤隆介】
モチモチの木　諸橋精光　すずき出版　2001年　23枚……152
【武田雪夫】
やさしいおともだち　瀬名恵子　童心社　2000年　12枚……155
【豊島与志雄】
ハボンスのしゃぼん玉　稲庭桂子　桜井　誠　童心社　1959年　16枚……132
【新美南吉】
あめだま　東川洋子　野村たかあき　教育画劇　2003年　12枚……33
くじらのしま　堀尾青史　穂積　肇　童心社　1980年　12枚……61
げたにばける　わしおとしこ　中沢正人　教育画劇　2003年　12枚……65
こぞうさんのおきょう　さとうつきこ　岡野　和　岡野和の紙芝居刊行会　2011年　10枚……71
ごんぎつね　諸橋精光　すずき出版　2005年　24枚……76
てぶくろをかいに　堀尾青史　二俣英五郎　童心社　1994年　12枚……103
でんでん虫　鈴木　徹　童心社　2000年　12枚……104
ぬすびととこひつじ　千世まゆ子　藤田勝治　童心社　1994年　12枚……120
花のき村とぬすびとたち　水谷章三　西山三郎　童心社　1994年　前後編各12枚……131
【浜田ひろすけ】
ないたあかおに　野村たかあき　教育画劇　2007年　16枚……113
【平塚武二】
ころころこぐま　長崎源之助　安　和子　童心社　1983年　12枚……75
【宮沢賢治】
おいの森とざる森、ぬすと森　国松俊英　福田庄助　童心社　1996年　16枚……41
貝の火　川崎大治　久保雅勇　童心社　1966年　16枚……52
グスコーブドリの伝記　堀尾青史　滝平二郎　童心社　1966年　前後編各16枚……61
けんじゅうこうえんりん　水谷章三　藤田勝治　童心社　1996年　12枚……66
セロひきのゴーシュ　堀尾青史　池田仙三郎　童心社　1966年　16枚……88
注文の多い料理店　堀尾青史　北田卓史　童心社　1966年　16枚……100
どんぐりとやまねこ　堀尾青史　渡辺有一　童心社　1996年　16枚……110
なめとこ山のくま　諸橋精光　童心社　1993年　前後編各16枚……115
ふたごのほし　堀尾青史　ユノセイイチ　童心社　1996年　16枚……141
まつりのばん　川崎大治　福田庄助　童心社　1983年　16枚……147
祭の晩　さとうつきこ　岡野　和　岡野和の紙芝居刊行会　2011年　15枚……148
雪わたり　川崎大治　若山　憲　童心社　1966年　16枚……157
よだかの星　国松俊英　篠崎三朗　童心社　1996年　16枚……158

【椋　鳩十】
ツルかえる　小春久一郎　夏目尚吾　教育画劇　1991年　12枚……**101**
【村山籌子】
おねぼうなじゃがいもさん　村山知義　童心社　1971年　12枚……**49**
だいこんのとこやさん　堀尾青史　瀬名恵子　童心社　1977年　8枚……**91**
もしもあめのかわりに　堀尾青史　瀬名恵子　童心社　1977年　4枚……**91**

外国（イソップとグリムは10ページ）

【アインズワース（エインズワース），ルース】
きかんしゃシュッシュ　八木田宜子　和歌山静子　童心社　2012年　8枚……**58**
【アンデルセン】
おかあさんのはなし　稲庭桂子　いわさきちひろ　童心社　1965年　16枚……**44**
すずのへいたい　水谷章三　夏目尚吾　童心社　1999年　16枚……**85**
はだかのおうさま　川崎大治　夏目尚吾　童心社　1986年　12枚……**128**
マッチうりのしょうじょ　川崎大治　藤沢友一　童心社　1980年　12枚……**147**
みにくいあひるのこ　与田準一　松成真理子　童心社　1999年　12枚……**150**
雪の女王　稲庭桂子　いわさきちひろ　童心社　1976年　16枚……**157**
【ガァグ】
ひゃくまんびきのねこ　高橋五山　川本哲夫　童心社　1959年　16枚……**138**
【シートン】
りすのもりにはるがきた　北田　伸　武部本一郎　童心社　1979年　12枚……**160**
【ステーエフ】
あひるのぴいぴいとひよこのぴっぴ　小林純一　二俣英五郎　童心社　1971年　12枚……**32**
【チュコフスキー】
ひよこちゃん　小林純一　二俣英五郎　童心社　1971年　12枚……**138**
【ハリス】
やぎじいさんのバイオリン　堀尾青史　岡野　和　童心社　1968年　16枚……**154**
【ボーモン】
美女と野獣　藤田勝治　童心社　1999年　前後編各12枚……**135**
【ホフマン】
くるみわりにんぎょう　鶴見正夫　若菜　珪　教育画劇　1985年　前後編各12枚……**63**
【モンセル，エッチ】
こぐまのクリスマス　堀尾青史　久保雅勇　童心社　1964年　12枚……**69**
【ラーゲルレーヴ】
ニルスのふしぎなたび　上地ちづ子　ユノセイイチ　童心社　1991年　前後編各16枚……**119**
【ロダーリ，ジャンニ】
チポリーノのぼうけん　木村次郎　岡本武紫　童心社　1970年　前後編各12枚……**100**
【ワイルド】
しあわせの王子　三谷亮子　中村文子　童心社　1999年　16枚……**79**

いろいろなお話

笑い話・落語

あんもちみっつ　水谷章三　宮本忠夫　童心社　1984年　8枚……**35**
うなぎにきいて　桂　文我　長谷川義史　童心社　2005年　12枚……**38**
うまいものやま　佐々木悦　箕田源二郎　童心社　1975年　12枚……**39**
おけやのてんのぼり　川崎大治　二俣英五郎　童心社　1971年　16枚……**45**
おさんぎつね　折口てつお　若菜　珪　教育画劇　1988年　16枚……**46**
おとうふさんとそらまめさん　松谷みよ子　長野ヒデ子　童心社　2005年　8枚……**48**
おひゃくしょうさんとだんご　こわせ・たまみ　村田エミコ　教育画劇　2009年　12枚……**49**
おぶさりてい　市川京子　夏目尚吾　教育画劇　1984年　12枚……**50**
おまんじゅうのすきなとのさま　村上春夫　日下部由美子　篠崎三朗　童心社　1995年　12枚……**51**
きつねとごんろく　馬場のぼる　童心社　1982年　16枚……**59**
けちくらべ　小野和子　大和田美鈴　教育画劇　1997年　12枚……**65**
さぎとり　桂　文我　国松エリカ　童心社　2004年　12枚……**77**
さらやしきのおきく　桂　文我　久住卓也　童心社　2004年　16枚……**77**
じごくけんぶつ　水谷章三　藤田勝治　童心社　1984年　16枚……**80**
七どぎつね　桂　文我　渡辺有一　童心社　2004年　16枚……**82**
しょうじきこぞうさん　松岡　節　毛利将範　教育画劇　2002年　12枚……**83**
しりなりべら　渋谷　勲　福田庄助　童心社　1984年　12枚……**84**
ぞろぞろ　三遊亭圓窓　渡辺享子　汐文社　2002年　14枚……**89**
だいこんのとこやさん　村山籌子　堀尾青史　瀬名恵子　童心社　1977年　8枚……**91**
たのきゅう　渋谷　勲　藤田勝治　童心社　1982年　16枚……**93**
でっかいぞでっかいぞ　内田麟太郎　田島征三　童心社　2004年　12枚……**102**
どくのはいったかめ　多田ヒロシ　教育画劇　1997年　12枚……**107**
とりのみじっちゃ　斎藤　純　宮本忠夫　童心社　1995年　12枚……**110**
とんまなおおかみ　ポーランド民話　堀尾青史　福田庄助　童心社　1974年　16枚……**112**
なぞなぞむこどん　佐藤義則　久米宏一　童心社　1980年　12枚……**115**
にんじんさん　だいこんさん　ごぼうさん　川崎大治　瀬名恵子　童心社　1971年　8枚……**120**
ねこのちゃわんで大さわぎ　宇野克彦　中沢正人　教育画劇　1997年　12枚……**121**
ばかされギツネ　菊地ただし　山口みねやす　教育画劇　2002年　12枚……**127**
ばけくらべ　松谷みよ子　亀井三恵子　童心社　1969年　12枚……**127**
ばけものでら　水谷章三　宮本忠夫　童心社　1982年　12枚……**127**
ふるやのもり　水谷章三　金沢佑光　童心社　1980年　12枚……**144**
むかでのおつかい　吉田タキノ　原田ヒロミ　教育画劇　1997年　12枚……**151**
やせためんどりとキツネ　剣持弘子　剣持晶子　童心社　2011年　12枚……**155**

怪談・怖い話

あずきとぎ　桜井信夫　ヒサクニヒコ　教育画劇　1992年　12枚……**30**
あめかいゆうれい　安田　浩　清水耕蔵　教育画劇　1988年　16枚……**33**
あらしのうみのゆうれい　小泉八雲　諸橋精光　童心社　1991年　16枚……**34**
おにのかたなづくり　鶴見正夫　清水耕蔵　教育画劇　1992年　12枚……**49**
おぶさりてい　市川京子　夏目尚吾　教育画劇　1984年　12枚……**50**
かあさんのイコカ　降矢洋子　童心社　2003年　24枚……**52**
子そだてゆうれい　桜井信夫　須々木博　童心社　1991年　16枚……**72**
じいさまときつね　増田尚子　二俣英五郎　童心社　1982年　12枚……**80**
のっぺらぼう　渋谷　勲　小沢良吉　童心社　1982年　16枚……**124**
ばけものでら　水谷章三　宮本忠夫　童心社　1982年　12枚……**127**
冬のわらたば　津谷タズ子　西山三郎　童心社　1991年　16枚……**143**
ミイラ男　上地ちづ子　ヒロナガシンイチ　童心社　1997年　16枚……**150**
ゆうれいのおきゃくさま（きつねのクリーニングや）　三田村信行　黒岩章人　教育画劇　1988年　12枚……**60**
よわむしおばけ　仲倉眉子　教育画劇　1990年　12枚……**159**

冒　険

アムンゼン　鈴鹿洋子　津田光郎　教育画劇　1978年　16枚……**32**
かみしばいアンパンマン（シリーズ）　やなせたかし　フレーベル館……**54**
きょうりゅうぼうや（シリーズ）　黒川光広　童心社……**62**
そんごくう（シリーズ）【中国】　呉　承恩　上地ちづ子　夏目尚吾　童心社……**90**
チポリーノのぼうけん　ジャンニ・ロダーリ　木村次郎　岡本武紫　童心社　1970年　前後編各12枚……**100**
ニルスのふしぎなたび　ラーゲルレーヴ　上地ちづ子　ユノセイイチ　童心社　1991年　前後編各16枚……**119**
はしれトッピー！　矢崎節夫　岩淵慶造　教育画劇　1992年　12枚……**128**
はしれ！バルトー　渡辺享子　童心社　1990年　12枚……**128**
パンダコパンダ（シリーズ）　宮崎　駿　教育画劇……**134**

友だち・友情

おたまじゃくしの１０１ちゃん　かこさとし　仲川道子　童心社　1978年　12枚……**47**
こぎつねコンとこだぬきポン　松野正子　二俣英五郎　童心社　1989年　前後編各12枚……**68**
コンコちゃんとなかまたち　すとうあさえ　福田岩緒　童心社　2004年　12枚……**76**
ザリガニつり　島本一男　やべみつのり　童心社　2000年　12枚……**78**
ちいさなきかんしゃ　池田善郎　津田光郎　童心社　1972年　12枚……**99**
ねこはしる　工藤直子　保手浜孝　すずき出版　2005年　24枚……**121**
ふたりはなかよし　オウエンとムゼイ　池田まき子　藤田勝治　童心社　2009年　12枚……**142**
ロボット・カミイ（シリーズ）　古田足日　田畑精一　童心社……**162**
わっしょいわっしょいぶんぶんぶん　かこさとし　宮下　森　童心社　1975年　16枚……**164**

親子・家族

おおきなパパとちいさなママ（パンダコパンダシリーズ） 宮崎 駿 教育画劇 2010年 12枚……134
おかあさんまだかな 福田岩緒 童心社 2001年 12枚……45
おさんだぬきとかりゅうど 秋元美奈子 水野二郎 童心社 1988年 12枚……46
かいじゅう トドラ・トットコ 半沢一枝 仲川道子 童心社 1973年 12枚……52
ぎゅうっとだっこ いそみゆき 教育画劇 2011年 8枚……59
こいぬがうまれた 松野正子 横内 襄 童心社 1987年 8枚……67
こねこのしろちゃん 堀尾青史 和歌山静子 童心社 1983年 12枚……72
こぶたのまーち 村山桂子 堀内誠一 童心社 1977年 12枚……74
ゴリラのあかちゃんモモタロウ わしおとしこ やべみつのり 童心社 2002年 12枚……74
シュークリームのおきゃくさま 西村彼呂子 アリマ・ジュンコ 教育画劇 1986年 12枚……82
しょいくらべ みんなの家＋奥田真美 雲母書房 2009年 8枚……83
すてきなしっぽがほしいなぁ 尾崎曜子 教育画劇 1995年 8枚……87
ぞうちゃんのおかし 武鹿悦子 土田義晴 教育画劇 2000年 8枚……88
チャボのおとうさん 中川美穂子 小林ひろみ 童心社 2000年 12枚……100
つばめのおやこ 国松俊英 駒井啓子 童心社 1982年 12枚……101
でんでん虫 新美南吉 鈴木 徹 童心社 2000年 12枚……104
どきどきうんどうかい ねじめ正一 長谷川知子 童心社 2005年 12枚……106
トキのあかちゃん！ わしおとしこ 田中秀幸 教育画劇 2000年 12枚……106
にじになったきつね 川田百合子 藤田勝治 童心社 1981年 12枚……117
ねこのおかあさん 渡辺享子 童心社 1997年 12枚……120
のんびりきょうりゅう のんのん 中村美佐子 田中秀幸 教育画劇 1996年 12枚……126
ひよこのろくちゃん かこさとし 瀬名恵子 童心社 1975年 16枚……138
ふたつのこづつみ 岩崎京子 和歌山静子 童心社 1978年 12枚……142
もりのぶらんこ 東 君平 和歌山静子 童心社 1973年 8枚……153
やっぱりだいすき！おかあさん 鬼塚りつ子 わかやまけん 童心社 1990年 12枚……156
よさくどんのおよめさん 秋元美奈子 水野二郎 童心社 1986年 16枚……158
よんでよんで ときわひろみ さとうあや 教育画劇 2011年 8枚……159
りすのもりにはるがきた シートン 北田 伸 武部本一郎 童心社 1979年 12枚……160

行　事

【お正月】
たのしいおしょうがつ 高木あきこ 勝又 進 教育画劇 2000年 12枚……93
【節分】
ふくはうち おにもうち 藤田勝治 童心社 1998年 12枚……141
【ひな祭】
おひなさまをクリーニング（きつねのクリーニングや） 三田村信行 黒岩章人 教育画劇 1989年 12枚……60
ひなにんぎょうのむかし 小野和子 池田げんえい 教育画劇 1993年 12枚……136

ひなのやまかご　古山広子　牧村慶子　童心社　1977年　12枚……**137**

【お彼岸】

おだんご　ころころ　坪田譲治　二俣英五郎　童心社　1972年　12枚……**47**

だんごとじぞう　諸橋精光　夏目尚吾　すずき出版　1997年　16枚……**95**

てんからおだんご　高橋五山　堀尾青史　金沢佑光　童心社　1976年　12枚……**104**

【子どもの日】

なぜ、おふろにしょうぶをいれるの？　常光　徹　伊藤秀男　童心社　2001年　12枚……**114**

【遠足】

おべんとうのえんそく　矢玉四郎　教育画劇　1984年　12枚……**51**

【母の日】

こぎつねコンチとおかあさん（こぎつねコンチシリーズ）　中川李枝子　二俣英五郎　童心社　1978年　12枚……**68**

【お誕生会】

ケーキだほいほい　堀尾青史　久保雅勇　童心社　1974年　12枚……**65**

せかい一大きなケーキ　古田足日　田畑精一　童心社　1969年　12枚……**87**

【七夕】

天の川にかかるはし　小野和子　狩野富貴子　教育画劇　1995年　12枚……**32**

こねこの七夕まつり　間所ひさこ　藤本四郎　童心社　2004年　8枚……**73**

たなばたものがたり　北田　伸　三谷靱彦　童心社　1980年　12枚……**92**

【夏祭】

コッコおばさんのおおきなすいか（コッコおばさんシリーズ）　仲川道子　童心社　2000年　12枚……**70**

【お月見】

いのししのすもう　吉田タキノ　篠崎三朗　教育画劇　1998年　12枚……**36**

コッコおばさんのおだんごパーティー（コッコおばさんシリーズ）　仲川道子　童心社　2001年　12枚……**70**

十五夜さま　渋谷　勲　藤田勝治　童心社　1989年　12枚……**83**

たぬきときつねのつきみだんご　林原玉枝　津田直美　教育画劇　1982年　12枚……**92**

ちいさなおばけ　瀬名恵子　教育画劇　1980年　8枚……**97**

なぜ、お月さまにおそなえをするの？　渡辺享子　童心社　2001年　12枚……**114**

ニャーオン　都丸つや子　渡辺享子　童心社　1990年　12枚……**119**

花かごわっしょい　藤田富美恵　鈴木幸枝　童心社　2006年　12枚……**129**

【運動会】

あかしろうんどうかい　とよたかずひこ　童心社　2007年　8枚……**30**

どきどきうんどうかい　ねじめ正一　長谷川知子　童心社　2005年　12枚……**106**

【クリスマス】

こぐまのクリスマス　エッチ・モンセル　堀尾青史　久保雅勇　童心社　1964年　12枚……**69**

サンタのすず　古山広子　鈴木琢磨　童心社　1977年　12枚……**79**

そりのうえのちいさいおうち　古山広子　中村有希　童心社　1999年　12枚……**89**

トボンとプクンのクリスマス　野村るり子　堀尾青史　金沢佑光　童心社　1974年　12枚……**109**

保育園・幼稚園、学校で

生活習慣

おうさまさぶちゃん【着替え】 馬場のぼる 童心社 1966年 12枚……**42**
おさじさん【食事】 松谷みよ子 瀬名恵子 童心社 1973年 8枚……**45**
おふろでプクプク【お風呂】 高橋ゆいこ 童心社 1987年 8枚……**50**
おむすびくん【食育】 とよたかずひこ 童心社 2009年 8枚……**51**
がらがら ごろごろ【うがい】 西村敏雄 童心社 2010年 8枚……**56**
がんばれウンチくん【排便・食育】 はたよしこ 教育画劇 2004年 12枚……**58**
くれよんさんのけんか【後片付け】 八木田宜子 田畑精一 童心社 1975年 12枚……**64**
こぶたのけんか【喧嘩】 高橋五山 赤坂三好 童心社 1971年 8枚……**73**
ころころこぐま【遊び】 平塚武二 長崎源之助 安 和子 童心社 1983年 12枚……**75**
すてきなおきゃくさん【ままごと】 あまんきみこ アンヴィル奈宝子 童心社 2001年 12枚……**86**
だるまさんがころんだ【遊び】 福田岩緒 童心社 2007年 12枚……**94**
つんぶくだるま【いたずら】 鳥兎沼宏之 金沢佑光 童心社 1981年 12枚……**102**
どろんこおばけ【泥遊び】 ひろかわさえこ 童心社 2009年 8枚……**110**
にこにこまんとじめじめ【おねしょ】 矢崎節夫 古川タク 教育画劇 1986年 12枚……**117**
ねないこだあれ【就寝】 松谷みよ子 村上康成 童心社 2000年 8枚……**123**
ねんねねんね【睡眠】 いそみゆき 教育画劇 1999年 8枚……**123**
のはらでんしゃ【電車ごっこ】 武鹿悦子 ひろかわさえこ 童心社 2008年 8枚……**125**
はのいたいおまわりさん【歯磨き・虫歯】 松野正子 渡辺有一 童心社 1979年 12枚……**132**
はのいたいモモちゃん【虫歯】 松谷みよ子 鈴木未央子 童心社 1972年 12枚……**96**
はるのおきゃくさん【お遊戯】 あまんきみこ 堀尾青史 梅田俊作 童心社 2004年 12枚……**133**
ひっこし【お掃除】 夏目尚吾 教育画劇 1982年 10枚……**135**

防犯・防災

いなむらの火【地震・津波】 小泉八雲 川崎大治 降矢洋子 童心社 2011年 16枚……**36**
関東大しんさい【震災】 石川光男 輪島清隆 教育画劇 1974年 16枚……**57**
けむりがモクモク【地震・火事】 田沢梨枝子 教育画劇 1995年 12枚……**66**
地震がきたらどうするの？【地震】 赤木かんこ mitty 埼玉福祉会 2011年 8枚……**81**
まっくらぐらぐら【地震】 高木あきこ 間瀬なおかた 教育画劇 2003年 12枚……**147**

交通安全

こぎつねまちへいく 仲倉眉子 教育画劇 1991年 12枚……**69**
すてきなおにいさん 古山広子 藤本四郎 童心社 2000年 12枚……**86**
ぱんくがえる／ぺちゃんこがえる 堀尾青史 二俣英五郎 童心社 1975年 各6枚……**133**
ロボットのくにへかえるのまき（ロボット・カミイシリーズ）【交通事故】 古田足日 田畑精一 童心社 1974年 16枚……**162**

健康

おおきくなりたいな【食育】 松谷みよ子 垂石眞子 童心社 2001年 12枚……**43**
おふろでプクプク【入浴】 高橋ゆいこ 童心社 1987年 8枚……**50**
がらがら ごろごろ【風邪予防】 西村敏雄 童心社 2010年 8枚……**56**
がんばれウンチくん【排便・食育】 はたよしこ 教育画劇 2004年 12枚……**58**
コッコおばさん（シリーズ）【食育】 仲川道子 童心社……**70**
すてきなしっぽがほしいなぁ【他者との違い】 尾崎曜子 教育画劇 1995年 8枚……**87**
ちゅうしゃにいったモモちゃん（ちいさいモモちゃんシリーズ）【注射】 松谷みよ子 鈴木未央子 童心社 1990年 12枚……**97**
はのいたいおまわりさん【歯磨き・虫歯】 松野正子 渡辺有一 童心社 1979年 12枚……**132**
はのいたいモモちゃん（ちいさいモモちゃんシリーズ）【虫歯】 松谷みよ子 鈴木未央子 童心社 1972年 12枚……**96**
ぴったんこってきもちいいね 田村忠夫 土田義晴 童心社 2004年 8枚……**136**
ほねほね・・・ほ！【食育】 若山甲介 童心社 2003年 12枚……**146**
モモちゃんとかた目のプー（ちいさいモモちゃんシリーズ） 松谷みよ子 鈴木未央子 童心社 1990年 12枚……**96**

乗り物

きかんしゃシュッシュ アインズワース 八木田宜子 和歌山静子 童心社 2012年 8枚……**58**
しんかんせんははやい 中川ひろたか 和歌山静子 童心社 1998年 12枚……**85**
ちいさなきかんしゃ 池田善郎 津田光郎 童心社 1972年 12枚……**99**
でんしゃがくるよ とよたかずひこ 童心社 2001年 8枚……**104**
バナナれっしゃ 川崎大治 久保雅勇 童心社 1970年 12枚……**130**

自然

あめふりともだち【アマガエル】 島津和子 童心社 2005年 8枚……**33**
ありのぼうけん【アリ】 堀尾青史 宮下 森 童心社 1979年 12枚……**34**
いちばんおおきなばった【トノサマバッタ】 今森光彦 教育画劇 2005年 8枚……**140**
うぐいすのホー【ウグイス】 杉浦 宏 松成真理子 童心社 2005年 12枚……**38**
うめぼしさん【梅】 神沢利子 ましませつこ 童心社 2000年 12枚……**40**
おたまじゃくしの１０１ちゃん【おたまじゃくし】 かこさとし 仲川道子 童心社 1978年 12枚……**47**
おたまたまごろう【トノサマガエル】 金山美沙子 若山 憲 童心社 1969年 12枚……**47**
かるかやバレーがっこう【ウマオイ】 かこさとし こさかしげる 童心社 1975年 16枚……**57**
きょうりゅうぼうやシリーズ【恐竜】 黒川光広 童心社……**62**
くちのあかないカバ ヒポポくん【カバ】 わしおとしこ 田畑精一 童心社 1984年 12枚……**62**
げんきなカバのあかちゃん【カバ】 わしおとしこ 藤本四郎 童心社 1998年 12枚……**66**
こいぬがうまれた【犬】 松野正子 横内 襄 童心社 1987年 8枚……**67**
こすずめのチュン【スズメ】 国松俊英 藤本四郎 童心社 1999年 12枚……**71**

ゴリラのあかちゃんモモタロウ【ゴリラ】　わしおとしこ　やべみつのり　童心社　2002年　12枚……**74**
ころころこぐま【ドングリ】　平塚武二　長崎源之助　安　和子　童心社　1983年　12枚……**75**
ザリガニつり【ザリガニ】　島本一男　やべみつのり　童心社　2000年　12枚……**78**
すてきなおんがくかい【ゲンジボタル】　古味正康　教育画劇　1991年　12枚……**86**
せみがおとなになるとき【セミ】　川崎大治　徳田徳志芸　童心社　1978年　12枚……**87**
セミくんがおようふくをきがえたら･･･【アブラゼミ】　今森光彦　教育画劇　2005年　8枚……**140**
だんごむしのころちゃん【ダンゴムシ】　高家博成　仲川道子　童心社　1997年　12枚……**97**
チャボのおとうさん【チャボ】　中川美穂子　小林ひろみ　童心社　2000年　12枚……**100**
つきよのヤマネ【ヤマネ】　千世まゆ子　ひろかわさえこ　童心社　2006年　8枚……**101**
つばめのおやこ【ツバメ】　国松俊英　駒井啓子　童心社　1982年　12枚……**101**
つよいぞ！カマキリくん【カマキリ】　今森光彦　教育画劇　2005年　8枚……**140**
ツルかえる【ツル】　椋鳩十　小春久一郎　夏目尚吾　教育画劇　1991年　12枚……**101**
てんとうむしのテム【てんとう虫】　得田之久　童心社　1998年　12枚……**105**
どうぶつのてんきよほう　杉浦　宏　やべみつのり　童心社　1995年　12枚……**106**
トキのあかちゃん！【トキ】　わしおとしこ　田中秀幸　教育画劇　2000年　12枚……**106**
とべ！とのさまバッタ【トノサマバッタ】　得田之久　童心社　1989年　12枚……**108**
どんぐりのあかちゃん【ドングリ】　島本一男　若山　憲　童心社　1997年　12枚……**111**
どんぐり　ぽとん【ドングリ】　千世繭子　こばやしえりこ　童心社　2011年　8枚……**111**
トンボになったヤン【トンボ】　小春久一郎　清水耕蔵　教育画劇　1981年　12枚……**112**
のんびりきょうりゅうのんのん【恐竜】　中村美佐子　田中秀幸　教育画劇　1996年　12枚……**126**
はしれトッピー！【シマウマ】　矢崎節夫　岩淵慶造　教育画劇　1992年　12枚……**128**
はないっぱいになあれ　松谷みよ子　長野ヒデ子　童心社　1998年　12枚……**129**
はるのおきゃくさん　あまんきみこ　堀尾青史　梅田俊作　童心社　2004年　12枚……**133**
ふしぎがいっぱい！むしのせかい（シリーズ）　今森光彦　教育画劇……**140**
ふたりはなかよし　オウエンとムゼイ【カバ・ゾウガメ】　池田まき子　藤田勝治　童心社　2009年　12枚……**142**
ブランコみのむし【ミノムシ】　高家博成　かみやしん　童心社　1999年　12枚……**143**
ぼくはかぶとむし【カブトムシ】　渡辺享子　童心社　1997年　12枚……**146**
みみをすませて　和歌山静子　童心社　2013年　8枚……**151**
りすのもりにはるがきた【リス】　シートン　北田　伸　武部本一郎　童心社　1979年　12枚……**160**

平和と人権

アンネフランクの希望【ナチズム】　上地ちづ子　小倉玲子　汐文社　1994年　12枚……**35**
いつかＶゴール【障がい】　上地ちづ子　相沢るつ子　汐文社　1995年　12枚……**35**
おかあさんのうた【空襲】　渡辺享子　童心社　1999年　16枚……**44**
嘉代子ざくら【原爆】　山本典人　井口文秀　汐文社　1988年　16枚……**56**
かわいそうなぞう【戦争・動物園】　土家由岐雄　久保雅勇　童心社　1985年　12枚……**57**
がんばれ！勇くん【難病】　長沢秀比古　上地ちづ子　長野ヒデ子　汐文社　1990年　16枚……**58**

原爆の子　さだ子の願い【原爆】　宮崎二美枝　江口準次　汐文社　1994年　12枚……**67**
コスモス【戦争】　渡辺享子　童心社　1993年　16枚……**71**
こねこのしろちゃん【他者との違い】　堀尾青史　和歌山静子　童心社　1983年　12枚……**72**
白旗をかかげて【沖縄戦】　渡辺享子　汐文社　1994年　12枚……**85**
すてきなおにいさん【車いす】　古山広子　藤本四郎　童心社　2000年　12枚……**86**
タンキョー　マリア・ルス号ものがたり【人身売買】　若山甲介　笹尾としかず　神奈川県　2009年　12枚……**95**
父のかお母のかお【戦争】　ときわひろみ　渡辺享子　雲母書房　2010年　12枚……**99**
トビウオのぼうやはびょうきです【核実験】　いぬいとみこ　津田櫓冬　童心社　1985年　12枚……**108**
二度と【原爆】　松井エイコ　童心社　2005年　12枚……**117**
のばら【戦争】　小川未明　堀尾青史　桜井　誠　童心社　1967年　12枚……**125**
平和のちかい【原爆】　原爆の子より　稲庭桂子　佐藤忠良　童心社　1985年　16枚……**145**

本当にあった話

アムンゼン　鈴鹿洋子　津田光郎　教育画劇　1978年　16枚……**32**
アンネフランクの希望　上地ちづ子　小倉玲子　汐文社　1994年　12枚……**35**
いなむらの火【地震・津波】　小泉八雲　川崎大治　降矢洋子　童心社　2011年　16枚……**36**
おかあさんのうた　渡辺享子　童心社　1999年　16枚……**44**
嘉代子ざくら　山本典人　井口文秀　汐文社　1988年　16枚……**56**
かわいそうなぞう【戦争・動物園】　土家由岐雄　久保雅勇　童心社　1985年　12枚……**57**
がんばれ！勇くん　長沢秀比古　上地ちづ子　長野ヒデ子　汐文社　1990年　16枚……**58**
くちのあかないカバ　ヒポポくん　わしおとしこ　田畑精一　童心社　1984年　12枚……**62**
原爆の子　さだ子の願い　宮崎二美枝　江口準次　汐文社　1994年　12枚……**67**
白旗をかかげて【沖縄戦】　渡辺享子　汐文社　1994年　12枚……**85**
タンキョー　マリア・ルス号ものがたり　若山甲介　笹尾としかず　神奈川県　2009年　12枚……**95**
トキのあかちゃん！　わしおとしこ　田中秀幸　教育画劇　2000年　12枚……**106**
ねこのおかあさん　渡辺享子　童心社　1997年　12枚……**120**
はしれ！バルトー　渡辺享子　童心社　1990年　12枚……**128**
ふたりはなかよし　オウエンとムゼイ　池田まき子　藤田勝治　童心社　2009年　12枚……**142**

紙芝居であそぼ！

【当てっこ】

あなからみえるよ　古川タク　教育画劇　2004年　12枚……**31**
ごきげんのわるいコックさん【唱和も】　まついのりこ　ひょうしぎ　童心社　1985年　12枚……**67**
こねこちゃん　堀尾青史　安　泰　童心社　1970年　12枚……**72**
つきよのヤマネ　千世まゆ子　ひろかわさえこ　童心社　2006年　8枚……**101**
どこへいくのかな？　堀尾青史　久保雅勇　童心社　1971年　12枚……**107**

どっちだ？　島本一男　夏目尚吾　童心社　1996年　12枚……**107**
なにがつれるかな　藤本ともひこ　童心社　1996年　8枚……**115**
なんかなんかあるよ　小野寺悦子　山内和朗　童心社　2007年　8枚……**116**
のーびた　のびた　福田岩緒　童心社　2006年　8枚……**124**
ひまわりパンツ　垂石眞子　童心社　2006年　8枚……**137**
ひもかとおもったら…　古川タク　教育画劇　1988年　8枚……**137**
ぶたのいつつご　高橋五山　童心社　1968年　8枚……**142**
よいしょよいしょ　まついのりこ　童心社　2003年　16枚……**157**
わんわんちゃん　堀尾青史　久保雅勇　童心社　1973年　8枚……**164**
【身体】
くださいな　和歌山静子　教育画劇　1980年　8枚……**61**
くねくねゆらゆら　ひろかわさえこ　童心社　2007年　8枚……**63**
ごろん　ひろかわさえこ　童心社　2004年　8枚……**75**
だるまさんがころんだ　福田岩緒　童心社　2007年　12枚……**94**
ネコになってあそぼう（シリーズ）　長野ヒデ子　童心社……**122**
もっとできるよでんぐりこ　礒みゆき　教育画劇　1996年　8枚……**152**
【その他の遊び】
うめぼしさん【言葉】　神沢利子　ましませつこ　童心社　2000年　12枚……**40**
おおきくおおきくおおきくなあれ【唱和】　まついのりこ　童心社　1983年　8枚……**42**
くれよんさんのけんか　八木田宜子　田畑精一　童心社　1975年　12枚……**64**
これはりんご【しりとり】【積み上げ】　中川ひろたか　和歌山静子　童心社　1997年　12枚……**74**
しんかんせんははやい【言葉遊び】　中川ひろたか　和歌山静子　童心社　1998年　12枚……**85**
たまごがころべば【唱和】　中川ひろたか　和歌山静子　童心社　1996年　12枚……**94**
まんまるまんま　たんたかたん【唱和】　荒木文子　久住卓也　童心社　2007年　8枚……**149**
みいちゃんの春【歌】　ピーマンみもと　雲母書房　2009年　8枚……**150**

赤ちゃんと高齢者へ

赤ちゃん向け

あかしろうんどうかい　とよたかずひこ　童心社　2007年　8枚……**30**
おさじさん　松谷みよ子　瀬名恵子　童心社　1973年　8枚……**45**
おふろでプクプク　高橋ゆいこ　童心社　1987年　8枚……**50**
おむすびくん　とよたかずひこ　童心社　2009年　8枚……**51**
ぎゅうっとだっこ　いそみゆき　教育画劇　2011年　8枚……**59**
くねくねゆらゆら　ひろかわさえこ　童心社　2007年　8枚……**63**
ごろん　ひろかわさえこ　童心社　2004年　8枚……**75**
ぞうちゃんのおかし　武鹿悦子　土田義晴　教育画劇　2000年　8枚……**88**
でんしゃがくるよ　とよたかずひこ　童心社　2001年　8枚……**104**
ねないこだあれ　松谷みよ子　村上康成　童心社　2000年　8枚……**123**
ねんねねんね　いそみゆき　教育画劇　1999年　8枚……**123**
のーびた　のびた　福田岩緒　童心社　2006年　8枚……**124**

ぴったんこってきもちいいね　田村忠夫　土田義晴　童心社　2004年　8枚……**136**
よんでよんで　ときわひろみ　さとうあや　教育画劇　2011年　8枚……**159**

高齢者向け

イナバのしろうさぎ（日本の神話シリーズ）　西野綾子　長野ヒデ子　かみありづき　2013年　12枚……**118**
うばすて山　岩崎京子　長野ヒデ子　童心社　2011年　16枚……**39**
うみにしずんだおに　松谷みよ子　二俣英五郎　童心社　1973年　16枚……**39**
黄金バット（ナゾー編）　加太こうじ　大空社　1995年　10枚……**41**
おかあさんのうた　渡辺享子　童心社　1999年　16枚……**44**
おさんだぬきとかりゅうど　秋元美奈子　水野二郎　童心社　1988年　12枚……**46**
お茶にしましょ　菅野博子　雲母書房　2009年　12枚……**48**
嘉代子ざくら　山本典人　井口文秀　汐文社　1988年　16枚……**56**
金色夜叉　尾崎紅葉　サワジロウ　雲母書房　2012年　12枚……**76**
しょいくらべ　みんなの家、奥田真美　雲母書房　2009年　8枚……**83**
ぞろぞろ　三遊亭圓窓　渡辺享子　汐文社　2002年　14枚……**89**
父のかお母のかお　ときわひろみ　渡辺享子　雲母書房　2010年　12枚……**99**
ないたあかおに　浜田ひろすけ　野村たかあき　教育画劇　2007年　16枚……**113**
みいちゃんの春　ピーマンみもと　雲母書房　2009年　8枚……**150**
やまたのおろち（日本の神話シリーズ）　西野綾子　長野ヒデ子　かみありづき　2013年　12枚……**118**

創作紙芝居

あっちゃんのふうせん　高木あきこ　駒井啓子　童心社　1983年　12枚……**31**
あめこんこん　松谷みよ子　鈴木未央子　童心社　1970年　12枚……**96**
アンパンマンとおむすびまん（かみしばいアンパンマン）　やなせたかし　フレーベル館　1987年　12枚……**54**
アンパンマンとカレーパンマン（かみしばいアンパンマン）　やなせたかし　フレーベル館　1987年　12枚……**54**
アンパンマンとしょくぱんまん（かみしばいアンパンマン）　やなせたかし　フレーベル館　1987年　12枚……**54**
アンパンマンとばいきんまん（かみしばいアンパンマン）　やなせたかし　フレーベル館　1987年　12枚……**54**
いやいやたまご　竹下文子　ましませつこ　童心社　2007年　12枚……**37**
イルカいらんかさかなやさん　田沢梨枝子　教育画劇　1986年　12枚……**37**
うめぼしさん　神沢利子　ましませつこ　童心社　2000年　12枚……**40**
黄金バット（ナゾー編）　加太こうじ　大空社　1995年　12枚……**41**
おうさまさぶちゃん　馬場のぼる　童心社　1966年　12枚……**42**
おーい、はるだよー　千世まゆ子　山本祐司　童心社　2005年　12枚……**42**
おおきなぼうし　木曽秀夫　教育画劇　1981年　8枚……**43**
おかあさんまだかな　福田岩緒　童心社　2001年　12枚……**45**
おさんだぬきとかりゅうど　秋元美奈子　水野二郎　童心社　1988年　12枚……**46**
おたまじゃくしの１０１ちゃん　かこさとし　仲川道子　童心社　1978年　12枚……**47**

おたまたまごろう　金山美沙子　若山　憲　童心社　1969年　12枚……**47**
おひなさまをクリーニング（きつねのクリーニングや）　三田村信行　黒岩章人　教育画劇　1989年　12枚……**60**
おふろでプクプク　高橋ゆいこ　童心社　1987年　8枚……**50**
おべんとうのえんそく　矢玉四郎　教育画劇　1984年　12枚……**51**
かいじゅうトドラ・トットコ　半沢一枝　仲川道子　童心社　1973年　12枚……**52**
かみしばいアンパンマン（シリーズ）　やなせたかし　フレーベル館……**54**
かるかやバレーがっこう　かこさとし　こさかしげる　童心社　1975年　16枚……**57**
がんばれきょうりゅうぼうや（きょうりゅうぼうやシリーズ）　黒川光広　童心社　2000年　16枚……**62**
きつねとごんろく　馬場のぼる　童心社　1982年　16枚……**59**
きつねのクリーニングや（シリーズ）　三田村信行　黒岩章人　教育画劇……**60**
きつねのクリーニングやとまほうのマント（きつねのクリーニングや）　三田村信行　黒岩章人　教育画劇　1984年　12枚……**60**
きょうりゅうぼうやシリーズ　黒川光広　童心社……**62**
きょうりゅうぼうやのおともだち（きょうりゅうぼうやシリーズ）　黒川光広　童心社　2002年　16枚……**62**
きょうりゅうぼうやのさかなつり（がんばれきょうりゅうぼうやシリーズ）　黒川光広　童心社　2001年　16枚……**62**
くちのあかないカバ　ヒポポくん　わしおとしこ　田畑精一　童心社　1984年　12枚……**62**
くれよんさんのけんか　八木田宜子　田畑精一　童心社　1975年　12枚……**64**
ケーキだほいほい　堀尾青史　久保雅勇　童心社　1974年　12枚……**65**
こぎつねコンチシリーズ　中川李枝子　二俣英五郎　童心社……**68**
こぎつねコンとこだぬきポン　松野正子　二俣英五郎　童心社　1989年　前後編各12枚……**68**
こねこちゃん　堀尾青史　安　泰　童心社　1970年　12枚……**72**
こぶたのまーち　村山桂子　堀内誠一　童心社　1977年　12枚……**74**
コンコちゃんとなかまたち　すとうあさえ　福田岩緒　童心社　2004年　12枚……**76**
サンタのすず　古山広子　鈴木琢磨　童心社　1977年　12枚……**79**
シュークリームのおきゃくさま　西村彼呂子　アリマ・ジュンコ　教育画劇　1986年　12枚……**82**
すてきなおきゃくさん　あまんきみこ　アンヴィル奈宝子　童心社　2001年　12枚……**86**
すてきなおにいさん　古山広子　藤本四郎　童心社　2000年　12枚……**86**
すてきなおんがくかい　古味正康　教育画劇　1991年　12枚……**86**
すてきなしっぽがほしいなぁ　尾崎曜子　教育画劇　1995年　8枚……**87**
せかい一大きなケーキ　古田足日　田畑精一　童心社　1969年　12枚……**87**
そりのうえのちいさいおうち　古山広子　中村有希　童心社　1999年　12枚……**89**
それいけ！アンパンマン（かみしばいアンパンマン）　やなせたかし　フレーベル館　1987年　12枚……**54**
たいへんなわすれもの（きつねのクリーニングや）　三田村信行　黒岩章人　教育画劇　1987年　12枚……**60**
たぬきときつねのつきみだんご　林原玉枝　津田直美　教育画劇　1982年　12枚……**92**
たぬきのてがみ　宮﨑二美枝　長谷川知子　童心社　2003年　12枚……**93**
だれかさんてだあれ　香山美子　安　和子　童心社　1988年　12枚……**95**
ちいさいモモちゃんシリーズ　松谷みよ子　鈴木未央子　童心社……**96**

ちいさいモモちゃんよるですよう（ちいさいモモちゃんシリーズ2） 松谷みよ子　つちだよしはる　童心社　1989年　12枚……**98**
ちいさなおばけ 瀬名恵子　教育画劇　1980年　8枚……**97**
ちいさなきかんしゃ 池田善郎　津田光郎　童心社　1972年　12枚……**99**
チャボのおとうさん 中川美穂子　小林ひろみ　童心社　2000年　12枚……**100**
ちゅうしゃにいったモモちゃん（ちいさいモモちゃん） 松谷みよ子　鈴木未央子　童心社　1990年　12枚……**97**
つんぷくだるま 烏兎沼宏之　金沢佑光　童心社　1981年　12枚……**102**
でっかいぞでっかいぞ 内田麟太郎　田島征三　童心社　2004年　12枚……**102**
てんからおだんご 高橋五山　堀尾青史　金沢佑光　童心社　1976年　12枚……**104**
どきどきうんどうかい ねじめ正一　長谷川知子　童心社　2005年　12枚……**106**
トビウオのぼうやはびょうきです いぬいとみこ　津田櫓冬　童心社　1985年　12枚……**108**
トボンとプクンのクリスマス 野村るり子　堀尾青史　金沢佑光　童心社　1974年　12枚……**109**
どろんこおばけ ひろかわさえこ　童心社　2009年　8枚……**110**
なぞなぞのくにのアンパンマン（かみしばいアンパンマン） やなせたかし　フレーベル館　1987年　12枚……**55**
なんでもこおらせペンギン 肥田美代子　岡村好文　教育画劇　1992年　12枚……**116**
にこにこまんとじめじめ 矢崎節夫　古川タク　教育画劇　1986年　12枚……**117**
ニャーオン 都丸つや子　渡辺享子　童心社　1990年　12枚……**119**
ネコになってあそぼう（シリーズ） 長野ヒデ子　童心社……**122**
ねこのさかなとり 小出保子　教育画劇　1988年　12枚……**121**
ねこはしる 工藤直子　保手浜孝　すずき出版　2005年　24枚……**121**
はしれトッピー！ 矢崎節夫　岩淵慶造　教育画劇　1992年　12枚……**128**
はないっぱいになあれ 松谷みよ子　長野ヒデ子　童心社　1998年　12枚……**129**
花かごわっしょい 藤田富美恵　鈴木幸枝　童心社　2006年　12枚……**129**
バナナれっしゃ 川崎大治　久保雅勇　童心社　1970年　12枚……**130**
はのいたいモモちゃん 松谷みよ子　鈴木未央子　童心社　1972年　12枚……**96**
はるだよニャーオン 都丸つや子　渡辺享子　童心社　1995年　12枚……**132**
パンダコパンダ（シリーズ） 宮崎　駿　教育画劇……**134**
パンダコパンダ雨降りサーカス（シリーズ） 宮崎　駿　教育画劇……**134**
びっくりだいはつめい（きつねのクリーニングや） 三田村信行　黒岩章人　教育画劇　1989年　12枚……**60**
ひなのやまかご 古山広子　牧村慶子　童心社　1977年　12枚……**137**
ひよこのろくちゃん かこさとし　瀬名恵子　童心社　1975年　16枚……**138**
ふうたのはなまつり あまんきみこ　水谷章三　梅田俊作　童心社　1993年　12枚……**139**
ふうちゃんのそり 神沢利子　梅田俊作　童心社　1998年　12枚……**139**
ふたつのこづつみ 岩崎京子　和歌山静子　童心社　1978年　12枚……**142**
ふとんやまトンネル 那須正幹　長野ヒデ子　教育画劇　1986年　12枚……**143**
ミイラ男 上地ちづ子　ヒロナガシンイチ　童心社　1997年　16枚……**150**
三つになったモモちゃん（ちいさいモモちゃんシリーズ2） 松谷みよ子　つちだよしはる　童心社　1991年　12枚……**98**
もしもあめのかわりに 村山籌子　堀尾青史　瀬名恵子　童心社　1977年　4枚……**91**
もっとできるよでんぐりこ 礒みゆき　教育画劇　1996年　8枚……**152**

モモちゃん「あかちゃんのうち」へ（ちいさいモモちゃんシリーズ2） 松谷みよ子　相星真由美　つちだよしはる　童心社　1997年　12枚……**98**
モモちゃんがあかちゃんだったとき（ちいさいモモちゃん） 松谷みよ子　鈴木未央子　童心社　1968年　12枚……**96**
モモちゃんちにきたぞうさん（ちいさいモモちゃんシリーズ2） 松谷みよ子　つちだよしはる　童心社　1995年　12枚……**98**
モモちゃんどうぶつえんへいく（ちいさいモモちゃんシリーズ2） 松谷みよ子　つちだよしはる　童心社　1993年　12枚……**98**
モモちゃんとかた目のプー（ちいさいモモちゃん） 松谷みよ子　鈴木未央子　童心社　1990年　12枚……**96**
モモちゃんのおみせやさん（ちいさいモモちゃん） 松谷みよ子　鈴木未央子　童心社　1969年　12枚……**96**
もりのぶらんこ 東　君平　和歌山静子　童心社　1973年　8枚……**153**
やさいむらのあかたろう 中村ルミ子　久住卓也　童心社　2003年　12枚……**154**
やっとこどっこい赤おにさん 足沢良子　安井康二　教育画劇　1978年　12枚……**156**
やっぱりだいすき！おかあさん 鬼塚りつ子　わかやまけん　童心社　1990年　12枚……**156**
ゆうれいのおきゃくさま（きつねのクリーニングや） 三田村信行　黒岩章人　教育画劇　1988年　12枚……**60**
よさくどんのおよめさん 秋元美奈子　水野二郎　童心社　1986年　16枚……**158**
よわむしおばけ 仲倉眉子　教育画劇　1990年　12枚……**159**
ロボット・カミイ　シリーズ 古田足日　田畑精一　童心社……**162**
わっしょいわっしょいぶんぶんぶん【音楽】 かこさとし　宮下　森　童心社　1975年　16枚……**164**

シリーズ

かみしばいアンパンマン（シリーズ）
アンパンマンとおむすびまん やなせたかし　フレーベル館　1987年　12枚……**54**
アンパンマンとカレーパンマン やなせたかし　フレーベル館　1987年　12枚……**54**
アンパンマンとしょくぱんまん やなせたかし　フレーベル館　1987年　12枚……**54**
アンパンマンとばいきんまん やなせたかし　フレーベル館　1987年　12枚……**54**
それいけ！アンパンマン やなせたかし　フレーベル館　1987年　12枚……**54**
なぞなぞのくにのアンパンマン やなせたかし　フレーベル館　1987年　12枚……**55**
きつねのクリーニングや（シリーズ）
きつねのクリーニングやとまほうのマント 三田村信行　黒岩章人　教育画劇　1984年　12枚……**60**
たいへんなわすれもの 三田村信行　黒岩章人　教育画劇　1987年　12枚……**60**
ゆうれいのおきゃくさま 三田村信行　黒岩章人　教育画劇　1988年　12枚……**60**
おひなさまをクリーニング 三田村信行　黒岩章人　教育画劇　1989年　12枚……**60**
びっくりだいはつめい 三田村信行　黒岩章人　教育画劇　1989年　12枚……**60**
きょうりゅうぼうやシリーズ
がんばれきょうりゅうぼうや 黒川光広　童心社　2000年　16枚……**62**
きょうりゅうぼうやのさかなつり 黒川光広　童心社　2001年　16枚……**62**
きょうりゅうぼうやのおともだち 黒川光広　童心社　2002年　16枚……**62**

こぎつねコンチシリーズ
こぎつねコンチといちご　中川李枝子　二俣英五郎　童心社　2001年　12枚……**68**
こぎつねコンチとおかあさん　中川李枝子　二俣英五郎　童心社　1978年　12枚……**68**
こぎつねコンチのにわそうじ　中川李枝子　二俣英五郎　童心社　2002年　12枚……**68**
コッコおばさん（シリーズ）
コッコおばさんのうれしいおでんわ　仲川道子　童心社　1999年　12枚……**70**
コッコおばさんのおいしいレストラン　仲川道子　童心社　1995年　12枚……**70**
コッコおばさんのおおきなすいか　仲川道子　童心社　2000年　12枚……**70**
コッコおばさんのおばけのアイスクリーム　仲川道子　童心社　1998年　12枚……**70**
コッコおばさんのおだんごパーティー　仲川道子　童心社　2001年　12枚……**70**
そんごくう（シリーズ）
そんごくう　たびだちのまき　呉　承恩　上地ちづ子　夏目尚吾　童心社　1993年　前後編各16枚……**90**
そんごくう　火炎山をこえるのまき　呉　承恩　上地ちづ子　夏目尚吾　童心社　1992年　前後編各16枚……**90**
そんごくう　金角銀角のまき　呉　承恩　上地ちづ子　夏目尚吾　童心社　1995年　前後編各16枚……**90**
そんごくう　たびのおわりのまき　呉　承恩　上地ちづ子　夏目尚吾　童心社　1995年　16枚……**90**
ちいさいモモちゃんシリーズ
モモちゃんがあかちゃんだったとき　松谷みよ子　鈴木未央子　童心社　1968年　12枚……**96**
モモちゃんのおみせやさん　松谷みよ子　鈴木未央子　童心社　1969年　12枚……**96**
あめこんこん　松谷みよ子　鈴木未央子　童心社　1970年　12枚……**96**
はのいたいモモちゃん　松谷みよ子　鈴木未央子　童心社　1972年　12枚……**96**
モモちゃんとかた目のプー　松谷みよ子　鈴木未央子　童心社　1990年　12枚……**96**
ちゅうしゃにいったモモちゃん　松谷みよ子　鈴木未央子　童心社　1990年　12枚……**97**
ちいさいモモちゃんシリーズ2
ちいさいモモちゃんよるですよう　松谷みよ子　つちだよしはる　童心社　1989年　12枚……**98**
三つになったモモちゃん　松谷みよ子　つちだよしはる　童心社　1991年　12枚……**98**
モモちゃんどうぶつえんへいく　松谷みよ子　つちだよしはる　童心社　1993年　12枚……**98**
モモちゃんちにきたぞうさん　松谷みよ子　つちだよしはる　童心社　1995年　12枚……**98**
モモちゃん「あかちゃんのうち」へ　松谷みよ子　相星真由美　つちだよしはる　童心社　1997年　12枚……**98**

日本の神話シリーズ
天の石屋戸　出雲神話　西野綾子　黒田征太郎　かみありづき　2013年　14枚……**118**
イナバのしろうさぎ　出雲神話　西野綾子　長野ヒデ子　かみありづき　2013年　12枚……**118**
国ゆずりのものがたり　出雲神話　西野綾子　スズキコージ　かみありづき　2013年　12枚……**119**
小さな神さま　出雲神話　西野綾子　やべみつのり　かみありづき　2013年　12枚……**118**
根の国のものがたり　出雲神話　西野綾子　渡辺享子　かみありづき　2013年　12枚……**118**
やまたのおろち　出雲神話　西野綾子　長野ヒデ子　かみありづき　2013年　12枚……**118**
ネコになってあそぼう
ネコのおてがみ　長野ヒデ子　童心社　1995年　12枚……**122**
ネコのおりょうり　長野ヒデ子　童心社　1995年　12枚……**122**
ネコのたいそう　長野ヒデ子　童心社　1994年　12枚……**122**
パンダコパンダ（シリーズ）
その1 おおきなパパとちいさなママ　宮崎　駿　教育画劇　2010年　12枚……**134**
その2 パンちゃん、がっこうへいく　宮崎　駿　教育画劇　2010年　12枚……**134**
その3 パンちゃん、ききいっぱつ！　宮崎　駿　教育画劇　2010年　16枚……**134**
パンダコパンダ 雨ふりサーカス（シリーズ）
その1 ちいさなちいさな、おきゃくさま？　宮崎　駿　教育画劇　2010年　12枚……**134**
その2 サーカスがやってきた！　宮崎　駿　教育画劇　2010年　12枚……**135**
その3 あめふりサーカス、だいこうずい　宮崎　駿　教育画劇　2010年　16枚……**135**
ふしぎがいっぱい！むしのせかい（シリーズ）第1集
いちばんおおきなばった　今森光彦　教育画劇　2005年　8枚……**140**
セミくんがおようふくをきがえたら…　今森光彦　教育画劇　2005年　8枚……**140**
つよいぞ！カマキリくん　今森光彦　教育画劇　2005年　8枚……**140**
ロボット・カミイ　シリーズ
ロボット・カミイ　ちびぞうのまき　古田足日　田畑精一　童心社　1971年　12枚……**162**
ロボット・カミイ　げきあそびのまき　古田足日　田畑精一　童心社　1971年　16枚……**162**
ロボット・カミイ　おみせやさんごっこのまき　古田足日　田畑精一　童心社　1971年　16枚……**162**
ロボット・カミイ　ロボットのくにへかえるのまき　古田足日　田畑精一　童心社　1974年　16枚……**162**

作品紹介

450冊

（五十音順）

あかしろうんどうかい

作・絵／とよたかずひこ
童心社　2007年　**8枚（3分）**

ワニ　ヘビ　キリン　ゾウ　運動会

動物たちの運動会です。障害物競争の選手がスタートラインに並びました。赤組のワニさん、ヘビさん。白組のキリンさん、ゾウさん。赤組も白組もやる気満々、応援団も盛り上がっています。

白組がリード、そのまま逃げ切るか！　ゴールも見えている！　ところが、網をくぐり抜けるのに、大きな体の白組はあっちこっちにひっかかって…。

いろいろ遊べる紙芝居です。観客も赤組と白組に分かれて応援する、紙芝居をやる前に、どちらが勝つか予想してもらう、応援の言葉を考えてみる…。

動物たちはヘビまで丸く（顔が）愛らしく、うきうき嬉しくなります。

あかんぼばあさん

脚本／川崎大治　画／金沢佑光
童心社　1975年　**12枚（8分）**

昔話　若返りの水　薪

「若返りの水」としても知られるお話。

山へ薪《たきぎ》を取りに出かけた爺《じい》さんは、ずいぶん歩いたので、喉《のど》が渇いてしかたがありません。水音がする方へ行くと、きれいな水が流れています。爺さんは大喜びで飲みました。元気が出た爺さんは薪をたくさん背負って、家に帰りました。

爺さんはすっかり若返っていました。翌朝、婆《ばあ》さんが山へ向かいました。あの水を飲むためです。婆さんは、もう夢中で飲みました。爺さんは夜になっても帰って来ない婆さんを探し、婆さんの着物の中で泣いている赤ん坊を見つけるのでした。

爺さんが若返ってからは、青年らしく演じたいですね。

あずきとぎ

文／桜井信夫　画／ヒサクニヒコ
教育画劇　1992年　**12枚（8分）**

小豆　ぼたもち　お婆さん　化け物

水辺の妖怪・小豆《あずき》とぎ婆《ばあ》の話。ショキショキザックザックと小豆をとぐ音が印象的です。①場面のわらべ歌と②場面の庄屋のセリフが伏線になっています。

荒れ寺で妙な音がするので、村人たちが夜に見張っていると、どすんと天井裏から落ちて来たのは、ぼたもち！　化け物退治に来た村人たちは、ぼたもちをたいらげて大喜び。次の日、ぼたもちを待っているとトントンの音。落ちて来たのはナスの漬物。村人たちがっかりしていると「漬物つまんで人とって食おうかショキショキ」と化け物が出たので逃げ出します。小豆とぎは、ぼたもちをふるまうなど、憎めません。

お彼岸《ひがん》の頃に高齢者施設で演じたら喜ばれました。

あっちゃんのふうせん

脚本／高木あきこ　画／駒井啓子
童心社　1983年　12枚（8分）

風船　犬　猫　アリ　男の子

あっちゃんがお母さんと一緒に歩いています。あっちゃんは風船を持っています。

「あっちゃんのふうせん　ぽあぽあぽん」

すると、猫のニャーミも持ちたくて「貸して！」。次は犬のワンタも「貸して！」。アリのチルも「貸して！」

みんな、あっちゃんの風船が大好きです。でも大変、アリのチルが風船を持ったまま空に飛んで行きそうになります。どうなるのでしょう。

繰り返しの言葉がリズムよく楽しい。遠目《とおめ》がきく愛らしい絵がピッタリ！

あとかくしの雪

文／ときわひろみ　絵／藤本四郎
教育画劇　2012年　12枚（9分）

昔話　雪　お坊さん　お婆さん　大根

寒い冬の道をお坊さんが歩いています。庄屋の家で宿を頼むと、断られ、「うちの畑の大根を盗んだら承知しない」とまで言われました。途方《とほう》にくれていると、猫が現れ、貧しいお婆《ばあ》さんの家まで案内してくれました。お婆さんは快く迎え入れますが、何もご馳走《ちそう》するものがありません。そこで、お婆さんは庄屋の畑から大根を抜くのです。その時に家から畑までくっきりと足跡が残りました。明日には庄屋がやって来るでしょう。お婆さんは眠ることができません。翌朝、お坊さんの姿はなく、冬一番の雪が降りつもっていました。

暖かみのある絵がドラマを盛り上げています。最後のシーンは誰もがほっとさせられます。

あなからみえるよ

作・画／古川タク
教育画劇　2004年　12枚(6分以上)

鼻の穴　豚　当てっこ

①②場面で桃色豚さんが「みんな元気？　今からクイズが始まるよ」と言って始まります。鼻は丸く穴が開いています。画面を〈半分抜いて〉「ブーンブーン。黄色と黒の模様、手には針…。なんだかわかる？」と言って、〈全部抜く〉と、鼻から蜂が出ました。

⑫場面以外でも、〈半分抜く〉と穴から少し次の登場人物が見えます。牛・オバケ・ワニ・スイカ・てるてる坊主、そしてお日様。どれも思いがけない絵で、笑いが起きます。

子どもたちの声をどんどん引き出していくように演じます。夏らしい開放的な雰囲気がある作品です。短編アニメの名手が作った、遊びがいっぱいある楽しい当てっこ紙芝居。

あひるのぴいぴいとひよこのぴっぴ

原作／ステーエフ　脚本／小林純一　画／二俣英五郎
童心社　1971年　12枚（7分）

アヒル　ヒヨコ　仲良し

アヒルの赤ちゃん・ぴぃぴぃが生まれました。ニワトリのヒヨコも「ぼくも生まれたよ、ぴっぴ」。ぴぃぴぃが散歩に行けば、ぴっぴも。ぴぃぴぃがくちばしで穴を掘れば、ぴっぴも足で掘ります。水辺に来ると、ぴぃぴぃはすいすいすーい。ぴっぴは、ばしゃーん！　溺れたぴっぴをぴぃぴぃは助け上げました。最終場面。ぴぃぴぃ「ぼく、もっと泳いでこようっと」。ぴっぴ「ぼくは　もう行かない。ハックション！」

　意気揚々たる二羽を、陽気なオレンジ色と黄色で描きます。演出ノートに「詩を朗読するように、言葉をはっきりとリズミカルに」とあります。

天の川にかかるはし

文／小野和子　絵／狩野富貴子
教育画劇　1995年　12枚（7分）

七夕　織姫　牛飼い　カササギ

天の神様の娘・織姫は、その名のように大変上手に布を織ります。とんからん、とんからん…。天の川の西岸では、牛飼いの若者がいつもその音を聞いています。神様は働き者の二人を夫婦にします。ところが、二人はさっぱり働かなくなってしまいます。

　神様は怒って、二人は川をはさんで引き離されてしまいます。そして、一年に一度、カササギの橋を渡って会うことしか許されなくなります。

　中国の七夕《たなばた》伝説を美しく涼やかな絵でロマンチックに伝えます。子どもたちには、②③場面での機《はた》織りや牛飼いの仕事について、少し説明しておくと、星のロマンの理解も容易でしょう。

アムンゼン

脚色／鈴鹿洋子　画／津田光郎
教育画劇　1978年　16枚（12分）

ノルウェー　南極　冒険　努力

1911年世界で初めて南極点に到達したロアルト・アムンゼンの話です。

　彼は子どもの頃から探検家を目指し努力を重ねていきます。

　②場面で真冬に窓を開けて寝るシーンに、子どもは驚くことでしょう。

　南極点を目指す⑧～⑨場面の犬ぞりシーン、⑩場面の穴に落ちたシーンなど災難が続き、やっと成功します。

　絵が氷の世界を見事に表現しています。④場面からはセリフではなく、長い説明で話が進んでいきます。

あめかいゆうれい

文／安田 浩　画／清水耕蔵
教育画劇　1988年　16枚（10分）

飴　幽霊　母と子

毎晩飴《あめ》を買いに来るはかなげな女。飴屋のもへいが後をつけて行きますと、女は墓場へ入って行くのです。

観客もまた、怖いもの見たさで物語に引き込まれていきます。

⑦場面の墓のシーンでは、全体的に声を落として演じますと、もへいの恐怖が伝わります。⑧場面では、和尚《おしょう》によって幽霊のことが明らかになり、⑬場面で赤ん坊が登場してからは、感動的に物語は進みます。最後の⑯場面では成長した赤ん坊が僧となり「ああよかった」と安堵して、終わります。

赤子を思う母親の情感が胸を打つ作品。小学校高学年から高齢者まで幅広く楽しめます。

あめだま

作／新美南吉　脚色／東川洋子　画／野村たかあき
教育画劇　2003年　12枚（7分）

飴　侍　刀　春

渡し舟に乗り込んで来た怖そうな侍《さむらい》。舟のお客は静まり返ります。のどかな春の陽にゆうらり進む舟。侍はこっくりと居眠り。二人の子がお母さんにあめ玉をねだります。あめ玉は一つきり。それでも「あめだま　ちょうだいよう!」。その声に目を覚《さ》ました侍。すらりと刀を抜き、あめ玉を出させ、刀で見事、ぱちんと二つに分けたのでした。

②場面からは、何が起きるかとハラハラドキドキです。⑥場面の〈抜き〉を演出ノートの指示通りにすると、母親の姿が⑦場面にもあるので二つになってしまいます。ここはセリフに合わせて〈ゆっくり抜きながら〉、「すると」のセリフで〈さっと抜く〉のがいいでしょう。

あめふりともだち

脚本・絵／島津和子
童心社　2005年　8枚（4分）

雨　蛙　合唱

アマガエルのピョンタは雨が大好きです。雨に濡れたヤマボウシに止まってクワッ、クワッ、クワッ。向こうで友だちも歌っています。

「会いに行こう」。まずはカタツムリ。次にチョウにご挨拶《あいさつ》。ブルーベリーの枝を揺《ゆ》すってハチに叱られ…、もうすぐ池だと思ったら、ヘビイチゴの陰から腹ペコのカナヘビ。逃げろ逃げろ! やっとキイチゴの葉の上で仲間に会えます。雨に喜び、さあ大合唱。

一回目はたんたんと演じ、次には「アオムシは何を食べてるの?」などと、子どもたちとおしゃべりをして絵を味わいましょう。植物画の名手の絵は、写実的で美しく、雨が嬉しくなる作品です。

あらしのうみのゆうれい

原作／小泉八雲　脚本・画／諸橋精光
童心社　1991年　16枚（13分）
漁師　嵐　幽霊

昔、じんすけという若い漁師がいました。ある夏、仲間の漁師と一緒に、遠くの海へ魚を獲りに出かけましたが、その夜です。叩《たた》きつけるような雨風、山のようになって押しよせる波。

ドドドドドドーッ。

船から放り出されたじんすけは、とっさに船板を一枚つかんで海に。仲間の漁師たちの姿は見えなくなりました。「おーい、そっちは危ねえぞ」、「じんすけー、こっちへ来い…」。

じんすけを呼ぶ声も、暗やみに消えていきます。疲れ果て、じんすけが海に沈もうとした時、幽霊が現れます。

嵐の海に繰り広げられる幽霊談。迫力ある画面が話を盛り上げます。

アリとバッタとカワセミ

脚本・絵／イ・スジン
童心社　2010年　12枚（7分）
韓国の昔話　由来譚　アリ　バッタ　カワセミ

まだアリがずんどうで、バッタに髪の毛が生えていて、カワセミのくちばしが短かった頃のお話です。どうして、アリの胴がくびれて、バッタの頭から髪がなくなり、カワセミのくちばしが長くなったのか、その由来を語る韓国の笑い話。

カワセミが魚を見つけると、中からバッタが「魚を取ったのはおれだ、お腹の中は暑かった」と出て来ました。カワセミは文句を言い過ぎてくちばしが伸び、バッタは汗を拭《ふ》き過ぎて髪が抜け落ち、それを見たアリは腹をよじって笑い過ぎて腰が細くなったとさ。

お話のように、ちょっと不思議な形の三匹が色彩豊かに描かれ、韓国の民画を思わせるのどかな絵が続きます。

第49回五山賞奨励賞受賞。

ありのぼうけん

脚本／堀尾青史　画／宮下 森
童心社　1979年　12枚（5分）
アリ　生態　アブラムシ

アリの家は、土の中。アパートのようにたくさんの部屋があります。働きアリは、アブラムシからおいしい蜜をもらったり、ビスケットのかけらを集めたり、せっせと働くのに、ドロボウアリに蜜も食べ物も取り上げられてしまうのです。相談したアリたちは、夜の間にミミズのふんの玉でドロボウアリの家の入口をふさぐことにしました。作戦は大成功！晴れ晴れとした朝を迎えます。

アリは擬人化されてマンガ風に描いていますが、ケンリー著『ありの国探検記』（原著1931年）をもとに作られた科学的に正確なストーリー。解説や演出ノートを参考にし、アリの生活を楽しくコミカルに演じてみましょう。

アンネフランクの希望

脚本／上地ちづ子　絵／小倉玲子
汐文社　1994年　12枚（13分）

アンネ・フランク　戦争　ナチス　人種差別

アンネは十三歳の誕生日に父から日記帳をもらい、親友に何でも打ち明けるように書き続けました。ナチスから逃れるために窮屈な隠れ家に住んでからも、いつか平和が訪れ自由になると希望を持ち、同居人のペーターとささやかな楽しみを分かち合いました。しかしついに、強制収容所に送られ十五歳で亡くなりました。短い生涯のエピソードから、アンネに親しみを持ってもらうには絶好の作品です。

上地ちづ子企画の「平和紙芝居」全5巻の一冊。シリーズは世界大戦やベトナム戦争で犠牲になった少年少女の声をすくい取り、従軍慰安婦にされた少女を描くなど、日本の加害にもふれています。

あんもちみっつ

脚本／水谷章三　画／宮本忠夫　監修／松谷みよ子
童心社　1984年　8枚（5分）

笑い話　にらめっこ　泥棒　あんもち

おじじとおばばが、あんもちを三つもらいました。一つずつ食べ、残りの一つは、にらめっこで勝ったものに。笑ったり声を出したら負けです。そこへ泥棒が忍び込んで来ます。動かぬ二人を人形だと思い込み、あんもちに手を出した時、おばばが叫びました。「それはわたしのあんもちですよっ！」。おばばの負け。あんもちはおじじのものになりました。

泥棒が入って来たというのに、二人のあんもちに対する集中力が少しも揺《ゆ》るがないので笑えます。緊張感のある場面から一転して、「はい、ごちそうさま」とあっさり終わるところがミソ。④場面は戸を開けるようにガタリッ、カタカタッと抜きましょう。

子どもから高齢者まで楽しめます。

いつかVゴール

脚本／上地ちづ子　画／相沢るつ子
汐文社　1995年　12枚（10分）

障がい　盲目　サッカー　生きる力

五年生のリョウは、小学校のサッカーチームのキャプテンです。盲学校のチームから試合を申し込まれたので、様子を見に寄宿舎を訪ねました。監督の山田先生がメンバーを紹介し、ボールについて説明してくれました。キャプテンのトシがボールを蹴ると、ボールからリリリとメロディが聞こえます。

いよいよ試合の日です。リョウとトシは握手をし、「本気でやるからな」、「いいよ」と言葉を交わしました。両チームともに頑張りました。試合が終わると、抱き合って、跳びはねての大騒ぎになりました。「また、試合をしよう！」。

子どもたちの気持ちや姿が生き生きと感じられます。試合の場面は躍動感をもって演じましょう。

いっすんぼうし

文／浜田留美　画／池田仙三郎
教育画劇　1977年　16枚（10分）
🔑 昔話　小さい　勇気　鬼

神様に祈って授かった一寸法師。大事に育てて賢い子になりましたが、背丈《せたけ》は掌に乗るほど。お椀の舟、大臣屋敷での姫との出会いなど、小さいゆえのエピソードで話が進みます。それが鬼退治をする勇気を際立たせます。一寸法師が京に登る⑦場面は、高齢者施設では一寸法師の童謡を一緒に歌い盛り上がりました。

⑬場面の鬼退治のシーンは、ここが山場です。小さな者が猛々しい大きな鬼に立ち向かっていくのですから。幼い子どもは一寸法師に自身を重ねて見ることでしょう。「のびろ、のびろ、一寸法師…」のセリフは、みんなで一緒に。美しい大和絵風の絵が懐かしさを誘います。⑮場面はゆっくり演じて余韻を残しましょう。

いなむらの火

脚本／川崎大治　絵／降矢洋子
童心社　2011年　16枚（10分）
🔑 浜口儀兵衛　南海大地震　津波

高台の家が激しく揺《ゆ》れました。大地震だと知った庄屋の儀兵衛は、海に目をやり、津波の兆候を見てとります。村人たちは村祭りの準備に忙しく気づいていません。儀兵衛は刈り取ったばかりの稲村に火をつけてまわります。寺の鐘も火事を知らせ、村人は続々と儀兵衛の家に集まり始め、津波を知らされます。1854年の南海の大地震の津波で、紀州のこの村に犠牲者はありませんでした。

原作は小泉八雲。脚本は無駄のない構成で、緊迫した状況を追います。絵からは、儀兵衛の沈着さと判断力をあわせ持つ大きな人柄がにじみ出ています。

大型紙芝居（43×62㎝）もあります。

いのししのすもう

文／吉田タキノ　画／篠崎三朗
教育画劇　1998年　12枚（8分）
🔑 十五夜　お月見　猪　相撲

昔むかし、ある山の中に、たくさんの動物が仲良く暮らしていました。

「明日の晩は十五夜だなあ。お月様にみんなが面白いことをして、お見せしよう」ということになりました。

次の日の夜、十五夜のお月様は、輝いて夜空のまん中に現れました。兎《ウサギ》は餅つき、狸は腹つづみ。面白いことを何も見せられない猪のイノタと弟のウリボウは相撲を取り、月が雲間に隠れても取り続けます。

ほとんどの画面が、夜景を表現するために動物たちをシルエット風に描いています。お月見の楽しさが伝わります。

いぼがえるとにわとり

作・画／トンミー
汐文社　1998年　12枚（6分）
ラオス　蛙　ニワトリ　鳴く

ばったり出会ったイボガエルとニワトリ。お互いに「ぼくが鳴くから雨が降る」、「ぼくが鳴くから朝が来る」と言い合います。ためしてみようとこっそりニワトリの後ろから近より、イボガエルはニワトリのお尻に息を吹きかけて、頭にたっぷりうんちを落とされます。ニワトリはコケコッコーと、イボガエルはケロケロケロと鳴き続けますが、朝は来ないし雨は降りません。二匹が疲れて鳴き止むと朝が来て雨が降り出し、二匹はきまり悪くなって笑い合います。

ラオスの紙芝居です。動物の造形やあざやかな色彩が独特です。脚本は翻訳のぎこちなさを多少感じますが、ラオスの国に思いを馳《は》せ楽しく演じたいですね。

いやいやたまご

脚本／竹下文子　画／ましませつこ
童心社　2007年　12枚（5分）
卵　ヒヨコ　母と子

めんどり母さんは、卵を五つ産んで21日間温めました。「さあ　みんな　出ておいで」。ヒヨコが出て来ました。でも五番目の卵は、「いやいやいや。まだ眠いもん」、「いやいやや。外は怖いもん」と言って出て来ません。

その卵は転がり逃げ出してどら猫の鼻にコン。猫はうまそうだと舌なめずり。母さんが駆けつけて猫を追い払います。その時、卵が割れてヒヨコが出て来ました。さあ、みんな揃ってお家に帰り、おいしい朝ごはんです。

リズムに乗った気持ちの良い文と、メリハリのある構成の絵。暖色の優しい色調。でも、遠目《とおめ》がききます。何回読んでも楽しい出色の作。

イルカいらんかさかなやさん

作・画／田沢梨枝子
教育画劇　1986年　12枚（7分）
魚屋　猫　イルカ

タイトルから、洒落《しゃれ》の始まりです。猫の魚屋さんは大あくび。ずるい漁師に鯛ならぬイルカの子を売りつけられ、急に大忙しになります。

店の魚を食べつくし、画面いっぱい大きくなったイルカに、驚かされます。軽妙な語りは、演じ方次第で落語のよう。幼児から小学生、高齢者まで楽しめます。

かわいく明るい色彩の絵に魅せられます。絵が楽しさを増幅してくれます。ただ、たくさんの魚が、遠目《とおめ》に少し見えにくい場面があるのが残念です。

「ネコたろうの　店のそばに行ったら寄ってみてください。まだイルカがいるかもしれないよ」と語り終えると、また、ひとしきり笑顔が広がるでしょう。

うぐいすのホー

脚本／杉浦 宏　絵／松成真理子

童心社　2005年　12枚（8分）

ウグイス　生態　春　桜

桜の咲く頃、ウグイスのホーが里に下りてきますが、まだうまくホーホケキョとは鳴けずにチェッチェッ、とさえずります。ホーはエサを探して木から木へ飛び回っています。ウグイスの足は木の枝をしっかりつかめますが、ハトやスズメのように地面を歩いてエサを探すようにはなっていないのです。そして桜の花のつけ根の蜜は大好物です。

図鑑のような写実ではなく、さえずり飛び回る生き生きした鳥の生態を美しい色彩の絵とやさしい文で教えてくれます。桜の花をついばむウグイス、パラシュートのように落ちて来る桜を見上げる子どもたち。鳥が身近に感じられてくるでしょう。幼児から高齢者まで喜ばれます。

うしかたとやまんば

脚本／坪田譲治　画／福田庄助

童心社　1967年　16枚（8分）

昔話　山姥　牛方

昔むかし。牛方《うしかた》が塩サバを売りに山の村に出かけると、突然、山姥《やまんば》が現れて「サバをくれえ」と言います。牛方はサバを投げては逃げ、投げては逃げますが、とうとうサバがなくなってしまいます。山姥は牛方を追いかけます。

どんどん駆けて、牛方は一軒の家に飛び込みます。ところが、そこは山姥の家でした。牛方は帰って来た山姥をうまくやり込め、最後には、山姥が木のからとに入って眠りについたところをキリで穴を開け、熱い湯を注ぎ込んだのでした。

山姥といっても、どこか愛嬌《あいきょう》さえ感じさせて憎めなく、また少しばかりせつなくもある作品です。

うなぎにきいて

脚本／桂 文我　絵／長谷川義史

童心社　2005年　12枚（6分）

落語　ウナギ

きろくとせいはちがウナギ屋に入ると、板前さんがお休み。料理が苦手な主人に、無理に調理場に入ってもらうと…。ウナギに慣れない主人は、ようやくウナギをつかんだものの、ニュロニュロするのにてこずり、体を上へ下へ、今度はウナギを追って外に飛び出しました。主人の後ろにたくさんの子どもたち、犬や猫の行列が続きます。

言葉の面白さを生かした上方落語です。言葉に慣れない時は、多少言い回しを変えても、陽気にテンポよく演じたい。「落ち」が題名になっています。

落語のナンセンスと、破れかぶれにも見える筆づかいの絵がぴったりと合って、笑いを盛り上げます。

うばすて山

脚本／岩崎京子　絵／長野ヒデ子
童心社　2011年　16枚（9分）

うば捨て　孝行息子　年よりの知恵

あるところに、年よりの嫌いな殿様がいて、「六十歳になったら、年よりは山に捨てろ」というお触れを出します。親思いの息子は母を捨てることができず、家の床下に隠します。一方、お城では隣国からの使いが「この難問が解けなければ、攻め込むぞ」と脅していました。「丸太のどちらが先で、どちらが根っこか」という問いを始め、全ての難問を若者が解いたので、殿様は喜びました。床下の母から知恵を借りたからこそできたのです。殿様は自分の愚かさに気がつき、うば捨てをやめることにするのです。

深刻になりがちなお話を、からっと明るいコミカルな絵とともにわかりやすく伝えてくれます。小学生にも。

うまいものやま

脚本／佐々木悦　画／箕田源二郎
童心社　1975年　12枚（8分）

昔話　偏食　空腹　人参　みそ汁

昔、茂作という若者がおったが、毎日寝転がって、おっかどのにわがままを言うばかり。

「おら、人参は食わわね。みそ汁なんて嫌だ。うまいもの食いてえ」

そこで、ある日、おやじどのは、「うまいもの山に連れて行ってやるぞ」と茂作を連れて、山に登っていきます。どこまで行っても食べるものはなく、へとへとでお腹を空かせてやっと家に帰ってきます。家ではおっかどのが食事を作っています。今までおいしくないと言っていたみそ汁も、お代わりします。

偏食をいましめる教訓は加えず、昔話の世界の楽しいお話です。

第14回五山賞受賞。

うみにしずんだおに

脚本／松谷みよ子　画／二俣英五郎
童心社　1973年　16枚（11分）

親子　鬼　自己犠牲

四国の久礼（くれ）という港にあるふたな島にまつわる民話です。迫力のある鬼の姿、親子のせつないほどの情愛に胸を打たれます。構図、大きさの変化に富んだ絵が見事です。

山奥に鬼の親子が住んでいて、親鬼は子鬼を愛情込めて育てています。ある時、鬼の親子は人間の爺《じい》様とその孫に出会います。爺様は「嵐になると海が荒れて困るのだ」と話します。

嵐が襲って来た日、親鬼は大きな岩を二つ鉄棒に指して担ぎ上げ、海へと向かいます。親鬼のそばを離れたがらない子鬼を乗せたまま、親鬼は荒れ狂う海の中を進み、とうとう倒れてしまいますが、子鬼を支えながら沈んでいくのです。

うみのみずはなぜからい

脚本／水谷章三　絵／藤田勝治

童心社　2002年　**16枚（9分）**

昔話　お宝　臼　塩　海

若者が、釣り上げた大きな鯛《たい》を担いで歩いていると、呼び止める小さな声がします。見ると小さな神様たちです。鯛とお宝を交換しようと言うのです。

お宝は不思議な臼《うす》でした。欲しい物を唱えて右に回すとそれが出てくるのです。若者はいっぺんに長者になりました。その噂《うわさ》が広まり、泥棒の耳にも届いてしまいます。泥棒は臼を盗み、海へ出ました。大福を食べた泥棒は、塩がなめたいと臼を回しますが、止め方を知りませんから、とうとう塩の重みで船は沈んでしまうのです。

最後の場面「海の底で今でも臼から塩が出ているということだ」のくだりは、子どもたちの顔を見ながら、もっともらしく話しかけてはどうでしょう。

うめぼしさん

脚本／神沢利子　画／ましませつこ

童心社　2000年　**12枚（4分）**

梅　梅干し

梅の木に花が咲き、実が梅干しになり子どもたちの口に入るまでをわらべ歌風のユーモラスな詩でたどっています。絵と言葉の組み合わせを楽しめるよう、ゆったりとていねいに演じましょう。

①場面の「…赤い顔してしわよって口に入れたらすっぱくて…」から始まり、⑥場面では「水でお顔を洗われて塩を振られてかめの中　おもしをずしんと載せられて　しくしくしくしく泣くばかり…」。⑩場面は病気の時のお粥《かゆ》、⑪場面は元気な時のおにぎりと梅干しの活躍を歌います。

梅の変化とともに子どもたちの表情も様々で、あきません。親子や高齢者の方々と見てみましょう。

うらしまたろう

文／奈街三郎　画／工藤市郎

教育画劇　1971年　**16枚（12分）**

昔話　海　乙姫　時間　亀　龍宮城

誰でも知っている昔話ゆえの、やりやすいところも難しいところもあります。小学生の子どもは「知ってるー」と言うでしょう。子どもたちに「そうだよね。思った通りのお話だ」と思わせながら⑥場面になりますと、一般的に知られているお話とは違って、乙姫《おとひめ》が太郎に春夏秋冬の景色を見せるのです。この場面をゆっくり演じると、自然に太郎が故郷の夢を見る⑨場面につながっていきます。

よく知られている「うらしま」にはない話が出て来たことで、ぐっと興味を引くことができます。家に帰りお爺さんになってしまう結末まで、目が離せなくなります。高齢者施設でも喜ばれます。

うりこひめとあまのじゃく

脚本／松谷みよ子　画／梶山俊夫
童心社　1973年　16枚（11分）
昔話　瓜　あまのじゃく　妖怪

昔むかし。婆様《ばあさま》が川へ洗濯に行くと、大きな瓜《うり》が流れてきます。その瓜を爺様《じいさま》と食べようとすると、瓜は割れて中からかわいい女の子が現れました。うりこひめと名づけられ、やがて美しい娘になって、長者様のお嫁にということになりました。爺様と婆様が町へ買い物へ出かけますが、そこへあまのじゃくがやって来て、うりこひめはさらわれてしまうのです。

瓜の流れて来るところ、機《はた》を織る音など、リズムのある独特の言葉が心地よく響きます。また、うりこひめも愛らしく、あまのじゃくもどこかとぼけて描かれています。遠目《とおめ》がきかない点が残念ですが、すてきな作品です。

おいの森とざる森、ぬすと森

原作／宮沢賢治　脚本／国松俊英　画／福田庄助
童心社　1996年　16枚（12分）
宮沢賢治　森　開墾　粟

岩手山のふもとに、四つの森がありました。おいの（狼）森、ざる森、くろさか森、ぬすと森。ある日、人間が原野に立ち入り、森たちに承諾を得ながら開墾を始めます。しかし、森は、子どもや農具や粟《あわ》を次々に隠してしまいます。村人は返してもらうたびに粟餅をお礼に持って行きました。

宮沢賢治の作品は小学校高学年で扱われています。学校で実演する時は、原作を読んでから演じましょう。紙芝居の面白さは、絵と声を同時に楽しむことができるところ。「ここへ　はたけ　おこしてもいいかあ」と人間たちが叫ぶと「いいぞお」と森たちが答える場面では、なぜか懐かしいような謙虚な気持ちにさせられます。

黄金バット

作・画／加太こうじ（復刻版）
大空社　1995年　10枚（6分）
正義の味方　冒険空想科学大活劇

ナチス・ドイツの科学者ナゾーは、かつての同僚・篠原博士が持つ破壊光線を奪って、再び戦争を企てようと、博士の娘マサエを人質にします。マサエが「それにしても黄金バットのおじさんは…」と言った時、突如として黄金バットが現れ、ナゾーと対決します。

「バットが勝つか、ナゾーが勝つか、破壊光線の秘密は誰のものになるでありましょうか。明日のお楽しみであります」で、一応の終わりです。

この作品は1930年に鈴木一郎・脚本、永松武雄・絵で作成された「黄金バット」を元に、1946年に加太こうじが作っています。それを復刻したものです。

おうさまさぶちゃん

作・画／馬場のぼる
童心社　1966年　12枚（9分）

甘えん坊　着替え　アホウドリ

甘えん坊のさぶちゃんは、洋服をママに着せてもらっています。それを見たアホウドリと猫に、「王様になってほしい」と頼まれて南の動物の国へ行きます。

ところが、自分で着替えもできないだらしない様子を見て、動物たちは「王様落第！」。さぶちゃんは「これからは自分で洋服を着るよ」と泣いて家へ帰ります。結びは「みんなは自分で洋服を着られるかな？」との呼びかけで終わります。

絵本でおなじみの親しみやすくはっきりした絵。甘えん坊のさぶちゃんが王様になるなんて夢のようですし、子どもたちの願望に、少しの教訓が加わり、カラッとした笑いを誘います。

おーい、はるだよー

脚本／千世まゆ子　絵／山本祐司
童心社　2005年　8枚（5分）

春　冬ごもり　熊

小さいお山に小さい熊が住んでいました。中くらいのお山には中くらいの熊が、大きなお山には大きな熊が住んでいます。ある日、ぽかぽかと陽がさして小さい熊が目を覚まします。隣の熊に「おーい、おい。春だよー」と呼びかけます。中くらいの熊は大きい熊を起こし、三匹揃ったところで「おーい、春だよー」と呼ぶと、あら、三つのお山に花が咲き出し、春が来ました。

遠目《とおめ》がきき、暖い色づかいの絵です。リズムのよい三回の繰り返しが楽しく、大人もゆったりとした気持ちになります。最後の「おーい、春だよー」はみんなで声を揃えて言いましょう。自然とほこほこしてくるでしょう。

おおきくおおきくおおきくなあれ

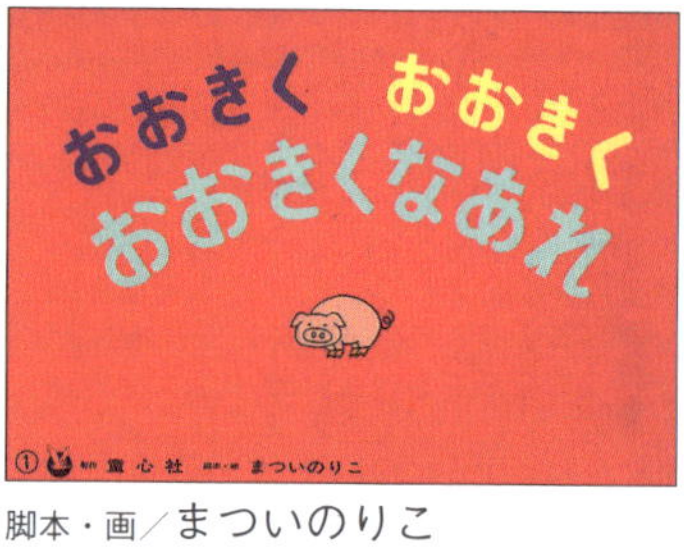

脚本・画／まついのりこ
童心社　1983年　8枚（5分）

豚　怪獣　参加型

①場面に描かれているのは小さな豚。演者は観客に語りかけます。

「ちっちゃな、ちっちゃな豚がいるよ。大きくなりたいんだって。みんなで、一、二の、三で、『大きく、大きく、大きくなあれ』って言ってみて」。みんなは声を合わせて「大きく、大きく、大きくなあれ！」。

〈さっと抜く〉と、豚は画面いっぱいの大きさに。次に卵が大きくなり、割れて恐竜が、続いてケーキが……。

シンプルなお話が大胆に展開するので、対象は2〜3歳児から年齢を選びません。紙芝居の特性を生かした参加型の楽しい作品です。

第22回五山賞受賞。

おおきくなりたいな

脚本／松谷みよ子　絵／垂石眞子
童心社　2001年　8枚（5分）
食事　女の子　兎

とびきり元気な女の子チブは、早く大きくなりたいと思っています。するとお日様が「いいものをあげよう」と言ってあるものをくれました。最初に白い兎《ウサギ》が人参を、次に茶色い兎がじゃがいもを、そして黒い兎が卵を持って来ました。

さあ、お料理を作りましょう。いったい何ができるのでしょう。見ている子どもたちからは、「シチュー」、「チャーハン」、「オムレツ」と声があがります。ほんとに何でしょう。でも、とにかくおいしいことだけは確かです。だって、チブがいい笑顔で食べているのですから。

食べることの幸せ・感謝の気持ち、心も体も大きくなっていく子どものエネルギーが、画面から伝わってきます。

おおきなぼうし

作・画／木曽秀夫
教育画劇　1981年　8枚（5分）
象　帽子

象さんの帽子は大きな帽子です。雨が降ると大きな傘に早変わり。また、荷物を入れる籠《かご》になったり、揺《ゆ》り籠にもなるのです。大きな帽子は楽しい帽子です。登場人物は象さんを入れて七匹です。

象さんは低めの声でゆっくり言うと象らしくなります。それ以外の動物は、セリフの末尾の「ぶうー」や「にゃー」などで、誰のセリフかすぐにわかりますので、演じわけなくても大丈夫です。⑥場面は画面を上下に軽く動かすと、いかにも動いているように見えます。象さんの赤い帽子がどの場面でも目立ちますので、幼い子にもわかりやすいお話になっています。

第21回五山賞奨励賞受賞。

おおぐいのダチョウ

脚本・絵／降矢洋子
童心社　2006年　12枚（8分）
ナイジェリア　ダチョウ　猟師

男の子たちが働く畑に、昼時になると大きなダチョウが現れ、みんなの昼食ヤムイモを奪い、寄こさなければ人を襲うと脅します。泥棒ダチョウには、親方も村長も大人たちはお手上げです。

神技を持つ猟師はすでに亡くなっていましたが、猟師の若き息子アデバーヨは父の墓に祈り、神技を引き継いで、村人のために立ち向かいます。

②④⑥⑨⑩場面で繰り返される「ヤムの皮むいて　さあさあ入れましょ　おいらの口に…」は、ダチョウが日に日に大きくなり、アフリカの大地を地響きを立てて走っている姿を思い浮かべて歌いましょう。迫力のある絵がさらに生きてくるでしょう。

おおみそかのおきゃくさま

文／矢崎節夫　画／藤本四郎
教育画劇　1998年　12枚（7分）

大晦日　お坊さん　老夫婦　若返り

大晦日《おおみそか》の晩のことです。旅のお坊さんは長者の家に宿を頼みますが断られ、貧しいお爺《じい》さん・お婆《ばあ》さんの家に迎えてもらいます。

お坊さんは三枚のなっぱと三粒の米から、次々にご馳走を取り出し、三人はめでたく正月を迎えます。お坊さんがくれた粉を入れた初湯につかると、二人は若者になったのです。それを知った長者は無理やりお坊さんから粉を手に入れ、お風呂を沸かします。でも長者は猿になってしまいます。

親切なお爺さんと欲張り長者をはっきり描きわけたわかりやすい絵柄。ご馳走が飛び出す画面は、お正月のめでたさを色彩豊かに描いています。

おかあさんのうた

脚本・画／渡辺享子
童心社　1999年　16枚（12分）

疎開　B29　空襲　蛍　平和

両親を亡くし、隣の夫婦の子として育てられた和ちゃんは三歳です。戦争が激しくなり、一家は和歌山に疎開します。お父さんが留守の真夜中、空襲で逃げた防空壕《ぼうくうごう》に爆弾が落ち、和ちゃんだけが生き残ります。和ちゃんを抱きかかえて守ってくれたお母さんは、「蛍の歌」を聞かせてくれながら息絶えました。

翌日、お父さんと和ちゃんが立つ焼野原に、二人を励ますように蛍が飛びました。お母さんに背負われて見た蛍。その時も「蛍の歌」を歌ってくれました。今、その歌声が聞えてくるようでした。

太平洋戦争の時の実話。海辺の夕焼け・焼野原の月・蛍が、心にしみわたるほど美しく描かれています。

おかあさんのはなし

原作／アンデルセン　脚本／稲庭桂子　画／いわさきちひろ
童心社　1965年　16枚（15分）

アンデルセン　母の愛　死神　自己犠牲

寒い冬の晩、病気の坊やが死神に奪われてしまいます。お母さんは、坊やを取り戻そうと、冷たい風の中をどこまでも走ります。湖では、両眼と引き換えに向こう岸に渡してもらい、墓番のお婆さんの白髪と自分の美しい髪を交換し、死神の庭にたどり着きます。死神の花園には、しおれそうなサフランの花が…。「坊やです!!」。未来を切り開く坊やの力を信じたお母さんは、その深い愛でしっかりと坊やを取り戻します。

原作では、病気の坊やは天国に召される結末になっていますが、この脚色では、母親は死神から坊やを取り戻します。脚本を深く読み込み、母の愛の深さ、強さをしっかりと声で伝えましょう。

おかあさんまだかな

脚本・絵／福田岩緒
童心社　2001年　12枚（6分）

動物　リス　母　留守番

子リスのコリのお母さんがどんぐりを採りに出かけて、まだ帰って来ないのです。狸のおじさん、狐のおばさん、兎《ウサギ》のお姉さんが現れますが、その度にコリはがっかりしました。熊のお爺さんもやって来ます。すると嬉しいことに、背負っていた籠の中からお母さんが出て来ました。

夕食のテーブルにはどんぐりだけでなく、みんながくれた桑の実・木イチゴ・はちみつ・お花が並びます。コリはお母さんの体を何度も触って、お母さんを確かめずにはいられませんでした。

母親を待っている子どもの気持ちがていねいに描かれています。お母さんたちに演じると、ホロリとされるようです。

第40回五山賞受賞。

おけやのてんのぼり

解説／川崎大治　画／二俣英五郎
童心社　1971年　16枚（7分）

雨　雷様　風呂敷

昔むかし。桶《おけ》屋さんが大きな桶のたがをはめていたところ、たがが弾《はじ》けて桶屋さんは天まで飛ばされ、雲の上の雷様のおへその上に落ちました。雷様を手伝って、桶屋さんは空中を走り回り、雨を降らせますが、うっかり足を踏みはずし、下界へ真っさかさま。

桶屋さんはお寺の大きな杉の木に引っかかりました。桶屋さんを助けようと、和尚《おしょう》さんが考えたのは大きな風呂敷を広げることでした。桶屋さんが風呂敷めがけて飛び込むと、みんなの頭がぶつかって、火が出て、杉の木は燃えてしまったのでした。

雨の季節や真夏に演じたい作品です。生き生きとした動きのある絵が、お話をより楽しいものにしています。

おさじさん

作／松谷みよ子　画／瀬名恵子
童心社　1973年　8枚（5分）

食事　おかゆ　兎　おさじ(スプーン)

おさじさんが、野を越え山越えやって来ました。「おいしいものはありませんか。お口に運んであげますよ」。ちょうどおかゆを食べようとしていた兎《ウサギ》さんが「あっちっ」。あらまあ、お鼻をヤケドしちゃった！　おさじさんは、冷《さ》ましたおかゆを兎さんのお口のトンネルへポッポーと運んであげます。おかげで、兎さんは上手に食べられました。

①場面をほんの少し揺《ゆ》らしながら「とことこ」と抜いていけば、子どもたちもニッコリ。兎さんがヤケドをして泣き出す場面では、心配そうに見てくれます。⑥場面の「ふうふう」と冷ますところは、みんなで一緒にふうふうしましょう。乳幼児向け。

おさんぎつね

文／折口てつお　画／若菜 珪
教育画劇　1988年　16枚（7分）

狐　小僧　化ける　とんち

和尚《おしょう》さんは法事で酔った帰りに、化けた狐にみやげの油揚げを取られてしまいます。次の日小僧さんはとんちで狐を捕まえ、お寺へ連れて帰りますが、狐は逃げ出して仏様に化けます。

さてどっちが本物の仏様か…。⑭場面、とんちのきいた小僧さんの解決方法は笑いを呼ぶところです。そのためには、⑬場面の小僧さん「おや、おかしいですね～」のセリフは、テンポを変えて、次の場面を期待させましょう。

⑭場面の和尚さん「さて、どうしたもんかのう…」の後に〈間《ま》〉を入れると、観客はどちらが本物か想像して楽しめます。味のある絵がお話のおかしさを引き出しています。

おさんだぬきとかりゅうど

脚本／秋元美奈子　画／水野二郎
童心社　1988年　12枚（10分）

狸　猟師　友情　高齢

化かすことでは凄腕《すごうで》のおさん狸と、鉄砲撃ちのごんぞうは勝負のつかないよきライバルです。歳月を経て二人はめっきり年を取りました。ごんぞうは婆様《ばあさま》を亡くしてすっかり気落ちし寝込んでいます。おさんは婆様に化けてごんぞうに寄り添い、体を温めてやります。食べ物も寝具も貧しく寒々とした中で、ごんぞうは何回も「あったかいのお」とつぶやきます。

観客の涙を誘う話の展開にも、笑いがキラリとあります。ファンタジックな最終場面は心を和ませてくれます。⑪⑫場面は、全体にゆっくりと〈間《ま》〉をとって演じ、この情景が印象に残るようにしたいものです。

おじいさんといぬ

脚本・絵／藤田勝治
童心社　2007年　12枚（8分）

犬と人間　怖い物

昔、森の動物は仲間同士で住んでいました。犬は友だちが犬ばかりなんておかしいと思い、兎《ウサギ》に「友だちになろう」と言います。夜、犬が遠吠えをすると、兎は狼に聞かれたら襲われると、怖がります。狼は熊を、熊は人間を恐れていることを知り、犬は人間に会いに行きます。お爺さんは犬の遠吠えを聞いて、「安心して眠れる」。こうして犬と人間は友だちになりました。

犬の遠吠えにお爺さんがどう反応するか、観客もかたずをのんでいます。〈間《ま》〉のとり方が大事です。描かれた動物は表情豊かで動きが感じられます。大人も楽しめる作品です。

第45回五山賞受賞。

おたまじゃくしの101ちゃん

作／かこさとし　画／仲川道子
童心社　1978年　12枚（8分）

おたまじゃくし　蛙　タガメ　ザリガニ

沼の蛙《カエル》の家に、101匹の赤ちゃんが生まれました。おたまじゃくしたちは、いつもお母さんを困らせてばかりです。

ある日、末っ子の101ちゃんがいないことに気づいたお母さんは、探しに行きます。そのお母さんにタガメが飛びかかろうとした時、「助けてー」と101ちゃんの声。お母さんが向かうと、そこにはザリガニの親分がいました。タガメも現れ、お母さんと大喧嘩《げんか》となります。その隙《すき》に101ちゃんは逃げて、兄弟たちとお母さんを助けに来るのです。

途中まで抜いて止めると、お母さんが二人になり、三人になる場面が惜しいところですが、ユーモラスな絵と脚本で演じて楽しい作品です。

おたまたまごろう

作／金山美沙子　画／若山 憲
童心社　1969年　12枚（8分）

トノサマガエル　おたまじゃくし　成長

トノサマガエルが主人公です。池の中に産みつけられたゼリーのような卵から、おたまじゃくしになったたまごろうは、タンポポが「空を飛ぶようになる」と聞いて、広い世界に憧れます。

メダカ・アゲハチョウ・トンボの幼虫のヤゴなどの水辺の小動物をからませて、夏にはたまごろうが足を蹴って跳び上がるようになるまでを追っています。

若草色を基調にした背景に、小さな動物たちの姿や動きが生き生きと描かれています。

ゆったりと絵を見せて、時には子どもたちに問いかけをしながら、お話を進めていきましょう。

おだんごころころ

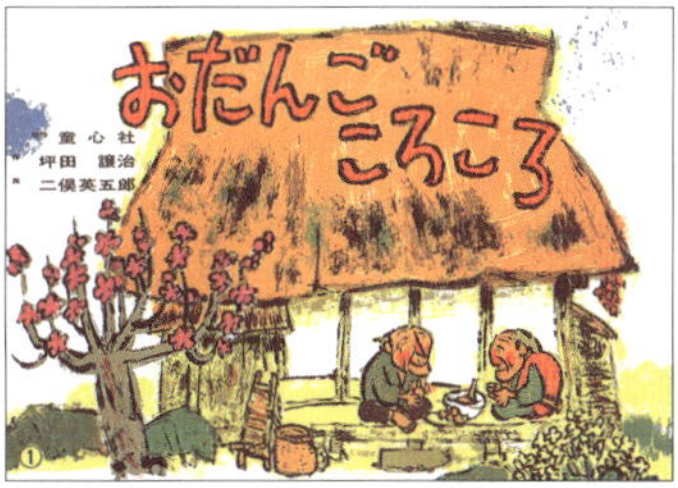

作／坪田譲治　画／二俣英五郎
童心社　1972年　12枚（7分）

昔話　お彼岸　お団子　地蔵　欲

「団子浄土《だんごじょうど》」や「地蔵浄土」として親しまれている昔話です。お爺さんとお婆さんが作ったお彼岸《ひがん》のお団子が、ころころと転がってお地蔵様のところへ。お爺さんがお団子をお供《そな》えすると、お地蔵様は、鬼が来たらニワトリの鳴き真似をするようにと教えます。「コケコッコー！」――鬼たちは夜が明けたのかと思い、お金や宝物をどっさり置いたまま逃げて行きます。その話を聞いた隣の家のお爺さんは、同じようにお団子を転がしますが、あまりの欲張りに鬼に散々やっつけられてしまいます。

のどかな語り口とそれにぴったりの絵です。ゆったりと演じましょう。

お茶にしましょ

脚本・絵／菅野博子
雲母書房　2009年　12枚（7分）

お茶　しりとり

これを演じるあなたは、割烹《かっぽう》着《ぎ》姿でちゃぶ台を前に、くつろいで座っている人になってください。「まあまあ、お寒い中、よくおいでなさいました。さっ、お茶にしましょ。さあどうぞ」。このセリフもあなたの土地の言葉でゆったりと。

そしてしりとり遊びが始まります。お茶・ちゃぶ台・大福…懐かしいもの、おいしいものが続き、⑫場面、「あら、まあ…茶柱が立ちました。〈間《ま》〉今日はきっといいことがありますよ」。

出てくるお店の名前などは近くのお店に置き換えたり、紙芝居を使ってゆったりとした時間を過ごしましょう。高齢者だけでなく、子どもとも遊べます。

おとうふさんとそらまめさん

脚本／松谷みよ子　絵／長野ヒデ子
童心社　2005年　8枚（3分）

豆腐　そら豆　医者

仲良しのお豆腐さんとそら豆さんが、川へやって来ました。一本橋を渡ろうと、お豆腐さんはぺたりぺたり、ぷるぷると、おっかなびっくり渡っています。それを見てそら豆さんは大笑い。今度はそら豆さん。意気揚々と渡ろうとしたら、つるっとすべってジャポーン！

川に落ちたそら豆さんは、石に頭をぶつけて「痛いよー」。傷は縫ってもらいましたが、黒い糸だったので、頭には黒いところが残ったのですって。

緑と白が美しく明るくすっきりした絵です。二人のセリフとゆったりした語り口の短いものですので、豆腐は柔らかく・そら豆は元気に跳ねるように、〈間《ま》〉をとり、ていねいに演じてください。

おなべとことこ

文／本田カヨ子　画／前田康成
教育画劇　1999年　12枚（7分）

お鍋　お婆さん

婆《ばあ》様が毎日大切に磨《みが》いているお鍋は、トコトコ出かけて行き、おかゆやリンゴをいただいて帰って来ます。大喜びの婆様は「一人ぼっちで食べるのはさみしいもんだねえ…」と独りごと。それを聞いたお鍋は家を抜け出して、畑仕事をしている一人の爺《じい》様を見つけます。さて、どうやって爺様を家に連れて来たか…。意外な展開が微笑ましく、めでたしめでたし。

繰り返し出てくる「おなべとことことおなべとこ」は、場面に合わせてテンポを工夫しましょう。最終場面の「おなべとことこと」のセリフは、観客にも演じ手にも楽しいオチになっています。

表情豊かで動きのある軽妙な絵が、楽しさをさらに盛り上げます。

おにのかたなづくり

文／鶴見正夫　画／清水耕蔵
教育画劇　1992年　12枚（8分）
鬼　刀鍛冶

力強い絵で遠目《とおめ》がききます。

刀鍛冶は自分の娘の結婚相手は、一晩で千本の刀を作れる者と決めます。すると、屈強な一人の若者が現れ、鍛冶場にこもって刀を鋳《い》始めますが、家をも揺《ゆ》らす火の音に、思わず約束を破り中をのぞいた刀鍛冶。ここで〈間《ま》〉をとり、その後〈さっと抜く〉と⑧場面で鬼が出現。⑨場面で一番鶏の声。⑩場面で真っ赤な鉄を素手でつかんだ鬼が迫ります。刀鍛冶と娘はからくも助かりますが、鬼の一《いち》途《ず》さも表現できれば深みが出るでしょう。

小学生から大人、特に高齢者施設で好評を得る作品です。

おねぼうなじゃがいもさん

原作／村山籌子　脚本・画／村山知義
童心社　1971年　12枚（6分）
野菜　青物市場　喧嘩

人参さんとじゃがいもさんは、仲良しでしたが、ある時、ちょっとしたことで、仲が悪くなってしまいました。

「ぼくは、もうこれから、きみとはけっして口をきかないよ」

ある日、玉ねぎさんが人参さんのお家へ訪ねて来ました。明日の朝の電車で、町の青物市場に行ってしまうというのです。次の日、人参さんはお寝坊のじゃがいもさんと一緒に見送りに行きますが、三人とも市場に着いてしまうのです。

ナンセンスさを感じさせるシャープな絵はすてきです。食事や健康に関する導入にも使えるでしょう。声の高低と調子とで、各々の性格を出せるように演じてみてください。

おひゃくしょうさんとだんご

文／こわせ・たまみ　絵／村田エミコ
教育画劇　2009年　12枚（8分）
スリランカ　お団子　喧嘩

スリランカのお話。嫁いだ娘に団子をご馳走になったお百姓さん。「あーまいこーめの　だんごっこ」と、唱えながら帰る途中で石にぶつかり、思わず「あーまいった　こーれや　あいたたた」。家に帰り、おかみさんに「あーまいった……」を作るように頼みますが、おかみさんには何のことか話が通じません。腹を立てたお百姓さんはおかみさんをゴツン。おかみさんの額のタンコブを見た近所の人の「あーまいこーめの……みたい」の言葉で団子はできて一件落着です。ところがまたひともめの種が……。

事前に唱え言葉をリズミカルに言えるように練習しておくと、さらに楽しい話になります。黒一色の版画が、人物の表情を際立たせています。

おひゃくしょうとえんまさま

再話／君島久子　脚本／堀尾青史　画／二俣英五郎
童心社　1973年　12枚（7分）
中国の昔話　お爺さん　えんま大王　鬼

りゅう爺《じい》さんは、知恵の働く元気なお爺さんですが、なんと、えんま様のお迎えリストに載ってしまい、赤鬼がやって来ます。まだまだ死にたくはないりゅう爺さん。赤鬼たちをやっつけ、次に来た青鬼も難なくやりこめました。

なかなかりゅう爺さんが来ないので、とうとう、えんま様が自ら馬を飛ばしてやって来ます。しかし、りゅう爺さんの方が一枚上手でした。えんま様と服を交換して御殿へ行き、えんま様になりすまして、「鬼ども、あれがりゅう爺だ。ぶて」と命じるのです。

あわれ本当のえんま様は、鬼たちにいやというほどぶたれたのでした。

胸のすく痛快な中国のお話です。ユーモラスで表情豊かな絵が魅力的です。

おぶさりてい

脚色／市川京子　画／夏目尚吾
教育画劇　1984年　12枚（6分）
化け物　笑い話　臆病

仲の良いお百姓の夫婦がいました。ところが亭主はひどく臆病《おくびょう》だったのです。そこで女房は夜中に夕顔の花で亭主を脅かし、その正体がたわいないものだと明かします。以後、亭主の臆病はぴたっと治まりました。

ある日、村はずれに化け物が出るという噂《うわさ》が広まります。怖い物知らずになった亭主は、化け物退治をかって出ます。

めでたしめでたしで終わるこの話、化け物はさほど恐ろしく描かれていません。怪談というよりは笑い話として作られているので、オーバーに怖がらせることは不要です。⑥場面は、亭主のセリフと説明文の間に、時間の経緯を表す〈間《ま》〉をとりましょう。

おふろでプクプク

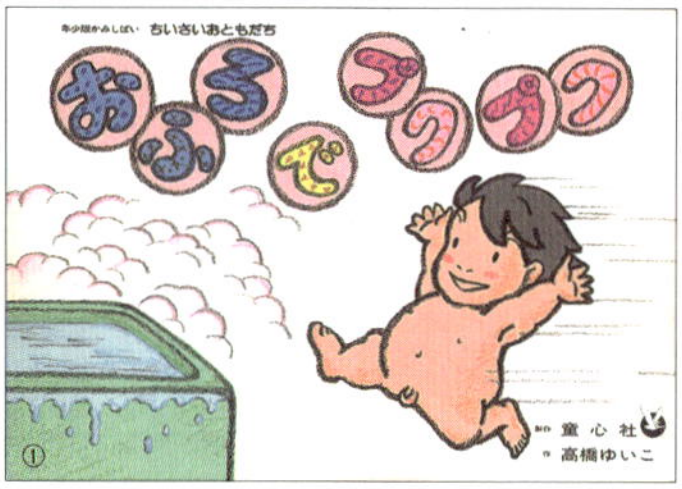

作・画／高橋ゆいこ
童心社　1987年　8枚（4分）
お風呂　動物

お風呂場に、やっちゃんが飛び込んで来ました。すると「トントン」。動物たちがやって来ます。初めはリス、次は兎《ウサギ》、最後に熊が現れます。

手や足を洗い、背中の流しっこで、小さい順に並びます。あら、一番後ろの熊の背中を洗う人がいません。子どもたちに聞いてみます。「反対に向いたら?」、「でも熊さんの背中は大きいね」、「みんなで洗う!」。そう、みんなで洗うのです。

動物が現れるところは「誰が来たのかな?」とひとこと。子どもたちから返って来る反応を受け止めながら、「リスくんです」と抜きます。子どもたちとのやりとりをふくらませながら、演じてみます。二、三歳向けの作品です。

おべんとうのえんそく

作・画／矢玉四郎
教育画劇　1984年　12枚（6分）

お弁当　遠足　子ども

おにぎり・おいなりさん・まきずし・サンドイッチが、遠足に出かけます。すると向こうから子どもの歌声が聞こえてきました。おにぎりたちはシートを広げて隠れますが、すぐに見つかってしまいます。大変食べられちゃう！

最後に子どもとおにぎりたちは、自分の持って来たお弁当を仲良く一緒に食べたって。愉快なお話に絵がぴったり。

対象は幼児。会話は早口にならないように注意して演じてください。楽しいお話なので出だしから明るい口調で、②場面のお弁当たちの歌う歌はウキウキと。しかし③場面の子どもの歌はおなかがすいているので少し元気なく歌い、メリハリをつけるとよいでしょう。

おまんじゅうのすきなとのさま

原話／村上春夫　脚本／日下部由美子　画／篠崎三朗
童心社　1995年　12枚（7分）

殿様　天狗　まんじゅう　うちわ

まんじゅうが大好きな殿様、普通のまんじゅうは食べあきて、特別大きなまんじゅうを注文します。まんじゅう屋が困っていると、天狗が現れて不思議なうちわをくれます。うちわであおぐとまんじゅうが、どんどん大きくなるのです。殿様は大喜び。はしごをかけてまんじゅうの上に乗り「もっとあおげ」と大はしゃぎ。ふくらみすぎたまんじゅうは、とうとう破裂して、殿様は堀へまっさかさまに落ちてしまいます。

明るい絵が親しみやすく、⑥〜⑩場面のまんじゅうがどんどん大きくなるシーンは、画面を揺《ゆ》らして演じると効果的です。まんじゅうの上にいる殿様と、下にいるまんじゅう屋とのやりとりは、その距離感を出すように演じましょう。

おむすびくん

脚本・絵／とよたかずひこ
童心社　2009年　8枚（3分）

おむすび　うめぼし　お弁当箱　のり

①場面、まっしろごはんの　おむすびくんです。ほかほかの　ほっかほかです。②場面、おむすびくんが　おおきなくちを　あけると、ぴょーん　まっかな　まるいものが　とんできたよ。〈少し間《ま》をとり〉〈抜く〉③場面、「ぱくっ……、ひゃ〜　すっぱい」。⑧場面で、おむすびくんが、お弁当箱におさまります。
〈間《ま》〉と「問いかけ」を効果的に使って展開します。余分な物は描かず、おむすびだけが画面いっぱいにおさまっています。幼い子向けですが、小学生もワイワイと当てっこで楽しめます。高齢者の遊びのプログラムの合間に入れて、お話を引き出すのもよさそうです。

かあさんのイコカ

原話／ナイジェリアの民話　脚本・絵／降矢洋子
童心社　2003年　24枚（16分）
民話　ナイジェリア　精霊　しゃもじ　ひょうたん

ナイジェリアの民話です。母と暮らす娘ファティマは、ある日、イコカ（しゃもじ）を誤って川に流してしまいます。イコカを追い、川底の精霊の家に迷い込んだファティマは、七日間辛抱して働き、褒美《ほうび》にひょうたんをもらって帰ります。ひょうたんからは、立派な宝物や家が出てきました。それを見た隣の欲深な母娘。真似をしてイコカを流しますが、隣の娘のひょうたんから出て来たのは、何万もの蜂やサソリでした。

アフリカの風土を肌で体験して創った作品です。勢いのある絵からは、赤い土や乾燥した風までも感じとれて圧巻。精霊の髪が蛇になる場面では、観客から「ひゃ〜！・」と声があがりました。

第42回五山賞受賞。

かいじゅうトドラ・トットコ

脚本／半沢一枝　画／仲川道子
童心社　1973年　12枚（8分）
怪獣　父と子　成長　特訓

怪獣トドラの坊やのトットコは、お父さんがうらやましくてたまりません。だって、目から火も吹き出せるからです。次の日から、練習を始めます。トットコは、お父さんに教えてもらって、目から火を出せるようになり、空も飛べるようになりましたが、大蛇怪獣のヘビラーに脅かされると、泣いて逃げ帰ります。お父さんにまた励まされます。

保育者が作った愉快で温かみのあるストーリーを、マンガ家が巧《たく》みに画面構成しています。続編『トドラ・トットコだいかつやく』も作られています。

ややオーバーな演技で、演者自身が楽しんで演じましょう。子どもたちを紙芝居の楽しい世界へ誘います。

貝の火

原作／宮沢賢治　脚本／川崎大治　画／久保雅勇
童心社　1966年　16枚（13分）
宮沢賢治　兎　純粋な心　心のおごり

ヒバリの子を助けた子兎《ウサギ》のホモイは、鳥の王様から「貝の火」という美しい玉をもらいます。世の中の悪に染まると光がくもってしまうという珍しい玉です。

しかし、狐にそそのかされ、ホモイは無垢《むく》で美しい心を少しずつ失っていき、とうとう貝の火は、粉々に砕け、飛び去ってしまいます。

ホモイの心の動き、ずる賢い狐の行動、お父さんやお母さんの愛のこもった言葉――その一つひとつを大切そうに、ていねいに演じることで、子どもにも大人にも深みのある宮沢賢治の主題が伝わってきます。抽象的になりがちな内容を具象的な絵が補って、幼児も理解できましょう。

かさじぞう

脚本／松谷みよ子　画／まつやまふみお
童心社　1973年　16枚（12分）
貧乏　大晦日　老夫婦　地蔵　布

十二月には、日本的な年越しの意義も伝えたいものです。

正月を迎えるために、貧乏な爺様《じい》は、婆様《ばあ》が織った布を町へ売りに行きましたが、売れずに、笠と取り替えてきました。帰り道、雪野原の六地蔵を見ると、「おじぞうさま、あしたはお正月というのに、もち一つねえで、さみしいとしこしだの。おまけに　この　ゆきじゃ、さぞ　つめたかべ」と、笠をかぶせてあげます。

よく知られた民話です。

④場面の爺様が笠売りとぶつかる場面等、画面構成も行き届いていていて、演出効果も高まります。

かさじぞう

文／長崎源之助　画／箕田源二郎
教育画劇　1993年　16枚（10分）
貧乏　大晦日　老夫婦　地蔵　薪

大晦日の日、爺様《じい》は、薪《たきぎ》を売りに町に行きます。売れない薪を笠と交換し、帰る途中、雪の中に立つ六地蔵様に笠と手ぬぐいをかぶせてあげました。婆様《ばあ》は、そんな爺様が良いことをしたと喜びます。

その晩、地蔵様は、家の前にお米や魚、お金をいっぱい置いて行きました。

「たきぎー」「かさやー」のコミカルな売り声、地蔵様の「じょいさじょいさ」、帰りの「じょやさじょやさ」のかけ声のリズムが弾《はず》み、爺様と婆様の会話から、ほのぼのとした温かさが、感じられます。

写実的で端正《たんせい》な絵が情景を十分に伝えています。

かぜのかみとこども

脚本／渋谷 勲　画／わかやまけん
童心社　1983年　12枚（7分）
民話　子ども　季節の変化

ある秋の日のお堂の前で、子どもたちが子守りをしながら遊んでいますと、急に生暖かいつむじ風が吹いて来ました。「ねら、ねら。柿や梨がどうどと落ちるところへ遊びに行きたくねえか」と、見たこともないあんにゃが、声をかけてきました。

子どもたちは風に乗って、秋の味覚を楽しんだものの、気まぐれな南風のあんにゃはどこへやら…。おおらかな風の親どんに助けられ、今度は北風のあんにゃに送られて村に帰りました。

秋から冬へ季節の移り変わりを描いています。巧《たく》みな画面構成は、風とともに天空を超えて行く子どもたちのダイナミックな行動も浮かび上がらせています。

第23回五山賞画家賞受賞。

それいけ！アンパンマン（かみしばいアンパンマン）

絵・作／やなせたかし
フレーベル館　1987年　12枚（9分）
アンパンマン　サル

谷間に落ちて「ひもじいよー」と死にそうになっている猿の子に、自分の顔を食べさせて家に送り届けたアンパンマンは、怪獣に飲み込まれてしまいます。でも怪獣は甘いものが苦手で、アンパンマンを勢いよく吐《は》き出しましたので、無事にジャムおじさんの元に帰れて元に戻れました。

絵本『それいけ！アンパンマン』は1975年に初版が出ると子どもの支持を得てシリーズ化され、やなせたかしの代表作になり、テレビ放映・アニメ映画の相乗効果で六八〇〇万部を突破。『かみしばいアンパンマン』（全四〇巻）は絵本などがもとになっています。

アンパンマンとしょくぱんまん

絵・作／やなせたかし
フレーベル館　1987年　12枚（9分）
アンパンマン　ゾウ

ジャムおじさんが作ってくれた、四角い顔にかわいい声のしょくぱんまん。二人で象の親子を助けます。

アンパンマンとばいきんまん

絵・作／やなせたかし
フレーベル館　1987年　12枚（9分）
アンパンマン

ジャムおじさんのパン工場の上の黒雲のせいで、みんな気分が悪くなります。雲の中にばいきんまんが…。

アンパンマンとカレーパンマン

絵・作／やなせたかし
フレーベル館　1987年　12枚（9分）
アンパンマン

子どもが泣いているのでカレーパンマンが駆けつけると、カレーは嫌いと言われます。アンパンマンが行くと…。

アンパンマンとおむすびまん

絵・作／やなせたかし
フレーベル館　1987年　12枚（9分）
アンパンマン　赤ちゃん

ばいきんまんが、赤ちゃんの泣き声でアンパンマンをおびき寄せます。が、おむすびまんの協力で命びろい。

なぞなぞのくにのアンパンマン

絵・作／やなせたかし
フレーベル館　1987年　12枚（10分）

なぞなぞ　参加型　アンパンマン

「なぞなぞのくに」へ行ったアンパンマンは、次々になぞなぞと出会います。ワニかと思うと二つの輪！　白いチョウかと思えば白鳥！　矢の刺さった白いサイは野菜ではなく白菜！　なぞなぞを解かないと先へは進めず、アンパンマンは一生懸命考えて答えを見つけ、最後は小人に化けていたピーマンを連れてパン工場へ帰ります。

子どもたちに大人気のアンパンマンシリーズの中でも珍しい参加型。なぞなぞの問いと答えの場面で脚本が合っていないところがあるので、演じる時に工夫が必要。アンパンマンと一緒に、なぞなぞしよう。

かみしばいアンパンマン
第一集～第四集

やなせたかしは2013年に亡くなりました。紙芝居では『アンパンマン』が有名ですが、『チリンのすず』『タコラのピアノ』『やさしいライオン』『ちいさなジャンボ』（フレーベル館）など、戦中体験と詩人としての資質が生きているすばらしい作品も出版されていました。

「かみしばいアンパンマン」は、第一集から第八集まで各五巻・全四〇巻。四集までと五集以後では制作方針の変化のためか作品の味わいが違います。四集までは、フリーハンドのふっくらした線と筆のあとの見える彩色で温かい作者の手ざわりが感じられます。五集以降はアニメの絵を取り込み、無機的・平面的な感じがぬぐえません。

第二集『アンパンマンとそっくりぱん』『アンパンマンとおばけのもり』『アンパンマンとかびるんるん』『アンパンマンとかいじゅうアンゴラ』『アンパンマンとまいごのうちゅうじん』

第三集『なぞなぞのくにのアンパンマン』『アンパンマンまじょのくにへ』『アンパンマンとごりらまん』『アンパンマンとらくがきこぞう』『アンパンマンとこども』

第四集『アンパンマンとだだんだん』『アンパンマンとつみきのしろ』『アンパンマンとぴいちくもり』『アンパンマンとポットちゃん』『アンパンマンとうみのあくま』

かっぱのすもう

脚本／渋谷 勲　画／梅田俊作
童心社　1984年　12枚（7分）

昔話　かっぱ　相撲　田んぼの草取り

相撲《すもう》の好きなじさまと、やはり同じように相撲の好きなかっぱたちのお話です。のどかでどこかとぼけた味わいが楽しい作品です。「おかしな声」のかっぱをどう演じるか、悩むところです。

じさまが田んぼで草取りをしていると、「相撲、とろう」と、かっぱが次々に現れます。じさまは草取りを手伝わせますが、かっぱはじさまのお尻をなでていきます。じさまの肝を抜き取ろうとしているのです。そこでじさまは鉄びんのふたをお尻にはさみましたから、かっぱたちはあきらめます。

やがて草取りが終わり、いよいよ相撲が始まると、かっぱたちが強くて、じさまは投げ飛ばされてばかり。困ったじさまは必勝の策を考えるのです。

かめのえんそく

文・絵／中谷靖彦
教育画劇　2009年　12枚（9分）
亀　遠足　忘れ物

亀の一家が遠足に出かけることになります。母さん亀は三日かかって、坊やの好きなサンドイッチを作り、父さん亀は五日かかって、バスケットに缶詰を入れ、そうして三年かかって、やっと森に着きました。「おなかがぺこぺこ！」ところがなんと、缶切りを忘れてしまったのです!!

坊やが家に取りに行くことになりました。三年かかって家に着き…。父さん母さんは何も食べずに我慢していたのですが…。最後のオチで大爆笑。

亀の一家のセリフをゆっくりしゃべると、観客はこのお話の面白さに引き込まれます。地の文は普通の速さで読みます。③～④場面の〈抜き〉は注意が必要です。

嘉代子ざくら

作／山本典人　画／井口文秀
汐文社　1988年　16枚（16分）
平和　原爆　桜　長崎　日本の歴史

1945年8月9日、長崎に原子爆弾が落とされます。浦上の城山小学校には勤労動員で女学生たちが通っていました。その中に林嘉代子がいました。その日の朝、嘉代子は家を出たのになぜか戻って来ました。行きたくないと言うのを励まして、お母さんは送り出したのでした。

翌日から両親は嘉代子を探しますが、なかなか見つかりません。8月30日、やっと嘉代子を見つけました。お母さんは亡くなった嘉代子や他の女学生のためにと、城山小学校の校庭に桜の木を植えました。それが嘉代子桜なのです。

実話です。小学校高学年から中学生に向けて、伝えたいという強い思いを持って演じたいですね。

第27回五山賞画家賞受賞。

がらがらごろごろ

脚本・絵／西村敏雄
童心社　2010年　8枚（3分）
うがい　風邪

①場面は「ぼく　うちに帰って来たらうがいをするよ」「がら　がら　がら」。②場面は猫が「ごろ　ごろ　ごろ～」。その後、カバも「おいらも　うがいがしたいなあ」。そして「がぼ　がぼ　がぼ…ごっくん！　あー、おいしい」。ユーモラスな表情とうがいの音で「うがいって、気持ちいいね」に、うなずいてしまいます。

一回目は、読んで、笑って、拍手！　二回目は好きな動物になってもらい、最終場面では一緒にうがいの音を出したりして遊べます。二歳くらいから小学校中学年まで年齢を問わず、楽しく風邪の予防に生かせる作品です。

かるかやバレーがっこう

作／かこさとし　絵／こさかしげる
童心社　1975年　16枚（10分）

秋　バレエ　虫

バレエ学校に通うウマオイのチーコちゃんは、明日の発表会のために一生懸命練習しています。ところが、帰り道でカマキリに捕まります。発表会が終わるまでと約束してやっと離してもらったチーコちゃんは、最後となる舞台を無心に踊ります。一方、カマキリは、ウマオイを食べるのを楽しみに酒を飲んでいましたが、酔って足を踏みはずし、クモの餌食《えじき》になってしまいました。

ススキの茂みの中で虫たちが繰り広げる笑いと感動のドラマ。自然を観察する確かな視線を笑いに包み、さらに表現力のある絵が、詩情あふれる空間を作り出しています。

見終わった子どもたちが、カマキリの酔っ払いを真似していました。

かわいそうなぞう

脚本／土家由岐雄　画／久保雅勇
童心社　1985年　12枚（8分）

戦争　象　飼育係　動物園

お客さんの前で三頭の象が芸を見せています。芸の後はおいしいご馳走《ちそう》がもらえるのです。１９４０年代の上野動物園の和《なご》やかな光景です。やがて戦争が拡大し、役所から、猛獣を処分するように通知が来ました。毒薬入りの餌《えさ》を食べない象は餓死させることになりました。象たちは餌が欲しくて、弱った体で芸をして見せますが、命はつきました。生きたい、とがんばる象と、見守る飼育係の気持ちが画面から伝わってきます。

同名の絵本は事実と違った記述に批判があります。この作も、米機来襲が頻繁になり処分が行われた、という文章は、省く・適切に訂正する・史実を説明する、などの配慮が必要でしょう。

関東大しんさい

作／石川光男　画／輪島清隆
教育画劇　1974年　16枚（14分）

地震　火事　噂

東日本大震災は、安全を信じていた私たちの心に、厳しい警告を発しました。その際に言及されるのが大正十二年の関東大震災です。

この作品は、関東大震災の様子を淡々と時系列に並べ、描いています。ちょうど昼食時に発生したため、火災が拡がりました。人々が逃げまどい、避難先で大勢が亡くなったのです。川に飛び込んだ人たちの屍《しかばね》は累々と重なりました。そのすさまじさを画家の力強い描写で訴えかけてきます。

背景などを省略してもよいかと思われる部分もありますが、最後に「このような様相は後世に語り継がれ再び起きないことが大切である」と記されており、心打たれる物語となっています。

がんばれ!勇くん

原案／長沢秀比古　脚本／上地ちづ子　絵／長野ヒデ子
汐文社　1990年　16枚（16分）

憲法　難病　友情

憲法を題材にしていて、基本的人権がテーマです。

二年三組に転校してきた勇君は、筋肉の病気で歩くことも困難です。担任の村山先生も同じ班の和ちゃん・秀君・利恵ちゃんも勇君の応援団です。

二学期最初の体育の時間、勇君は泳ぎました。うまく泳げない勇君にクラス全員が「頑張れ!」と声をかけ続けました。ところが、まもなく勇君は病気が進み、学校に通うことが難しくなります。同じ班の三人は勇君を迎えに行き、一緒に学校へと向かいます。校門では先生とクラスのみんなが待っていました。

サイズが少し大きいので合う舞台を。第28回五山賞脚本賞受賞。

がんばれウンチくん

作・絵／はたよしこ　監修／服部幸応
教育画劇　2004年　12枚（6分）

うんち　野菜　食育

まあ君のおなかの中のウンチ君は、「狭くて苦しいよー。早く出たいよー」。ウンチ君が力いっぱい押しても出口のドアは開きません。お菓子やハンバーグが助っ人にやって来ても、力にはなりません。困っているところへ、ゴボウ・レタス・さつま芋などの野菜軍団がやって来て、野菜はウンチ君に向かってスルット・ビームを発射します。その力をもらいウンチ君は外へ出ることができました。「これからは野菜もたくさん食べるよ」とまあ君。

山場の⑩場面は、野菜軍団のスルットビームの「ビィーンビーンビーン」を気合を入れて元気よく。観客に手伝ってもらうのもいいでしょう。

きかんしゃシュッシュ

原作／アインズワース　脚本／八木田宜子　絵／和歌山静子
童心社　2012年　8枚（5分）

機関車　動物　遊園地

黒い車体に金色の鋲《びょう》が光る素敵な機関車は六つの箱を引いて走ります。「ワンワン、遊園地まで乗せてってくれる？」「メェー、わたしも」。その後も豚、猫、ニワトリ、七面鳥が乗ります。⑧場面、遊園地に着き動物たちは大喜び。でもシュッシュはどこ？　そこで①場面に戻り、「シュッシュはひとやすみ」となって終わります。

擬音と絵の連続性、〈抜き〉の効果を生かした軽快な作品。問いかけにより子どもとのやりとりも楽しめます。「シュッシュ、シュッシュ」の擬音の前に〈石炭をたいて〉と補足すると、トンネルの中の火花を散らす場面がわかりやすくなります。1976年刊の改訂版。

きつねとごんろく

作・画／馬場のぼる
童心社　1982年　16枚（12分）
鬼　狐　見張り

鬼のごんろくが柿をもいでいるのを見たお姫様は「だまって柿をとってはだめ、この柿は木に返してきます」と取り上げます。ところが姫は狐で、「けらけらけら、おいしそうだこと」と、自分で食べてしまいました。ごんろくが仕返しを考えていると、狐を捕まえたと村人の声。ごんろくは、狐が逃げないように見張りを頼まれます。が、籠《かご》の中にはもう一人のごんろくの姿が。頭が混乱して、籠を持ち上げてしまいます。「けらけらけら、お前は本当にいいやつだなあ」と、狐は逃げ出してしまいました。

気のいいごんろくと、ずる賢い狐のとぼけたやりとりが、のどかな絵とあいまって、年齢を問わず楽しめます。

ぎゅうっとだっこ

作・画／いそみゆき
教育画劇　2011年　8枚（2分）
抱っこ　親子

るうちゃんがお母さんと散歩をしています。お母さんは、るうちゃんに好きなものをたずねます。「ブーブー好き？」、「アイスクリーム好き？」。もちろん好きです。「ワンワン好き？」、「好き。でもちょっと怖い」。

他には何が好き？　電車、熊さん、お爺ちゃん、お婆ちゃん、お父さん、お姉さん。あら、誰か忘れていないかしら。すると、るうちゃんは何も言わずにお母さんをぎゅうっと抱っこしたのです。

問いかけと答えだけの短い言葉のやりとりに、力強く勢いのある絵。親子の愛情がそれこそぎゅうっと描かれています。お母さんたちの集まりで演じた時、「いいですね」と涙ぐむ方も。

きんのがちょう

原作／グリム　脚本／川崎大治　画／田中武紫
童心社　1971年　12枚（8分）
グリム　ガチョウ　小人

木こりの若者が小人にパンを分けてあげると、小人は「向こうの古い木を抜いてごらん」。木を切ると金のガチョウが現れました。若者はガチョウを連れて宿屋に泊まります。夜中、宿の娘が金の羽を取ろうとすると手がガチョウに張りついてしまいます。妹も姉に張りつき、末娘までも。若者はガチョウと三人娘と外へ出ます。続いて牧師さん……次々と。行列は長くなり都に入って大騒ぎ。宮殿では笑ったことのないお姫様が笑い出し、若者は姫と結婚しました。

少し線を崩したユーモラスな絵で、ダンスをしているような三人娘の絵が笑いを誘います。同じ旋律を繰り返しながら次第に盛り上がっていく曲のように、次第に調子を高めていければ最高！

（きつねのクリーニングや）

きつねのクリーニングやとまほうのマント

作／三田村信行　画／黒岩章人
教育画劇　1984年　12枚（7分）

狐　マント　魔法使い

狐のクリーニング屋さんに魔法使いが古いマントを頼みます。マントは、ケケケと笑って逃げ出します。新品の自動車にかぶさると自動車はポンコツに。マントが通過すると、お屋敷もビルも団地も、壊れる寸前に。ようやくクリーニング屋さんは、くたびれて寝込んだマントを持ち帰り、きれいに洗い、ツギまで当てて魔法使いに返したら、お礼に…。

どの作品も、「親切で働き者」の狐夫婦のキャラクターがはっきりしていて演じやすく、お話は起承転結がはっきりしています。明るい色彩のしゃれた図柄で、表情と動きもあり、お話にぴったりです。

たいへんなわすれもの

作／三田村信行　画／黒岩章人
教育画劇　1987年　12枚（7分）

狐　宝くじ　ネズミ

ネズミが「預けたズボンのポケットに当たりくじが入っていた！」。ズボンは象に間違えて渡され、その後も転々…。

ゆうれいのおきゃくさま

作／三田村信行　画／黒岩章人
教育画劇　1988年　12枚（7分）

狐　夏　幽霊

夜中、青白い顔で長い髪の女の人が洗濯物を頼みます。洗濯物は、いくら乾かしても濡れてぼーっと青白く光ります。

おひなさまをクリーニング

作／三田村信行　画／黒岩章人
教育画劇　1989年　12枚（7分）

狐　ひな祭り　山猫　折り紙

おひな様が、「ひな祭も近いによって、われらが着物を洗濯して」と。でも古い服は穴だらけ。繕《つくろ》うために古い布は？

びっくりだいはつめい

作／三田村信行　画／黒岩章人
教育画劇　1989年　12枚（7分）

狐　狸　梅雨

梅雨のさ中、乾燥機が故障！「大発明！手作りのお日様」が届き、洗濯物はすぐに乾きますが、狸の仕業《しわざ》でした。

くじらのしま

原作／新美南吉　脚本／堀尾青史　画／穂積肇
童心社　1980年　12枚（9分）

新美南吉　鯨　親子

海に浮かぶ小さな貧しい島。以前は、暮らしを支えていたのは捕鯨《ほげい》でした。幸吉の父親の藤吉は鯨《くじら》捕りの名人です。ある日、親子の鯨が姿を見せました。男たちは舟を出します。藤吉がもりを鯨へ打ち込みますが、母鯨が激しく尾をはたいた瞬間、藤吉は跳ね飛ばされ、海の中へと消えてしまいます。鯨一頭は射止めたのです。一頭で半年は暮らせるのですから、人々がどれほど喜んだことか。そんな中、幸吉は悲しみをこらえながら海に向かって「おとうよー」と叫ぶのです。

原作は「島」という短い詩です。鯨が捕れたことを描いたその詩から脚本が作られ、力強い版画の絵ともあいまって、せつなく感動的な作品となっています。

第19回五山賞受賞。

グスコーブドリの伝記 前・後編

原作／宮沢賢治　脚本／堀尾青史　画／滝平二郎
童心社　1966年　前後編各16枚（前後編20分）

宮沢賢治　飢饉　火山　冷害　人さらい

（前編）飢饉《ききん》で父母が姿を消し、残されたブドリとネリ。ネリは男に連れ去られ、ブドリは雇われ仕事をしているうちに、ただ働くだけでなく、みんなが幸せになるために勉強する決心をします。

（後編）町に出たブドリはクーボー博士の指導で火山局の助手になり、農民のために働きます。ネリとの再会の喜びの中、冷害対策で火山を爆発させることになり、ブドリはそのスイッチを入れることを志願します。ブドリの十歳から二十七歳までの伝記。

賢治研究家でもある堀尾青史がわかりやすい紙芝居にし、滝平二郎が骨太のくっきりした線と明るい色調でブドリの生涯を物語っています。

くださいな

作・画／和歌山静子
教育画劇　1980年　8枚（3分）

果物　動物　手　当てっこ

果物屋さんに動物のお客さんがやって来ます。小さな手はリス。リスはイチゴをもらって嬉しそう。白い手は？　兎《ウサギ》さん。兎はリンゴを抱えて嬉しそう。バナナくださいな。次は？　お猿さん。バナナ３本で嬉しそう。今度は太い手、子豚。子豚は桃をもらって嬉しそう。最後の大きな手は？　熊。スイカを抱えて嬉しそう。手だけ見せて、半分抜くと果物を抱えた動物が現れるという、紙芝居の〈抜き〉の特性を生かして当てっこを楽しめる作品です。

背景を一様に緑にして、手の形や色に集中するよう配慮がなされています。

問いかけて十分に答えさせてから、「当たり！」という感じで動物の名を言うと効果的です。

（きょうりゅうぼうやシリーズ）

がんばれきょうりゅうぼうや

脚本・絵／黒川光広
童心社　2000年　16枚（13分）
恐竜　迷子　ティラノサウルス

卵からかえったばかりのティラノサウルスは、お母さんがいないので、探しに出かけます。でも坊やはお母さんがどんな姿か知りません。出会う恐竜は大きな声で脅したりどう猛だったり…。疲れて心細くなった時、現れたのは一番大きな恐竜！　実はお母さんでした。

最大の肉食竜の他、大小の肉食・草食竜が出て来ます。大きさや食性などを調べ、言いにくい恐竜の名前をすらりと言えるように練習しておきましょう。

「恐竜博士」の子どもに、その知識を披露してもらっても楽しいでしょう。

きょうりゅうぼうやのさかなつり

脚本・絵／黒川光広
童心社　2001年　16枚（13分）
恐竜　ティラノサウルス　アンキロサウルス　魚釣り

お母さんがアンキロサウルスに襲われて怪我したので、坊やは食べ物を探しに行き、魚釣りにチャレンジします。

きょうりゅうぼうやのおともだち

脚本・絵／黒川光広
童心社　2002年　16枚（12分）
恐竜　ティラノサウルス　カスモサウルス　人間愛　迷子

カスモサウルスがトリプトサウルスに襲われて迷子になり、坊やは親を探すお手伝い。他に4種の恐竜が登場。

くちのあかないカバヒポポくん

脚本／わしおとしこ　画／田畑精一
童心社　1984年　12枚（8分）
動物園　カバ　獣医

カバが好きな女の子が動物園に行くと、カバがいません。カバは、口が開かない病気でした。新聞で知った女の子は、口を開ける方法を思いついて手紙を出します。獣医さんが、手紙の通りに歯ブラシで鼻の穴をくすぐると、カバは口を開けてくしゃみをします。あごに食い込んでいた牙を切ると元気になり、女の子が駆けつけると、青草を食べるようになっていました。翌日の新聞には、カバと女の子の写真が載ります。

太い輪郭線に濃淡をつけてカバの量感を出しています。カバならこんなくしゃみかな？　と想像して、楽しんで演じてみましょう。上野動物園の実話をもとにしています。

第23回五山賞・画家賞受賞。

くねくねゆらゆら

絵・脚本／ひろかわさえこ
童心社　2007年　8枚（3分）
タコ　家族　海　参加型　体操

ここは、深い海の中です。タコの赤ちゃんが、くねくねゆらゆら。楽しそうに遊んでいると、お兄ちゃん、お姉ちゃん、お父さん、お母さん、お爺《じい》さん、お婆《ばあ》さんと、家族みんながやって来て、くねくねゆらゆら。そこに怖ーいサメが来た！ さあ、どうしよう？

家族みんなで、サメを追い払う様子は、とてもユーモラス。サメを追い払った後は、タコの家族と一緒に、くねくねゆらゆら…と参加型にして、子どもたちと一緒に思いっきり体を動かし楽しんでみましょう。聞き手も演じ手も、まるで海の中を、自由自在に泳ぎ回っているような満足感に包まれます。初心者も楽しく演じられる作品です。

くまになったピアナ

脚本／さねとうあきら　画／スズキコージ
童心社　1991年　16枚（12分）
アメリカ　インディアン　熊　父娘　変身

ピアナは、死んだ母親に代わって、父の手助けをする優しい娘です。ある日、木の実を探して森の中を歩いていると、深い穴に落ちてしまいます。

「助けて！ 誰か来てえ！」。ピアナは叫び、泣き疲れて、眠ってしまいました。目を覚《さ》ますと、ほかほかの熊の毛皮にくるまっていましたが…。ピアナは川の水に映った自分の姿が熊なので驚きます。父親はその熊が娘を殺したに違いないと、魔法の矢で狙います。

ダイナミックな画面で、熊になった娘の不気味さが勇壮なインディアンの物語とともに展開します。子どもは、このような怖い話に、興味を持つのではないでしょうか。

くるみわりにんぎょう 前・後編

原作／ホフマン　脚色／鶴見正夫　画／若菜 珪
教育画劇　1985年　前後編各12枚（前後編17分）
くるみわり人形　ネズミ　呪い　愛

（前編）マリーが伯父《おじ》にもらったくるみわり人形の歯を兄が壊してしまいました。夜、七つ頭の大ネズミがマリーを襲い、くるみわりが率いる兵隊人形とネズミ軍団の闘いが始まります。マリーが靴を投げるとネズミたちは逃げ、気がつくと朝で、ベッドの上にいました。

（後編）くるみわり人形の歯を直した伯父から、魔女ネズミの呪いで若者がくるみわりになった話を聞き、マリーはこの人形こそ若者だと思い、剣を持たせてやります。くるみわりは大ネズミを倒して若者となり、マリーに求婚しました。

華やかな色づかいと流麗なタッチの絵で、夢見るような楽しさがあります。ネズミは話を盛り上げる立役者として、意地悪く怖そうに低音で演じたい。

くれよんさんのけんか

作／八木田宜子　画／田畑精一
童心社　1975年　12枚（6分）

クレヨン　片づけ　果物　喧嘩　色

画用紙とクレヨンで遊んでいた女の子がお母さんに呼ばれて行ってしまいましたので、クレヨンたちだけです。赤いクレヨンがリンゴの絵を描いて、「クレヨンは赤が一番」と言いました。黄色いクレヨンが負けじとバナナを描いて喧嘩《けんか》になりました。赤と黄の次には黄緑も紫も果物を描いて、しまいには全部のクレヨンが果物を描き始めます。女の子が戻って来たので、箱に戻ります。女の子は紙いっぱいに描かれた果物の絵に大喜び。

子どもが描いたようなタッチの果物の絵が絶妙です。背景が白なので色の対比がよく出ています。自慢し合うところは元気いっぱいに演じます。また問いかけながら進めるので、「かな？」の語尾のトーンを楽しみながら演じましょう。

くろねこのしろいはな

原話／中国民話　文／わしおとしこ　絵／藤本四郎
教育画劇　2009年　12枚（6分）

中国の昔話　怠け者　えんま大王　猫　鼻

怠《なま》け者の男が死んであの世へ行くと、閻魔《えんま》大王は罰として猫にすると言います。男は鼻だけ白い黒猫にしてもらいます。あの世でもあいかわらずの怠け者。大王が叱ってやろうと遠眼鏡《とおめがね》で探すと、猫は見つからず、暗闇に白い団子が見えます。それは寝転んでいた男の鼻で、おびき寄せたネズミを食べてしまいました。大王は男の知恵に大笑い。原作は中国の『笑林広記』の一編「白鼻猫」。

自在に軽妙なタッチで描かれたユーモラスな絵は愉快。⑨⑩場面は〈半分抜いて〉止めると、ネズミをパクリとやるところをリアルに見せられます。裏の指示は参考にとどめて、抜く位置を試してみましょう。

くわず女房

脚本／松谷みよ子　画／長野ヒデ子
童心社　1998年　12枚（8分）

5月の節句　けち　山姥　菖蒲　ヨモギ

けちんぼの男は、めし食わぬ嫁が来たと大喜びです。「んだけどなあ、めし、一口も食わねで、働けるもんだか」と、ある日天井裏から嫁の様子を探ってみると、嫁は大釜いっぱいの握り飯を作り、髪を振りほどき頭の上に開いた大きな口に放り込んでいるのです。震える男を見つけて山姥《やまんば》に戻った嫁は、男を風呂桶に押し込め、担いで山へ連れて行きます。やっとのことで男は菖蒲《しょうぶ》とヨモギの原へ難《なん》を逃れた…という、5月の節句の由来譚でもあります。

嫁の愛らしさと山姥の恐ろしさ…。どこかとぼけた味のある話を、方言の語り口と、筆太の絵がよく生かしています。なるべく3刷以降の改訂版を使ってください。

ケーキだほいほい

脚本／堀尾青史　画／久保雅勇
童心社　1974年　12枚（7分）
誕生日　ケーキ屋　動物

あっちゃんからお誕生日のケーキの注文です。ケーキ屋さんは特製ケーキを作り届けに行きます。森に入るとリスが手を伸ばすので「だめ！」。「ケーキだ、ほいほい食べたいな」。その後もキツツキ・狐・猿・熊が次々について来ます。あっちゃんの家で拾《ひろ》って育てた子スズメの子を見せてもらい、ケーキ屋さんは、「このケーキはプレゼント！」。みんなで「お誕生日おめでとう」。

紙芝居セミナーの参加者一人ひとりが話をつなげていく連作から生まれた作品。次につなげていく「ケーキだ、ほいほい…」は、動物の特徴を生かして言い方を変えてみると面白い。

第13回五山賞集団作品賞受賞。

げたにばける

原作／新美南吉　脚色／わしおとしこ　画／中沢正人
教育画劇　2003年　12枚（6分）
新美南吉　狸　化ける　母と子　げた

化け方を習う子狸は、小僧さんやおまんじゅうに化けますが、どこか変です。子狸がげたに化けた時、鼻緒の切れたげたのお侍《さむらい》が現れて、子狸のげたにはき替えてしまいます。子狸は「重いよ〜痛いよ〜」と言い、お侍はスタコラサッサと歩きます。途中で子狸だと気づいても知らんぷり。でも、町のげた屋に着くと「ごくろうさんだったのう」と言って、げたにお金を載せてくれます。

⑫場面は子狸に戻り、大喜びでお母さんの大好きなおまんじゅうを買いに走って行くラストシーン。表情豊かな絵で、笑いあり、スリルあり、子どもも大人も演じ手も、心にほんのり温かいものが残る作品です。新美南吉の幼年童話の心を伝えます。

けちくらべ

文／小野和子　画／大和田美鈴
教育画劇　1997年　12枚（6分）
けち　競争

世の中で自分が一番けちだと自慢しているけちべえは、隣のうなぎ屋のにおいで御飯を食べ、におい代は財布を振った音で払います。伝え聞いたけちのしわべえが挑戦しようとやって来ます。しかし、頭上に石を下げて寒さをしのぎ、扇子を振らずに首を振って扇子の消耗をなくし、頭を叩《たた》いて目から出る火花で明かりを作るけちべえに降参して弟子になり、二人で節約の勉強をします。

けちで負けず嫌いで頑固な主人公の性格を描いた顔が愉快で、色調で変化を出し、話の静と動をよく表現しています。

次はどんな知恵を見せるのだろう？という期待を持たせる〈間《ま》〉のとり方に注意して、負けず嫌いのけちべえを楽しく演じましょう。

けむりがモクモク

作・画／田沢梨枝子
教育画劇　1995年　12枚（11分）
地震　火事　防災

アライグマのアライ君はアパートの二階に住んでいます。朝の台所です。ぐらぐらっと大揺《ゆ》れで、ママは火を消し、アライ君とパパは机の下へ入ります。揺れがひとまずおさまり、割れ物などを避け、丘の上の公園へ避難します。

危険を避けるためのポイントを、パパやママがさりげなく説明。年長から小学校低学年ぐらいにぴったりの地震と火事の防災紙芝居。

脚本の欄外に数か所、電気やガスの始末など大人向けの説明があります。一回目はドラマとして楽しみ、二回目は必要な説明を加えてみんなで考えましょう。保護者とともに見ればさらに効果的。

同じ作者の『アライくんのくいしんぼたんじょうび』は、食育紙芝居。

げんきなカバのあかちゃん

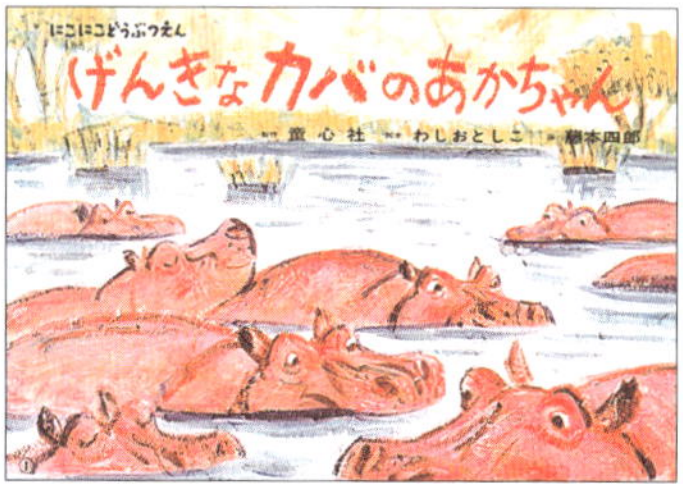

脚本／わしおとしこ　画／藤本四郎　監修／杉浦 宏
童心社　1998年　12枚（7分）
カバ　親子　縄張り　生態

カバは、太陽が熱いので日中は水の中です。赤ちゃんカバも水中で生まれます。耳と鼻の穴を閉じることができるので、水中でおっぱいを飲み、水の上に時々顔を出して息をします。乳離れすると、夜、水から上がって草を食べます。

ある日、見知らぬカバが群れを支配しようとしますが、父さんカバが追い出します。父さんは、草にフンをふりまき、自分の縄張りに臭いをつけるので、カバの赤ちゃんも父さんの姿を見て、水中にフンをしたりします。元気で友だちもいて幸せなカバの赤ちゃんです。

画面いっぱいに描かれたカバは迫力満点。フンをする時にプルプル回るしっぽが面白い。父さんカバの闘いの山場では、力強く演じましょう。

けんじゅうこうえんりん

原作／宮沢賢治　脚本／水谷章三　画／藤田勝治
童心社　1996年　12枚（11分）
宮沢賢治　杉林

山のふもとの村に虔十《けんじゅう》という男がいました。風が吹くのも雨の滴《しずく》が光るのも嬉しくて、いつもはあはあと笑っていました。ある日、虔十が突然「杉の苗を７００本買ってけろ」と言い出します。村人たちは「育つわけがない」とあざ笑いました。確かに五年を過ぎる頃から、杉は伸びなくなりました。けれど、枝打ちすると、子どもたちにちょうどよい遊び場になりました。

虔十が伝染病で亡くなり、やがて村には鉄道が通り、工場も建って、いつの間にか町になりましたが、杉の林は残っていました。そして「虔十公園林」と呼ばれるようになるのです。

いろいろなことを考えさせられる作品です。小学校の高学年向きでしょうか。

原爆の子　さだ子の願い

脚本／宮﨑二美枝　絵／江口準次
汐文社　1994年　12枚（13分）
平和　広島　原爆　折り鶴

広島市の平和記念公園に、折り鶴を高く掲げた少女の像が建っています。「原爆の子の像」です。像のモデルになったのは実在の少女、佐々木禎子さんです。

さだ子は小学6年生。リレーのアンカーにも選ばれるほど足が速くて活発な女の子ですが、この頃体の具合がよくありません。原爆が落とされた時、さだ子は二歳。元気に育ってきたはずでした。

さだ子は入院し、折り鶴に願いを込めますが、その願いはかないませんでした。さだ子の友人たちは、さだ子や亡くなった大勢の子どもたちのお墓を作ろうと、募金運動を始め、1958年5月5日、像が建ったのです。

中学生に演じたい作品です。

こいぬがうまれた

脚本／松野正子　画／横内 襄
童心社　1987年　8枚（5分）
子犬　お乳　母と子

子犬が三匹生まれます。子犬たちはお母さん犬のお乳をくっくっと飲み、おなかがいっぱいになると、くうくうと眠ります。子犬が生まれて育っていく様子がきちんと伝えられています。犬の愛らしさがあふれた作品です。

演じた後には、子どもたちの家や周囲で飼われている犬の話題で話しますと次々といろいろ出て来るでしょう。それを受け止めて、次の保育活動に生かしてはいかがでしょう。

続編の『おおきくなったこいぬ』（1987年）では、三匹が少し大きくなりいたずら盛りの様子が描かれます。

犬のいたずらや愛らしさをうまく出して演じてください。

ごきげんのわるいコックさん

脚本・画／まついのりこ、ひょうしぎ
童心社　1985年　12枚（8分）
コック　飴

①場面のコックさんは、ひげをぴんと立てて、口をむーっと結んで、ご機嫌が悪いのです。

そこで、ご機嫌を直してもらおうとしますが、画面を引っ張るように抜いて現れるコックさんの顔は、横に伸びています。波のように〈揺《ゆ》らしながら抜く〉と、コックさんの顔はフニャフニャになっています。画面の抜き方によって、コックさんの表情が様々に変化するのです。④場面は、気合を入れて〈サッと抜く〉とコックさんの姿が消えて、ただ青一色の画面になります。

子どもたちの参加によって、演じる楽しさが大きくふくらみます。

（こぎつねコンチシリーズ）

こぎつねコンチといちご

脚本／中川李枝子　画／二俣英五郎
童心社　2001年　12枚（7分）

イチゴ　アップリケ　初夏

「♪いちごいちご　だいすきいちご
ぼくがたべるの　どれにしよう　いちばんあかくておおきいの」

摘《つ》んだイチゴをコンチはもったいなくて食べられません。ブローチにしようと、シャツにつけたら赤いシミに。でもお母さんはその上に、立派なイチゴのアップリケを三つもしてくれました。

歌の部分は、メロディーをつけて弾《はず》むように、明るく愉快に演じてください。年少さんでも十分に楽しめます。

幼年童話で書かれたものを作者自身が紙芝居化。好奇心いっぱいの幼い子のワクワクドキドキを、明るい色彩とのびやかな線で描いています。

こぎつねコンチとおかあさん

脚本／中川李枝子　画／二俣英五郎
童心社　1978年　12枚（7分）

母の日　小石　棒

きれいな白い石を拾《ひろ》って、お母さんにあげよう！　次に見つけた棒を友だちは「そんなのつまらない」と言いますが…。

こぎつねコンチのにわそうじ

脚本／中川李枝子　画／二俣英五郎
童心社　2002年　12枚（7分）

秋　落ち葉　竹ぼうき

庭掃除をしていると、栗やキノコが見つかり大喜び。ほうきにまたがったら、いつの間にかほうきは空へ。

こぎつねコンとこだぬきポン　前・後編

脚本／松野正子　画／二俣英五郎
童心社　1989年　前後編各12枚（前後編18分）

狐　狸　友だち　冬

椿《つばき》山の椿の木の下で、子狐コンが歌いながら首飾りを作っています。

つんつん椿、つないでできた。だあれにあげよ。あの子にあげよ。

「ねえ、母さん。あの子って、だあれ」、「友だちのことよ。一緒に遊ぶ人のこと」、「うわあ！　あたし、一緒に遊びたい！」。

その頃、隣の杉の木山でも、子狸ポンが杉の木に登って、「だれかいないかなあ」と、見回しています。

コンとポンの愛らしい出会いと、狐と狸の家族のほほえましい交流を描くお話です。

絵本ではお馴染《なじ》みの物語ですが、絵本の作者と画家が原作のイメージを崩さずに紙芝居化しています。

こぎつねまちへいく

作・画／仲倉眉子
教育画劇　1991年　12枚（7分）
狐　冒険　交通事故

「町は面白そうだなあ」と、町はずれの山に住んでいた子狐は、ある日、人間の男の子に化けて町へ出かけます。ドーナツ屋さんの前で、「あ、おいしそう」。ぱくりと食べてしまいます。お金を払うなんて知りません。「待てーっ！」と追いかけられます。

子狐は、鬼ごっこをしていた子どもたちにまぎれこんで、一緒に遊んでいましたが、子どもに追いかけられ、ドーナツ屋のおじさんにも見つかり、道路に飛び出してトラックにはねられてしまいます。

もとの子狐の姿に戻り、足の骨折だけですみましたが、紙芝居を見ている子どもたちへは、身近な交通事故の怖さを伝えることができるでしょう。

軽妙な脚本と絵が嬉しい。

こぐまのクリスマス

原作／エッチ・モンセル　脚本／堀尾青史　画／久保雅勇
童心社　1964年　12枚（8分）
子熊　クリスマス　家族　プレゼント

子熊のコロは、雪すべりでふもとまで行き、ある家でクリスマスを楽しんでいるのを見て、クリスマスが何か、知りたくなりました。冬眠中の両親やおじさん・おばさんに尋ねても、誰も知りません。おじさんはもみの木とヒイラギを、おばさんは松ぼっくりなどの贈り物をくれたけど、コロは何か足りないと思います。お母さんが調べて「贈り物をもらうだけではなくあげる」ことがわかりました。コロは贈り物を探してみんなにあげて、嬉しくなってクリスマスの楽しさを知ります。

遠見《とおみ》を大切にした色の対比が鮮やかです。どこか違うと感じた子熊の気持ちをたたみかけるように演じてみましょう。

五色のしか

脚本・画／鈴木 徹
童心社　2000年　12枚（6分）
鹿　王　密告　インド

昔、インドの山奥に美しい五色の毛の鹿が隠れ棲《す》んでいました。ある時、谷川で溺《おぼ》れた男を救い、鹿は「自分のことは秘密に」と口止めします。ある日、夢の中で五色の鹿が現れたという妃の話を聞いた王が「五色の鹿を知る者に金銀を与える」というお触れを出します。

生活に困った男は、約束を忘れ、王に密告します。王の襲来を知った鹿は、弓矢隊の中を堂々と歩き、男を詰問します。怒った王は男を殺そうとしますが、鹿が止めます。そして、王は鹿狩りを禁じ、鹿は平穏に暮らしました。

対比する色で描かれた太い輪郭線が躍動しています。訳を知り怒る王のセリフは、作品の心。厳しい調子ではっきりと。

（コッコおばさんシリーズ）

コッコおばさんのうれしいおでんわ

脚本・絵／仲川道子
童心社　1999年　12枚（6分）
ニワトリ　ホットケーキ　電話

お料理の得意なコッコおばさんがホットケーキを焼いています。気がつくと、一人では食べ切れないほどたくさんの量。そこでコッコおばさんはお友だちを呼ぶことにします。豚さんに電話をかけると、豚さんはネズミ君に、それから亀さん、ヤギさん、フクロウさん、オバケさんたちにと次々に電話がつながっていきます。そして、みんなでおいしいホットケーキを食べるのです。

お料理が得意で、明るく元気、面倒見のいいコッコおばさんが魅力的です。表情豊かな絵と楽しいお話で、演じる対象年齢を問いません。

コッコおばさんのおいしいレストラン

脚本・絵／仲川道子
童心社　1995年　12枚（6分）
ニワトリ　初夏　サクランボ　レストラン

田舎へ出かけたコッコおばさんの代わりに、動物たちがレストランを切り盛りしますが、うまくいきません。

コッコおばさんのおばけのアイスクリーム

脚本・絵／仲川道子
童心社　1998年　12枚（6分）
ニワトリ　夏　おばけ　アイスクリーム

夏の夜、オバケたちが来て、涼しくしてあげると息を吹きかけると、何でも凍るのでおいしいものを作ることに。

コッコおばさんのおおきなすいか

脚本・絵／仲川道子
童心社　2000年　12枚（6分）
ニワトリ　夏　スイカ

暑い夏、コッコおばさんは仲良しのお友だちと一緒に買い物に行きます。買ったものはスイカです。

コッコおばさんのおだんごパーティー

脚本・絵／仲川道子
童心社　2001年　12枚（6分）
ニワトリ　秋　お月見　団子

秋です。コッコおばさんはみんなで作ったお団子を持って、野を越え山を越えお月見に行きます。

こすずめのチュン

脚本／国松俊英　画／藤本四郎
童心社　1999年　12枚（7分）
スズメ　カラス　巣立ち

巣立ちの日、子スズメのチュンは飛び立てず、庭に落ちてしまいます。お母さんが降りて来て、じっとしているように言います。そこへ人間の親子が来て、男の子が触ろうとすると、お父さんは近くに親がいるからと止めました。

今度はカラスがしつこくチュンを追いかけます。チュンは植木鉢に潜ってカラスをやり過ごしました。それからチュンは練習をし、やっと飛ぶことができるようになるのです。

カラスが現れてからは、迫力のある絵とともにハラハラドキドキの展開になっています。落ちた子スズメをむやみに触ってはいけないことも作品を通して知ることになります。

コスモス

脚本・画／渡辺享子
童心社　1993年　16枚（12分）
戦争　疎開　原爆　コスモス

主人公ケイ子が戦争体験を語る紙芝居。イナゴ捕り、空襲から逃げる恐怖、黒いカバーを付けた電灯…。コスモスが大好きな仲良しのユキちゃん一家は広島に行きます。ケイ子も田舎に疎開します。8月6日、広島に原子爆弾が落とされます。終戦後、東京へ帰ったケイ子はユキちゃんの家を訪れます。が、誰もいません。一家は原爆で死んでしまったのです。家のまわりには、たくさんのコスモスが咲き乱れています。

ゆっくりと語りかけるように演じたい。〈抜く〉ことで時間の経過も表せるので、抜くタイミングに注意して、感情に流されないように演じましょう。

こぞうさんのおきょう

原作／新美南吉　脚本／さとうつきこ　絵／岡野 和
岡野和の紙芝居刊行会　2011年　10枚（6分）
新美南吉　小僧　お経　法事

和尚《おしょう》さんの代わりに檀家の法事に行くことになった小僧さんは、途中で兎《ウサギ》と会って遊んでいるうちにお経を忘れてしまいます。困った小僧さんに、兎はかわいいお経を教えます。無事に法事を終えた小僧さんは、もらったお菓子を帰りに兎にわけてあげました。新美南吉の幼年童話の原文を生かし、やさしい言葉と、それに合った絵が作る温かなユーモアが、幼児からお年寄りまで笑顔にさせます。

④場面の兎と遊ぶ場面の〈間《ま》〉を、「こっちだよー、わーい」などのセリフに変えたり、笑い声だけで遊ぶ様子を表現したり、⑥⑦場面のお経に身近なものを小道具にして木魚《もくぎょ》や鉦《かね》の音を加えるなど、楽しい演出ができる作品です。

子そだてゆうれい

脚本／桜井信夫　画／須々木博
童心社　1991年　16枚（10分）
怖い話　幽霊　赤ちゃん　母と子　飴

飴《あめ》屋の前を、若い女がよろよろと通りかかります。

「どこか泊めてもらえるようなところは…」、「山寺へ行きなされ。大きなおなかで、辛《つら》いことじゃろ。飴でもなめなされ」。

何日か経った真夜中、その若い女が飴を買いに来ます。それから毎晩やって来たので、七日目に飴屋はそっと後をつけて行きます。女には足がなく、山寺の門をくぐり抜けて墓場に消えますが、墓下から赤ちゃんの泣き声が…。

大人が聞けば現代にも通じる怖い話ですが、さらりと語りましょう。子どもたちは怖いお話が大好きです。夏の一日、紙芝居で納涼大会を開いてはいかがでしょう。

こねこちゃん

作／堀尾青史　画／安 泰
童心社　1970年　12枚（8分）
子猫　参加型　ミルク

三毛猫にみんなで名前をつけてから、ボールをあげると子猫はボールで上手に遊びます。そして「ニャオー」と鳴きます。「どうしたんでしょう?」と問いかけ子どもたちに答えてもらいます。「ミルクが欲しい」という答えを誘い出し、ミルクをあげます。次は「お昼寝かしら」と思ったら、砂場に行っておしっこだったんです。「今度こそおやすみかしら」。

猫が大好きで動物の絵を得意とした画家の猫の絵ですから、猫の様子を堪能するだけでも楽しい作品です。〈抜き〉の効果を考えた紙芝居に仕上がっていますので演じやすいです。子どもとの対話を大切に演じましょう。

第9回五山賞受賞。

こねこのしろちゃん

脚本／堀尾青史　画／和歌山静子
童心社　1983年　12枚（7分）
子猫　白と黒　違い

黒猫兄弟のなかで一匹だけがまっ白な「しろちゃん」。

兄弟と同じになろうと、泥んこになったりペンキをかぶろうとしたり。

そんなしろちゃんの前を白猫が歩いてゆきます。なんて堂々として立派な猫でしょう！　それはお父さんだったのです。しろちゃんは大喜び。

子どもは、仲間との少しの違いに悩んだりします。最終場面にはそんな気持ちを打ち消すような言葉があり、家族が勢揃いして幸せを感じさせます。

太い線で描かれ、猫たちの動きが良く表現されています。

フランスで2013年の「学教の文学作品」のリストに選ばれました。

こねこの七夕まつり

脚本／間所ひさこ　絵／藤本四郎
童心社　2004年　8枚（4分）
子猫　七夕　願い事

子猫のくろちゃん・にゃおちゃん・しろちゃんが、七夕《たなばた》飾りを作ります。「お星様が喜ぶもの、何かな　何かな」。雨が降らないようにてるてる坊主、それに金と銀の星ができました。願い事の短冊は、みんな「おさかな　いっぱい」。

風が吹いてくると、ぴょーん・ぴょーんと七夕飾りにじゃれて遊びます。夜、天の川に魚の星座が光っています。子猫たちのお願いが、かなうといいですね。

カラフルで優しい色使いに、かわいい子猫たち。乳児も、初めての行事として親しめ、大人でも思わず笑みが出ます。「たなばたさま」の歌をうまく織り込むと、優しい気持ちに包まれます。

こびととくつや

原作／グリム　脚本／稲庭桂子　画／富永秀夫
童心社　1971年　12枚（8分）
グリム　靴屋　小人

貧しい靴屋さんが皮を裁《た》って置いておくと、翌朝、素晴らしい靴ができていました。靴はすぐに売れて、この不思議なことは毎日続きます。ある晩、のぞいて見ると、二人の小人が靴を作っていたのです。夫婦はぼろを着た小人に、服と靴を贈ることにしました。新しい服を着て、小人たちは喜び踊りながら出て行き、二度と戻っては来ませんでした。

会話により話を進め、歌が楽しく入り、小人の仕事の歌・喜びの歌は、ドラマを盛り上げます。⑦場面の少しもやがかかったような暗い絵は、次の場面を期待させ、〈早く抜く〉とぱっと晴れやかな明るい⑧場面です。このように随所に効果的な場面構成が見られます。

こぶたのけんか

作／高橋五山　画／赤坂三好
童心社　1971年　8枚（5分）
子豚　喧嘩　橋

川のそばの、細い細い一本道で、森の子豚ちゃんと、村の子豚ちゃんが出会います。二匹はにらみ合って「ぶうぶう、あとへもどれ」、「ぶうぶう、おまえがもどれ」、「おれはいやだ、ぶう」、「おれもいやだ、ぶう」と喧嘩《けんか》になり、どぶん！　ちゃぷん！　川へまっさかさま。

二匹は、ごめんを言い合い、森の子豚は村の方へ、村の子豚は森の方へ、ぽっつりぽっつり、歩いて行きました。

黄色い背景に太い線でダイナミックに描かれた絵から、元気な子豚のエネルギーがあふれてきます。ゆったりしたリズムのセリフを大事に演じてください。繰り返し楽しめる作品です。

こぶたのまーち

脚本／村山桂子　絵／堀内誠一
童心社　1977年　12枚（8分）
子豚　ラッパ　稽古

子豚のるーはラッパの稽古《けいこ》が大嫌い。お父さんのラッパが鳴らなければ稽古しなくてすむと思い、るーはラッパの中に潜り込みます。お父さんが思いきり息を吹き込んだとたん、るーは勢いよく空へ飛び出し、落ちたところはテレビ局。るーはそこでラッパを吹くことになり、「こぶたのまーち」を見事に演奏して、それをテレビで見たお父さんも大喜びです。

⑥場面では「ぷーー!」の音と同時に〈さっと抜く〉と、それまで、るーに同情して神妙な顔で見ていた子どもたちの表情が一気に明るくなります。②場面の「てけ　てけちった　ちった…」を表情たっぷりに入れると一層盛り上がります。

ゴリラのあかちゃんモモタロウ

脚本／わしおとしこ　絵／やべみつのり
童心社　2002年　12枚（7分）
ゴリラ　母と子　動物園

ゴリラの赤ちゃんが成長する過程を母親のような目線で描きます。

赤ちゃんのお尻の毛が白い毛の意味、指を内側に曲げて歩くゴリラ歩き、ゴリラの好きな食べ物、ゴリラのボスのドラミングの意味など、幼い子にも理解できるようにやさしく描いています。

このモモタロウは２０００年７月３日生まれのゴリラです。

上野動物園のゴリラ園の実話。徹底的な取材をもとに動物の観察や生態をしっかりふまえた、ゴリラの母子の物語です。絵は、ゴリラのゴツゴツした感じと赤ちゃんのイメージをよく表わしています。演出ノートに沿って、やさしくきちんと演じてみましょう。

これはりんご

脚本／中川ひろたか　画／和歌山静子
童心社　1997年　12枚（6分）
しりとり　積み上げ話

①場面に描かれているのは、大きなリンゴです。表紙を抜くと、②場面はこのリンゴを手にしたゴリラが出てきます。

リンゴ、ゴリラ、ラッパ、パンダとしりとり遊びの作品のようです。が、もう一つのつながりがあるのです。

「これは　リンゴ」、「これは　リンゴが　好きな　ゴリラ」、「これは　リンゴが好きなゴリラの　ラッパ」と次々に言葉が増えていく、積み上げ話になっていきます。

子どもたちが声を揃えて最後の場面のニワトリまで続けて言えたら、拍手を送りましょう。あ！　ニワトリの「り」で、また振り出しに戻ります。子どもたちとたっぷり遊ぶことができます。

ころころこぐま

原作／平塚武二　脚本／長崎源之助　画／安 和子
童心社　1983年　12枚（8分）
秋　熊　父と子　遊び

熊の子が言います。

「おとうさん、ぼく、おもちゃが欲しい」

「これで遊びな」

「こんな石なんか、つまらないよ」

でも、他におもちゃはありません。しかたなく、ころんと転がすと、ころん、ころころ。石が坂道を転がります。

「わあ、面白い、面白い。この石、どうして転がるの？」

「丸いからさ」

熊の子は丸いものを探しに行きます。秋の丸いものを次々と見つけて遊ぶ楽しさが、リズミカルな言葉によってふくらみ、さわやかな深みのある画面と響き合い、楽しい作品です。

第22回五山賞奨励賞・画家賞受賞。

ごろん

脚本・絵／ひろかわさえこ
童心社　2004年　8枚（4分）
ネズミ　動物　転がる　参加型

ネズミさんが、ごろん、とあお向けになったところへ、②場面は兎《ウサギ》さんもネズミさんの隣で、ごろん。

そこへ狸さんも蛇さんも熊さんも次々来て、あお向けに、ごろん。あっちへごろんごろん、こっちへごろんごろん、みんなで転がります。そこは広い原っぱで、お日様がぽかぽか暖かい。のどかで平和でのびのびとした作品です。

丸味を帯びた動物たちの耳やしっぽや体がとてもかわいらしい。背景が黄緑で、そこに浅い影が落ちていることがラストで帰結します。

二回目からは子どもたちと一緒にごろんごろんと遊ぶのもいいでしょう。

こわいおおかみのこわいもの

脚本／福島のり子　画／鈴木信一
教育画劇　1990年　12枚（10分）
狼　老夫婦　怖い物　フランス

昔、フランスのある村に、木こりのお爺《じい》さんとおかみさんが住んでいました。ある冬の晩のこと、熱いスープを運んで来たおかみさんが立ちすくみます。ドアの隙間《すきま》から狼が中をのぞいていたからです。「熱いスープをひっかけろ！」とお爺さんは鍋ごと投げつけました。狼は大やけどをして逃げて行きました。ところが、いく日かたって、森で仕事をしていると、どこからか狼たちが集まってきました。お爺さんは木に登りますが追いつめられます。そこで、また「熱いスープをひっかけろ！」と叫んで難を逃れたのです。

アニメーション手法によって描かれたコミカルな場面を生かせるように、演じたいものです。

ごんぎつね

原作／新美南吉　脚本・画／諸橋精光
すずき出版　2005年　24枚（13分）

新美南吉　狐　いたずら　秋

ある村の、しだのしげった森に、子狐が一人ぼっちで住んでいます。子狐は、村の人たちから「ごんぎつね」と呼ばれるいたずら狐です。村へ出て来ては、畑の芋《いも》を掘り散らかしたり、軒下《のきした》につるしてあるトウガラシをむしり取っていったりするのです。兵十の釣ったウナギも持って来てしまいます。

ごんぎつねは兵十のおっかあが死んだことを知ってからは、栗や松茸を運んで行きますが、その好意は人間には通じず、悲劇的な結末を迎えてしまいます。

ごんぎつねの表情がよくとらえられていて、美しい月夜のシーンとともに、印象に残ります。新美南吉の童話を紙芝居化したものです。もうすぐ小学生になる子どもたちにも作品の世界を理解できます。

コンコちゃんとなかまたち

脚本／すとうあさえ　画／福田岩緒
童心社　2004年　12枚（7分）

秋　狐　仲間　友情

秋の森の中。子狐コンコは兎《ウサギ》に首飾りを作ってあげ、ネズミにコマを作ろうとしたら猿が木から落ちて泣いていたので励ましてあげます。日曜日にみんながコンコの家で遊んでいると、「リンゴパイを食べに来て」とお婆《ばあ》さん。忙しいお母さんを残して、コンコはみんなとお婆さんの家へ出かけます。途中、栗の葉で風車を作って歩き出した時、曲がるところが違うことに気づいてコンコは泣き出します。仲間たちは、コンコを慰め、猿が目印を見つけて無事到着です。おいしいパイをいただきました。

「曲がるところを間違えた」とドキッとするコンコのアップが真に迫っています。仲間同士の友情や優しさがわかるように温かく演じましょう。

金色夜叉

原作／尾崎紅葉　脚本・絵／サワジロウ
雲母書房　2012年　12枚（10分）

名セリフ　かるた会　熱海

貧乏学生の間貫一《はざまかんいち》は鴫沢宮《しぎさわみや》と許婚《いいなづけ》でしたが、宮は、金持ちの男と結婚することになりました。貫一は、熱海の海岸で宮と会い、その話を聞きます。そして「来年の今月今夜、僕の涙で必ずこの月を曇らして見せる！」と叫び、宮を足蹴《あしげ》にします。カルタ会から始まり、一年後の熱海で終わる超要約版。その中にしっかりと、名場面・名セリフを入れています。

波の効果音のために豆とざるの用意をしましょう。これだけで、楽しさがぐんと増します。

サワジロウの同じ手法の作には『愛染かつら』（原作／川口松太郎）『安珍清姫物語』『瞼の母』（原作／長谷川伸）があり、いずれも高齢者に人気です。

さぎとり

脚本／桂 文我　絵／国松エリカ
童心社　2004年　12枚（8分）
落語　サギ　だじゃれ

でんすけさんは、夜、寝ているサギを捕まえに池に行きます。いとも簡単に捕まえることができたので調子に乗り、次々捕まえては体にぶら下げます。そのうちにサギたちが気づいて、いっせいに飛び立ち、でんすけさんを空に連れ去ります。

ようやく五重塔の九輪《くりん》にしがみついたでんすけさん。みんなが広げてくれたふとんの上に飛び降りたら、トランポリンのように弾《はず》んで…。

人物のとぼけたキャラクターを楽しむ導入部。だじゃれを交《まじ》え話が進みます。軽妙に楽しく演じてみます。上方落語の作品を、マンガ的で軽快な絵が笑いを盛り上げます。

ざしきわらし

脚本／水谷章三　画／篠崎三朗
童心社　1993年　12枚（8分）
昔話　大晦日　老夫婦

大晦日の晩に、貧しいじさまとばさまの家にやって来た人形のような小さな女の子。米粒を三粒大釜に入れると「なれなれなあれ、いっぱいになあれ」。すると、大釜からご馳走がたくさん出てきました。

次の日はお屋敷を建ててもらい、大金持ちになったじさまとばさま。ところが「この子がこんまい子ではなくて、当たり前の娘じゃったら、どんなに嬉しかろ」と言ってしまったので……。

①場面、大金持ちの長者どんと貧乏なじさまの語りに強弱をつけ、対照的に演じたい。⑨場面を抜いた後は少し〈間《ま》〉をとり、「やれやれ…」と続けましょう。

第31回五山賞・絵画賞受賞。

さらやしきのおきく

脚本／桂 文我　絵／久住卓也
童心社　2004年　16枚（8分）
怪談　落語　皿

昔、お屋敷で働いているお菊に横恋慕した殿様（青山てっさん）。お菊に皿を10枚渡し、自分で1枚隠していたのに後で1枚足りないとお菊を責め殺し、井戸に放り込みます。その後、お菊が化けて出て来て、てっさんも自害。

しばらくたってお菊の幽霊が出ると町衆の間で評判になります。まるで見世物のように名物菓子や屋台まで出る始末。ある晩お菊が、かすれ声で「1枚、2枚」と数え、9枚で止まらず、「10枚と18枚」まで数えて、「今日はこれでおしまい！」と言います。

番町皿屋敷の怪談に、幽霊を見世物にする落語の笑いを盛り込んだ雰囲気を、少しでも出せるように演じましょう。

ザリガニつり

脚本／島本一男　絵／やべ みつのり
童心社　2000年　12枚（6分）
ザリガニ　生態　飼育

みのるくんは保育園で飼っているザリガニを見て、自分も家で飼おうと思います。ある日お父さんとザリガニ釣りに出かけました。二匹釣れて家に持ち帰って飼うことになりました。ザリガニを飼っているうちに、いろいろなザリガニの生態を学んでいきます。

ザリガニの釣り方や飼い方がお話でわかる作品です。飼い方や生態等の説明は早口にならないように気をつけ、文章をはっきりと伝えることを意識しましょう。

⑫場面の最後の二行はそれまでのリズムを変えて、〈間《ま》〉をとってから語りかけるように演じましょう。

さるかにがっせん

文／長崎源之助　画／若菜 珪
教育画劇　1971年　16枚（8分）
昔話　敵討ち　猿　カニ

猿とカニが握り飯と柿の種を取り替えて、カニはせっせと柿の木を育てました。やがて、柿の実がたくさんなると、猿が木に登り赤い実を食べ、カニには青い実を投げつけます。甲羅に当たってカニが死ぬと、中から子ガニたちが生まれ敵討《かたきう》ちに猿の家に向かいます。

その時に栗、蜂《はち》、臼《うす》、牛のふん、針が助太刀《すけだち》に加わります。猿の家でそれぞれいろいろなところに隠れますが、見ている子どもたちに語りかけて、一つひとつ確認をしてみましょう。ふとんの中の針も忘れずに。

遠目《とおめ》のきくシンプルな絵は、ユーモラスで温かみを感じさせます。

さるとかに

脚本／松谷みよ子　画／西巻茅子
童心社　1986年　16枚（10分）
昔話　敵討ち　猿　カニ

『さるかにがっせん』とあらすじは変わりませんが、①場面目で意地悪な猿とお人よしのカニの性格が、セリフのやりとりで表現されています。柿の実がなった時にもそれは顕著で、猿は「もとはと言えば、おらのもんだぞ」と威張り、カニめがけて青い柿の実を叩《たた》きつけるのです。猿がかなりの悪人に描かれていますので、敵討《かたき》ちにもなりましょうか。

叩きつける場面が〈半分までさっと抜きながら〉となっており、衝撃的な感じが出ています。助太刀は、くまんばち、つぶっくり、牛のくそ、臼《うす》の四者です。独特の味わいのある絵とともに、ドラマチックな展開になっています。

サンタのすず

脚本／古山広子　画／鈴木琢磨
童心社　1977年　12枚（6分）
クリスマス　猫　サンタクロース　鈴

クリスマスイブ。猫のミャンタは一人ぼっちの子猫に会い、赤い服のサンタが鈴を鳴らしてご馳走《ちそう》を持って来てくれると励まします。赤い服とブーツの女性、クリスマスソングを響かせる赤い車が通りますが、サンタではありません。途方《とほう》にくれていると、牛乳配達のお兄さんがミルクをくれました。ミャンタは「サンタさん、赤い服を着ていないの？　鈴は忘れてきたの？」と、自分の首の鈴を贈ります。牛乳瓶《びん》がカチャカチャ、鈴の音がリンリン…と、遠ざかっていきます。

②～⑫場面、全て原っぱの出来事ですが、デフォルメされた絵は、美しい色彩で飽きさせません。背景が一時代前のお話ですが、少し大きい子や高齢者にはクリスマスの思いが伝わるでしょう。

三びきのこぶた

原作／イギリス民話　脚本／川崎大治　画／福田岩緒
童心社　1986年　12枚（6分）
イギリスの昔話　豚　狼　知恵

三匹の子豚が、それぞれの家を建てます。大豚ちゃんはわらの家、中豚ちゃんは板の家、ちい豚ちゃんはレンガの家です。大豚ちゃんと中豚ちゃんの家は次々に狼に吹き飛ばされてしまいます。二匹はちい豚ちゃんの家に駆け込みます。狼はちい豚ちゃんの家の煙突から入り、大やけどをして逃げて行きます。

脚本はリズミカルな言葉なので演じやすく、楽しめます。絵もはっきり見やすいです。豚の擬人化やバックの省略も適切で、全体的に演じやすい作品に仕上がっています。

よく知られているイギリスの昔話は、一番目と二番目の豚は狼に食べられてしまい、狼は三番目の豚に煮て食べられてしまう話です。

しあわせの王子

原作／ワイルド　脚本／三谷亮子　画／中村文子
童心社　1999年　16枚（12分）
名作　王子　ツバメ

ある町に金や宝石で飾られた「幸せの王子」という美しい像が建っています。南へ帰る途中のツバメが、王子の足元に止まりました。その時、ツバメは王子の涙に気がつきます。王子は辛《つら》い思いをしている町の人々を見過ごすことができないのです。王子の頼みを聞いて、ツバメは病気の男の子、マッチ売りの女の子、寒さに震える人々へ宝石や金を届けました。王子の体を覆《おお》っていた金もなくなり、王子は灰色の姿になりました。ツバメも死んでしまいます。

王子の気持ち、献身的なツバメの姿に胸を打たれます。絵も美しく、場面の構図や大きさの変化もあり、遠目《とおめ》もきいていて、感動的な作品になっています。

しあわせの花

作・絵／ダン・ミン・ヒエン
童心社　2000年　12枚（7分）
ベトナム　昔話　結婚　花

ベトナムの昔話。王様に念願の姫が誕生し、美しい娘になりました。結婚したいと、大臣の息子・勇敢な将軍・大金持ちの商人・賢い若者の四人がやって来ます。困った王様は花の種を与え、一番きれいな花を咲かせた者が結婚できると話します。

　やがて花を持って、四人はお城に集まりました。次々に見事な花が披露されますが、若者の鉢には何もありません。それなのに選ばれたのは若者でした。花の種はもともと咲かないものだったのです。若者は正直だったのです。

　白地の背景にシンプルで、くっきりはっきりとした絵が印象的です。四人のうちの三人が持ってきた花の色がその人物を象徴する色になっています。

じいさまときつね

脚本／増田尚子　画／二俣英五郎
童心社　1982年　12枚（6分）
怖い話　狐

　そろそろ夏が近づく頃から、紙芝居の上演の演目に怖いお話・おばけのお話が登場してきます。子どもたちをたっぷりと怖がらせると言えば、やはりこの作品ではないでしょうか。

　いたずら好きな爺《じい》様に、びっくりさせられた狐が、その仕返しとばかりに今度は爺様を驚かすのです。

　爺様は棺《ひつぎ》の中から現れた「死人」に追いかけられるのですが、死人の手が長く伸びる、もう少しで届く、ぎゅっと足をつかむ―それぞれの場面で描かれる手が怖いのです。ぎゅっとつかむ場面は、「ぎゅっ」と言いながら〈さっと抜く〉と効果的です。

　爺様と同時に観客も狐の化かしに巻き込まれていく展開がうまい。

じごくけんぶつ

脚本／水谷章三　画／藤田勝治
童心社　1984年　16枚（10分）
笑い話　地獄　知恵　えんま大王

　昔むかし、軽業《かるわざ》師と歯抜師と山伏が地獄見物に出かけます。閻魔《えんま》大王に釜ゆでにされると、山伏のまじないでぬるくします。剣の山に追い上げられると、軽業師が他の二人を担《かつ》いで、ちゃんちゃらちゃーんと登って行き、閻魔大王が「食ってやるー」と口の中に入れれば、歯抜師が閻魔の歯を全部抜いてしまいます。三人が呑み込まれると、腹の中で笑いの筋・泣き筋・くしゃみの筋などを無茶苦茶に引っ張り、くしゃみとともに外に出られます。こうして地獄の旅は終わるのです。

　話の筋がしっかりしていて面白い作品です。絵もオドロオドロせず、楽しめます。

地震がきたらどうするの?

文／赤木かん子　絵／mitty
埼玉福祉会　2011年　8枚（5分）

地震　防災

①場面「一番大事なことは、地震で命を落とさないことです」。そのためには危険がどこにあるか、日頃から気をつけておくことが大切ということを語ります。そこで②場面の道路、③場面の室内の絵を見せ、どんな危険があるかを考えさせ、当てさせます。

安全なところに逃げること、逃げる時に頭や足元を守るための具体的な注意。そして怖くても「頭は上げて目は開けて」「深呼吸をして落ちついて」すばやく動きましょう——と語ります。

自分で自分の命を守るという心構えを、コミカルで親しみやすい絵で幼い子にもわかりやすく教えています。

したきりすずめ

脚本／安田 浩　画／輪島みなみ
教育画劇　1971年　16枚（10分）

スズメ　恩返し　欲　おみやげ

洗たくの糊《のり》をスズメのチュンが食べてしまい、お婆《ばあ》さんは怒ってチュンの舌を切って追い出します。チュンをかわいがっていたお爺《じい》さんは、スズメのお宿を探しに出かけます。スズメたちはお爺さんをもてなし、みやげにつづらを渡します。宝のつづらを見て、お婆さんもスズメのお宿へ行き、もらったつづらを開けて見れば、蛇や虫やらがぞろぞろと。

よく知られた昔話をていねいに語っています。出だしは少し残酷ですが、宿のありかを聞くのに馬と牛の洗い汁を七杯飲むといった話の起伏があり、引き込まれます。リズミカルな言葉の繰り返しを大事にしてください。やわらかな線と、中間色の色調がのびやかです。

したきりすずめ

脚本／松谷みよ子　画／堀内誠一
童心社　1980年　16枚（12分）

スズメ　恩返し　欲　おみやげ

爺《じい》がかわいがっていたスズメが、婆《ばあ》の煮ておいた糊《のり》をなめてしまいました。婆は怒ってスズメの舌を切ってしまいます。逃げたスズメを爺が尋ねて行くと、馬洗いに会い、馬の洗い汁を飲めば教えると言われます。

くっきりとした太い線と明るく大胆な色使いの表情豊かな絵です。残酷な場面もさらっと扱い、お話の面白さに引き込まれます。

語りは共通語ではなく、「七おけ、飲まっしゃい」や「舌切りスズメどんのお宿はどこでござるか　ちょっちょっ」などの繰り返しが効果的です。声に出して練習してから演じるといいです。親子で見ても楽しいでしょう。

七《しち》どぎつね

脚本／桂 文我　絵／渡辺有一
童心社　2004年　16枚（11分）
落語　狐　笑い話　旅

喜六《きろく》と清八《せいはち》の二人は、伊勢に向かう旅の途中、何気なく投げた石が寝ていた狐にゴツーン。怒った狐はあれやこれやで二人を化かします。まずは、畑を大川に変えると、二人は裸になり渡ろうとします。次は寺を出して死人の相手をさせて脅し…、最後は村人も二人を手伝って狐をこらしめようとしますが、狐は大根に化けて逃げてしまいます。

三重県出身の落語家、桂文我が地元に関わる噺《はなし》を脚色した作品です。喜六と清八、村人たちの会話が上方言葉で、地の文は共通語です。

絵はとことん明るく滑稽《こっけい》で、この愉快な化かされ話を描きます。時にギラリと光る狐の目が印象的です。

ジャックとまめのき

原話／イギリス民話　脚本／堀尾青史　画／かみやしん
童心社　1986年　12枚（6分）
イギリス　豆　大男　ニワトリ　竪琴

牛を売りに行ったのに、ジャックは特別な豆と交換します。母さんが怒って豆を庭に投げ捨てます。翌朝、豆は天に届く大きな木になっていました。天には大男の城があり、ジャックの父さんはこの大男に食われたのでした。大男は金の卵を産むニワトリと歌う竪琴《たてごと》を大切にしています。大男が寝ている隙《すき》にジャックはその宝を持って逃げ出し、地上に着いて木を切り倒しましたので、大男は墜落してしまいました。

テンポよく進むので話が流れ過ぎないように、メンドリが卵を産む場面や竪琴が歌う場面は、ていねいに演じたい。

曲線が流れるような軽快なタッチの絵です。大男は誇張され、恐ろしさの中にもおかしさを漂わせて描かれています。

シュークリームのおきゃくさま

作／西村彼呂子　画／アリマ・ジュンコ
教育画劇　1986年　12枚（7分）
ケーキ屋　狐　シュークリーム

ケーキ屋さんがお店を閉めようとすると、女の子がシュークリームを買いに飛び込んで来ます。それが毎晩続いたある日のことでした。今度は男の子がやって来ました。そこでケーキ屋さんは、庭にテーブルと小さな椅子を二つと、シュークリームの入った箱と手紙もつけておきます。季節はクリスマスの頃。山のふもとのケーキ屋さんとシュークリームの大好きな子狐の優しい、心温まるお話です。

⑨場面から⑩場面の場面転換では、少し〈間《ま》〉をとって〈ゆっくり抜く〉と、画面が流れるように、まるで映像を見ている気分にさせてくれます。語りと〈抜き〉を大切に演じてください。メルヘンの世界が楽しめます。

第25回五山賞受賞。

十五夜さま

脚本／渋谷 勲　画／藤田勝治
童心社　1989年　12枚（6分）

十五夜　お月見　お爺さん　貧乏　僧

十五夜の夜、僧が村を訪れ月見をさせてくれと家々を回ります。みんなに断られ、貧しい爺《じい》様だけが招き入れます。僧は「来年はわしの家へ」と言いおき、次の十五夜には小僧が迎えに来ます。山を越え谷を越えて行くと山中に立派な寺がありました。楽しい宴《うたげ》が終わると、僧は刀を持たせて帰します。帰路、大きな火柱が立ち、刀で斬りつけると大きな音とともに空から黄金が降ってきました。

その後、村では十五夜には誰でももてなすようになったということです。火柱に襲われてからが山場なので、テンポよく演じましょう。

心象風景のような独特な絵です。月の光の光景には、不思議な力を感じる人もいるでしょう。

しょいくらべ

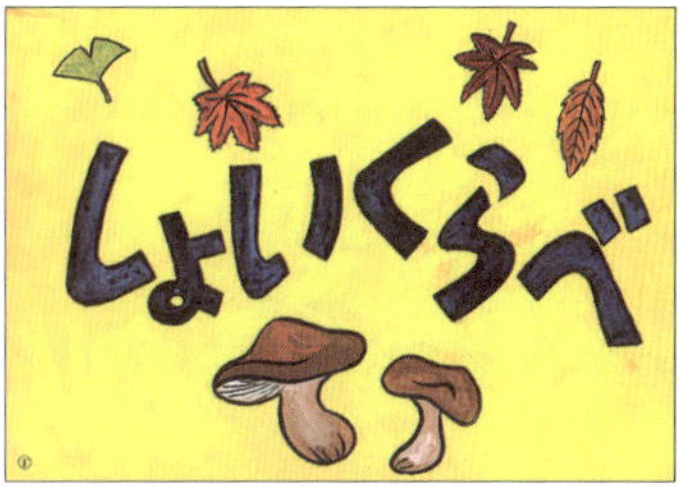

原作・脚本・画／みんなの家、奥田真美　監修／遠山昭雄
雲母書房　2009年　8枚（7分）

高齢者　伊豆　競争

静岡県西伊豆にある宅老所「みんなの家」利用者のお誕生会のために作られた作品です。見る人たちを温かな心にする、手作り紙芝居の原点です。

ぼた木の背負い比べをする仲良し夫婦。「あーやめた、やめた。こうかがんでは、かわいいおめえの顔が見えねえじゃん」。そう言われた可奈子婆《ばあ》さんの目がハートになっています。二人のかけ合いは、〈抜き〉を正確にすることで見事に表現されます。

西伊豆地方の方言と、最後の田子の海の夕日の場面が強く印象に残ります。敬老の日などに小学生に演じてみるのもいいでしょう。

高齢者対象の紙芝居作りのはしりとなった作品です。

しょうじきこぞうさん

文／松岡 節　画／毛利将範
教育画劇　2002年　12枚（6分）

小僧　和尚　馬鹿正直

和尚《おしょう》は、好物の鮎《あゆ》を食べているのを小僧さんに見つかり、「あれはかみそりという葉だ」とごまかします。和尚のお供で馬で出かけた小僧さん、「川にかみそりが泳いでいる」と騒ぎたてます。和尚は「見たことは見逃せ」と教えます。和尚の頭巾《ずきん》が風に飛ばされても小僧さんは知らんぷり。「落ちたものは拾《ひろ》え」と教わると、馬の落とす糞《ふん》を頭巾に山盛りにして…。言われたことを正直に実行しては和尚を慌てさせます。

切り紙の黒ぐろとした太い線で、俗物和尚を表わしています。言い逃れをする和尚を、それと知ってからかっているのか、無邪気で馬鹿正直なのか、解釈により演じ方が変わってきます。

しりなりべら

脚本／渋谷 勲　画／福田庄助
童心社　1984年　12枚（6分）

笑い話　お尻　しゃもじ　おなら

お調子もんの兄さは、正月に夢で見た「しりなりべら」を拾《ひろ》いました。それは赤い方でなでるとお尻が鳴り出し、黒い方でなでると鳴り止む不思議なしゃもじ。兄さは町に出て長者様の娘のお尻を赤い方でなでます。すると、♪おっぽこ　ぽっぽこ　すってんてん、とお尻が鳴り出して…。わかりやすく笑いを呼ぶお話が、おならの奏《かな》でる歌でさらに弾《はず》みます。

動きのある絵は、キャラクターと表情がユーモラスでわかりやすい。②③④場面は、次の場面の冒頭の文を前の場面で読み、〈ゆっくり抜いて途中で止める〉工夫をすると、さらに面白くなります。おならの音に合わせて画面を上下に動かすなどの演出を入れてもよいでしょう。

しりやのめいじん

脚本／望月新三郎　画／金沢佑光
童心社　1984年　12枚（9分）

ほら話　笑い話　矢

百姓の若者が町に来て宿に泊まります。置いてあった矢をいじっていると、弾《はず》みで矢が飛び出し、隣の泥棒の尻を射抜いてしまいます。若者は「尻矢の名人」と評判になり、殿様からお声がかかり鴨《かも》狩りに連れて行かれます。若者は困ってどうにでもなれと、一度に三本の矢を放つと、すべて鴨を射抜いたうえ、池の魚まで串刺しにしてしまいます。若者はご褒美《ほうび》をもらい「おどろきもものき　さんしょの木」だったと。

心地よい語り口でゆったりと進むでっかいでっかいほら話です。絵は、勢いのよい筆さばきで過不足なく脚本を生かしています。のびのびと明るい雰囲気が魅力。

しろいしか

原作／江口文四郎　脚本／佐々木悦　画／岡野 和
童心社　1978年　12枚（10分）

鹿　狩人（猟師）　山形

昔、山寺にばんじという腕のいい狩人がいました。ある時白い鹿に出会い、追いつめ矢を放ちましたが、矢は折れ射止められませんでした。ばんじはいっそう闘志をかき立てられ、白い鹿を追い求めます。ある時、白い鹿を岩の前に追い詰め矢を放ちますが、矢は岩に突き刺さっただけでした。ばんじは、弓を捨て畑を耕して暮らすことにしました。

原作者・脚本家はともに山形童話の会同人。自然に対する畏敬の念を感じさせる作品です。

絵は素朴な神話的な存在の白い鹿を描き出しています。ばんじの大きな動きも十分に表現しています。急がずじっくり、しっとり力強く演じたい。

白旗をかかげて

作・絵／渡辺享子
汐文社　1994年　12枚（14分）
沖縄戦　ティンサグの歌　ぬちどう宝

1945年、沖縄にアメリカ軍が上陸し、姉弟の父は前線に向かいます。母子は戦火を逃れて避難壕《ごう》に入りますが、そこで見たのは住民を犠牲にする日本軍の非道な振る舞いでした。母は壕を出たところで撃たれ、姉弟は生き延びる道を探ります。アメリカ軍の「殺さない」の言葉を信じて、二人はシャツを白旗にして掲げ、海岸に向かって歩みます。

最終場面の、真紅《しんく》のハイビスカスを背景に海岸に立つ姉弟の姿は目に焼きつきます。母の愛唱歌『ティンサグのうた』（楽譜つき）と、父の残した言葉「ぬちどう宝」（命こそ宝）が通奏《つうそう》低音のように全編に響きます。

しんかんせんははやい

脚本／中川ひろたか　絵／和歌山静子
童心社　1998年　12枚（3分）
唱え言葉　参加型　しりとり歌

新幹線は速い、速いはツバメ、ツバメは黒い、黒いはピアノ、ピアノは重い、重いは象、象は丸い、丸いはお日様、お日様は赤い、赤いは東京タワー、タワーは高い、高いは雲、雲は軽い、軽いは風船、風船は丸い、丸いはキャンデー、キャンデーは甘い、甘いは砂糖、砂糖は白い、白いはそうめん、そうめんは細い、細いは蛇、蛇は長い、長いは新幹線、（初めに戻って）新幹線は速い、速いはツバメ、と、繰り返します。

太いはっきりした輪郭線を用いてのびのびと描かれた絵が楽しい。

「はーやいはやい／はやいは」という具合に、唱え言葉のようにリズムをつけて演じるとよいでしょう。調子に乗り過ぎないように。

すずのへいたい

原作／アンデルセン　脚本／水谷章三　画／夏目尚吾
童心社　1999年　16枚（10分）
アンデルセン　おもちゃ　恋　冒険

一本足の錫《すず》の兵隊は、片脚を上げている踊り子の人形に恋をします。びっくり箱の悪魔に憎まれた兵隊は、男の子に窓から落とされ、危険な目に遭《あ》った末、魚にのまれてしまいます。一目会いたい、と魚の腹の中で思っていると、急に明るくなって、そこは、元の家のまないたの上でした。兵隊と踊り子は見つめ合いますが、また男の子が兵隊を燃える暖炉《だんろ》へ放りました。その時風が吹いて、踊り子も暖炉へ飛び込みました。

次の日、火の消えた暖炉からハートの形の人形が出てきます。

いつも同じ顔の人形が、その時々に心を伝えるのは、陰影や水、火の描き方に工夫があるからでしょうか。ひたむきな恋を貫く兵隊の心を思って演じましょう。

すてきなおきゃくさん

脚本／あまんきみこ　画／アンヴィル奈宝子
童心社　2001年　12枚（6分）
初夏　女の子　子猫　ままごと

女の子が柿の木の下でおすしやスープを作るままごと遊びをしています。でも、お客さんの子猫はお昼寝中で、お料理を食べません。がっかりしていると、まだら模様の木陰の光から小さな光の子たちが現れて、お料理をおかわりするほど食べてくれます。女の子は、忙しくて目が回りそうです。

木の陰が長くなると、光の子たちはお礼を言って、夕空に吸い込まれていきました。そして、目が覚《さ》めた子猫に「今、すてきなお客さんが来て楽しかったよ」と話します。

たくさんいる光の子たちのセリフは、やや高音で早口気味に言うと、大勢いる感じが出ます。

すてきなおにいさん

脚本／古山広子　絵／藤本四郎
童心社　2000年　12枚（6分）
車椅子　思いやり　勇気　クリスマス

クリスマスの日、たつや君がお母さんと一緒に、お婆ちゃんの家に出かける途中のことでした。踏切で、車椅子に乗った男の人がなかなか進めなくて、困っていることに気がつきます。すると、茶髪のお兄さんがさりげなく車椅子を押していきました。たつや君の目にお兄さんはかっこよく映りました。

第39回五山賞審査委員会推薦作品となりました。思いやりや勇気を出すことの大切さが伝わってくる作品です。ただ、お兄さんが車椅子を押す際に、黙ったままであったという点が惜しいと言わざるを得ません。実際に演じる時には「押します」と、ひとことセリフを入れるといいと思います。

すてきなおんがくかい

作・画／古味正康
教育画劇　1991年　12枚（10分）
初夏　ゲンジボタル　蛙　音楽会

夏の夜、ゲンジボタルのポーさんが、チーカ　チーカと、お尻に明かりをつけて飛んでいました。川岸の草で、おいしい露を飲んでいると、蛙《カエル》のおばさんに「いいところへ来てくれたわ。このあたりを照らしてくださいな。首飾りを落としちゃったの」と頼まれました。

首飾りは今夜の音楽会用アクセサリーです。ポーさんと仲間がやっと探し出しますと、音楽会に招待されました。

ホタルと蛙が交流する意外な話が面白い。蛙のおばさんの歌が始まると、数えきれないほどのホタルが飛んで来て舞台が明るくなるラストシーンに、ＢＧＭを加えると、季節感あふれる初夏の夜のページェントが楽しめそうです。

すてきなしっぽがほしいなぁ

作・画／尾崎曜子
教育画劇　1995年　8枚（3分）
狐　しっぽ　父と子

子狐のちょんちょんは自分の小さなしっぽが嫌で、すてきなしっぽが欲しいと思っています。子馬に出会い、すてきなしっぽだと思って馬の背に乗ってよく見てみますが、自分には何だか変だと思います。次に猿のしっぽがすてきだと思いますが、細いしっぽは何だか変です。

歩いていくと、すてきなふさふさしたしっぽのパパと会います。「大きくなったらこうなるよ」と言われて喜びます。

はじけるような絵のタッチが、子狐の世界をよく表現しています。色の使い方が豊かで、紫を基調にして森や草原を美しく描いています。子狐が他の動物のしっぽを間近に見て、変かなぁ？　と思うところでゆっくり演じると、観客の共感を呼べるようです。

せかい一大きなケーキ

作／古田足日　画／田畑精一
童心社　1969年　12枚（7分）
ケーキ　兄弟姉妹　誕生日

ひろ子のきょうだいは、高校生の姉から赤ん坊まで12人もいます。誕生日にはケーキの取りっこで大騒ぎになるので、母さんはもうケーキは買わないと言います。子どもたちは紙や箱で大きなケーキを作ってろうそくを立てます。みんなが寝静まると、ケーキのろうそくに火が点《とも》り甘く匂います。目が覚《さ》めて、子どもたちが食べようとするとケーキはどんどん大きくなり、気がつくと公園でケーキを囲んでいます。町中の人々も集まり、ケーキを食べて踊ります。

子どもが生き生きしている絵です。現実の世界は橙色、ファンタジーは緑、と背景を変えています。部屋の壁がパッと消えて公園へ移る時は〈少しずつ抜き〉、驚きの時間をたっぷり取りましょう。

せみがおとなになるとき

脚本／川崎大治　画／徳田徳志芸
童心社　1978年　12枚（7分）
セミ　成長　生態

セミの子は、外へ出て大人になる夜、土のおじさんや木の根のおばさんに、長い間世話になったお礼を言います。月に見守られながら木に登り、殻《から》を脱いで大人のセミになります。森に朝が来るとセミは新しい羽を広げて飛び立ち、仲間のいる森へ向かいますが、クモの巣に捕われ、食べられそうになります。通りがかった少年に助けられて、セミは新しい世界へ飛び立つことができました。

単純な線で描かれていますが、熟練のデッサン力に裏打ちされた表現なので、親しみやすい画面になっています。クモに迫られたセミ、冷酷に見えるクモ、新しい世界へ飛び立つセミ、各々の気持ちを大切に演じたい。

セロひきのゴーシュ

原作／宮沢賢治　脚本／堀尾青史　画／池田仙三郎
童心社　1966年　16枚（15分）

宮沢賢治　チェロ　動物

お話は、音楽会で演奏する第六交響楽の稽古の場面から始まります。ゴーシュはセロの担当ですが、決して上手ではありません。その晩、ゴーシュの家に猫がやって来ます。次の晩は、カッコウ、さらにその翌晩は子狸、最後は野ネズミの親子でした。動物たちとともに、ゴーシュはセロを弾《ひ》きました。こうして音楽会を迎えますが、上手に弾くことができるようになっていたのです。

動物たちと接しているうちに次第にゴーシュが変わって行く様子、それぞれの動物の大きさ・性格の違いなどを、ていねいに演じたいですね。⑯場面の動物たちのお礼のセリフは、気持ちを込めて。

せんとくのおかね

脚本／佐々木悦　画／箕田源二郎
童心社　1995年　12枚（8分）

小判　お坊さん　定め

「せんとくの金」と書かれた小判入りの財布を見つけた旅の僧は、老人が枯れ葉とともに財布を籠《かご》に入れるのを見て、老人の物だと思います。その晩僧は老人の家に泊めてもらい、せんとくと名づけられた孫が生まれたことを知ります。老人は僧の財布だと思い、僧が帰る時返しますが、僧は違うと受け取りません。そこで老人は片方に小判を入れた握り飯を二つ持たせます。山中で会った若者に握り飯を一つあげるとそれは小判の入った方で、その若者がせんとくの父親だったので小判はせんとくに渡ったという話。

味わいのある奥深い絵。旅の僧が若者と出会うところは、行きつ戻りつの小判が落ち着く場面なので、余韻を含ませて演じましょう。山形の昔話より。

ぞうちゃんのおかし

作／武鹿悦子　画／土田義晴
教育画劇　2000年　8枚（3分）

ビスケット　象　分け合い

大きな象ちゃんは、大きなお菓子を手ににっこり。熊ちゃんが「おいしそう」と言うと半分くれました。熊ちゃんは兎《ウサギ》ちゃんに半分あげ、兎ちゃんはネズミちゃんにと、半分ずつわけていきます。

大きな象から小さなネズミまで、お菓子を体の大きさに応じて分け合う様子が、リズミカルに展開していきます。「おいしそう」「○ちゃん食べる？」のセリフが心地よく繰り返されます。

⑤場面くらいまで進むと、次はどうなるかと期待感が高まるので、〈ゆっくり抜き〉、⑧場面の幸せなみんなの表情は特にじっくり見せてあげましょう。丸くふんわり描かれた動物たちが幼い子とお母さんを優しい気持ちにします。

ゾウとネズミ

脚本／イチンノロブ・ガンバートル　絵／バーサンスレン・ボロルマー　訳／津田紀子
童心社　2013年　12枚（7分）
象　ネズミ

いばりんぼのゾウがネズミたちのところに来ました。そして突然、鼻から水をはき出して、ネズミたちの家を水びたしにしてしまったのです。ネズミたちが慌てふためくのを見て、ゾウは面白くなり、毎日のように、このいたずらを続けます。一匹のネズミが「ゾウと戦おう。いい考えがある」。勇敢なネズミは、水飲み場でゾウが水を飲み始めると、鼻からお腹に潜り込んで大暴れ。ゾウはたまらず…。

　ゾウは優しく子どもの友だちです。ところがこのゾウは見るからに意地悪な目つきで、猛々《たけだけ》しい。モンゴルの若い作家は、弱いもの、小さいものが強いものに挑む昔話を美しい絵本にしてきました。紙芝居や絵本で、モンゴルという国が身近になりました。

そりのうえのちいさいおうち

脚本／古山広子　画／中村有希
童心社　1999年　12枚（7分）
クリスマス　サンタクロース　てんとう虫

プレゼントを積んで空を飛ぶサンタのそりの上に、なぜか小さな家がありました。町で贈り物を配り終えると、サンタは森へ行き、動物たちへの贈り物を木に下げます。一本の木の幹に小さな穴があり、小さいサンタが家から現れて穴に入って行き、てんとう虫が冬ごもりしているかたわらに贈り物を置きました。二人のサンタは、次の森へ向かいます。

　クレヨン画の素朴で暖かいタッチがお話とよく合って心地よく、サンタが家に呼びかけるセリフの後に少し〈間《ま》〉をおいて、期待を持たせましょう。てんとう虫が寝たふりをしている場面は、声のトーンを少し落として虫たちの心の内を語るようにしたい。

ぞろぞろ

脚本／三遊亭圓窓　画／渡辺享子
汐文社　2002年　14枚（10分）
落語　稲荷神社　茶店　わらじ

江戸は浅草、小さなお稲荷《いなり》さんのそばに老夫婦がやっているさびれた茶店。お爺《じい》さんが散歩に出たら、お稲荷さんののぼりが落ちていたので届けると、その御《ご》利益《りやく》なのか、茶店には客が入り、売れ残りのわらじが売れました。しかも、売れたはずのわらじが、ぞろぞろと天井からぶら下がっているというので評判に。

　茶店の繁盛《はんじょう》にあやかりたいと、床屋《とこや》の親方もお稲荷さんにお参りしますが、床屋のぞろぞろは…。圓窓の十八番を自ら脚本にした珍しい作品です。

　落語のテンポのよい語り口で演じたいですね。最後の場面に移る時には、〈間《ま》〉をとって「ゾロゾローッ」といきましょう。大人が楽しめる作品です。

（そんごくう）

そんごくう
金角銀角のまき　前・後編

原作／呉 承恩　脚本／上地ちづ子　画／夏目尚吾
童心社　1995年　前後編各16枚（前後編20分）

中国　冒険　魔物

孫悟空一行が天竺《てんじく》へ向かう途中、「この奥へ入るな　金角大王」という立て札のある山道を進むと老人が倒れていました。三蔵法師の命令で悟空は老人を背負いますが、銀角大王が化けていたのです。金角は悟空を岩山の下敷きにし、三蔵法師をさらってしまいます。ようやく岩山から抜け出て金角を組み伏せ、意気揚々の悟空。今度は魔法のひょうたんに吸われ閉じ込められ…。

知恵と妖術の掛け合いが次々繰り出されます。

リズム良い脚本を生かすように、軽快にテンポよく演じたい。時にはオーバ気味に演じてもいいでしょう。

そんごくう
火炎山をこえるのまき　前・後編

原作／呉 承恩　脚本／上地ちづ子　画／夏目尚吾
童心社　1992年　前後編各16枚（前後編20分）

一行の行く手を阻《はば》むのは火の山です。羅刹女が持つ芭蕉扇で火を消さなければ、前に進めません。

そんごくう
たびだちのまき　前・後編

原作／呉 承恩　脚本／上地ちづ子　画／夏目尚吾
童心社　1993年　前後編各16枚（前後編20分）

山が割れて生まれた石猿は修業をつみ、変幻の術を得ます。お釈迦様に諭《さと》されて三蔵法師のお供をして天竺《てんじく》に旅立ちます。

そんごくう
たびのおわりのまき　前・後編

原作／呉 承恩　脚本／上地ちづ子　画／夏目尚吾
童心社　1995年　16枚（10分）

一行はとうとう天竺《てんじく》に着きますが、そこでも妖怪たちとの対決が…。神の助けでたくさんの経を入手し、都の長安へ。

そんごくう

紙芝居の前身である「立版古」では孫悟空がよく演じられていました。西遊記は波乱万丈、奇想天外、つきることのない物語です。でも本で読むのは、見なれない地名、名前、妖怪などがぞろぞろ…、大人でもたじろぐでしょう。

子どもも大人も楽しめるこのお話は、淡々と読んだのでは面白さが半減です。演じる方も興にのってやりましょう。絵もコミカルなキャラクターと、ドラマチックな筋立てをうまくつかんで、お話を盛り立てます。「この続きはまた明日」と連続活劇を楽しみましょう。

だいくとねこ

文／新井悦子　絵／堀川 波
教育画劇　2012年　12枚（6分）
昔話　猫　家族

昔、北風の吹く寒い日に、子猫が震えて鳴いていました。大工のさきちは猫を「みけ」と名づけ、一緒に暮らし始めます。ある日、さきちは仕事中に倒れ、失明してしまいます。みけは、眠るさきちの両目を来る日も来る日もなめ続けました。やがて春が来て、外のにぎやかな声に誘われ、さきちが扉を開くと、目に光が差し込み、きれいな桜が見えました。喜んださきちが、みけを抱き上げると、みけは失明していたのです。さきちとみけは、それからも互いを思い合う家族として仲良く暮らしたのでした。

　明るく愛らしい絵とともに家族の絆の強さが伝わる作品。幼児から高齢者まで楽しめます。

だいこんのとこやさん

原作／村山籌子　脚色／堀尾青史　画／瀬名恵子
童心社　1977年　①8枚、②4枚（①3分、②2分）
大根　玉ねぎ　床屋

第1話『だいこんのとこやさん』。床《とこ》屋《や》のお父さんに頼み、大根坊やは玉ねぎ坊やを散髪してもらいます。どんどん切っていったら丸坊主。信用を落として客が来なくなった床屋さん。でも1か月たったらめでたく…。

　第2話『もしもあめのかわりに』。脚本が2本あります。上段は原詩にそって短く、「もしも　もしも　もしも　雨のかわりに　犬だの　猫だの　ネズミだのが　降ってきたら」。下段は語り言葉で「みんな雨が好きよね。新しいカサさして、雨靴はいて…」と。その日の気分で、どちらかを自由に演じてみてください。明るい色彩の貼り絵が楽しさを出しています。子どもたちに演じさせてもよいでしょう。

太陽のかみのけ　前・後編

脚本／水谷章三　画／藤田勝治
童心社　1996年　前後編各12枚（前後編13分）
奄美大島　太陽　王

（前編）炭焼きの家の赤ん坊は「王になる」と予言されます。噂《うわさ》を聞いた王は赤ん坊を川に流して殺そうとしますが、漁師に拾《ひろ》われ、サカネと名づけられて成長します。王はそれを知り、殺せという手紙を持たせてサカネを城へ向かわせます。途中、予言者が手紙を書き換えたのでサカネは救われます。王は「太陽の髪の毛を取って来い」と命じます。

（後編）予言者の助言に従い、サカネは太陽の眠る前に毛を抜き、老人たちの頼み事も解決して城へ戻ります。王は宿命で船頭にされ、サカネは立派な王になります。奄美大島の昔話です。

　見応えのある絵で、太陽とともに眠るサカネの場面など印象的。サカネと太陽との対話は、演じる醍醐味を楽しめます。

太陽はどこからでるの

脚本・画／チョン・ヒエウ　企画／ベトナムの紙芝居の普及を支援する会
童心社　1996年　12枚（6分）

ベトナム　動物　太陽

「ベトナムの紙芝居の普及を支援する会」が企画して出版されたもので、ベトナム人による作品。

太陽が昇り、その光を浴びながら、動物たちがおしゃべりをしています。突然、猿が言いました。「太陽はどこから出て来るんだろう」。するとカニは「海から」、鹿は「山の向こうから」、猿は「木の上から」。さてさて太陽はいったいどこから出て来るのでしょう。

物知りのフクロウに聞いてもわかりません。そして、ニワトリのところに行くと、やっと納得するのです。「太陽は東から出るんだ」。

動物たちの特徴が伝わるように演じ分けたいですね。

第35回五山賞・奨励賞受賞。

たなばたものがたり

脚本／北田 伸　画／三谷靭彦
童心社　1980年　12枚（7分）

中国　七夕　由来譚　星

昔むかしの中国の話です。天の川の両岸で牛飼いの彦星と織姫が暮らしています。

天の神様が二人を夫婦（めおと）にしますが、遊んでばかりで働かなくなってしまったのを怒り、両岸に引離し、一生懸命働くならと7月7日だけ会うことを許します。しかし、その日は大雨、天の川は渡れません。そこへカササギが翼を連ねて長い橋をかけて渡してくれます。

七夕《たなばた》の由来が簡潔な言葉で語られていて、染め紙と切り紙で構成された画は美しく遠目《とおめ》がききます。大人数で見る七夕行事などで演じるのにもぴったりです。

小学生は、星座にも興味を持ちます。夏の星座を調べておくといいでしょう。

第19回五山賞・画家賞受賞。

たぬきときつねのつきみだんご

作／林原玉枝　画／津田直美
教育画劇　1982年　12枚（7分）

お月見　狸と狐　化ける　お団子　友情

十五夜の晩です。ぽんぽこ山の狸の家に狐が来て、ふもとの家に供《そな》えてある月見団子を食べに行こうと誘います。狸はためらいますが、兎《ウサギ》に化ければ月見団子を食べられるから化けて行こうと狐にたたみかけられ、二匹で兎に化けてふもとの家へ行きます。月見団子を食べているうちにしっぽがにょっきり。けんちゃんとお父さんに見つかり慌てて山へ逃げ帰ります。二匹はしっぽを見て大笑い。山の中で、二匹の楽しい月見は続きます。

狸の描き方が実にいい。月の光に照らされた雲や山も美しい。縁側の影の変化にも注目したい。演じる時は、化ける時の呪文《じゅもん》のセリフを少しおどけ気味に、そして真面目に言ってみましょう。

たぬきのてがみ

脚本／宮﨑二美枝　絵／長谷川知子
童心社　2003年　12枚（7分）
郵便　狸　お婆さん　鏡文字

山のふもとに郵便ポストがあります。ここに手紙を入れるのは、お婆《ばあ》さん一人だけです。郵便屋さんは「このポストもそろそろお払い箱だなあ」と。

それを聞いた狸は、寂しくなります。使う人が多ければいいのだと思い、柿の葉で手紙を作ってはポストに入れます。でも何も書いていない葉っぱは、かえって郵便屋さんを怒らせてしまいます。今度は、お婆さんに字を習い手紙を書きます。「ポストをなくさないで」と。

狸の思いつきと失敗が愛らしく、次はどうなるかと期待がふくらみます。狸の書いた鏡文字を観客と一緒に読み解くのも楽しい演じ方です。滑《なめ》らかな語り口とメリハリのきいた絵が楽しい。

たのきゅう

脚本／渋谷 勲　画／藤田勝治
童心社　1982年　16枚（12分）
うわばみ　知恵　化ける　落語

変わった名前を持つ旅役者のたのきゅうが、母親や村人を苦しめるうわばみを退散させる痛快な話です。力ではかないそうにもない役者ですが、仕事でつちかった七変化のテクニックと知恵で、まんまと恐ろしいうわばみをだまし、弱点を聞きだします。

七変化の⑦⑧⑨場面は、演じ手自身が旅役者になったつもりで熱演すると、観客に喜んでもらえます。たのきゅうにだまされたと知ったうわばみが迫り来る⑭⑮場面は、演じ手もテンションが上がり力の入るところ。迫力満点で演じてみましょう。怖い場面も、ひょうきんで面白い場面も、絵が表現豊かで遠目《とおめ》もききます。広い会場でも演じることができます。小学生や高齢者施設で喜ばれます。

たのしいおしょうがつ

作／高木あきこ　画／勝又 進
教育画劇　2000年　12枚（6分）
正月　凧あげ　はねつき　お餅　門松

初詣に来ていた男の子が「神様なんているのかなー」。それを聞きつけた神様の子カーミは、本当にいることを見せたくて男の子の家に行きます。お餅のいいにおい！　ついつい、焼きたてを失敬《しっけい》してしまいました。そして姿を現すと、姉弟とすっかり仲良くなり、羽つきや凧上げを楽しみます。

昔の行事の風習がすたれても、お正月の風習は比較的残っています。カーミを狂言回しに、門松や、羽つきや凧の意味や由来を説明します。解説コラム（田口俊雄）には国旗掲揚と書いてありますが、脚本にも画面にも国旗はなく、のんびりのどかで楽しいお正月。

たべられたやまんば

脚本／松谷みよ子　画／二俣英五郎
童心社　1970年　16枚（9分）

昔話　3枚のお札　山姥　小僧　和尚

お寺の小僧が山で一人のお婆《ばあ》さんに出会います。お婆さんが遊びに来いと言うので、小僧は出かけようとしますが、和尚《おしょう》さんは、山姥《やまんば》だから行くなと止めます。それでも行きたいと言う小僧に、和尚さんは三枚のお札を渡します。

やはりお婆さんは山姥でした。小僧はお札の力を借りて逃げ出しますが、どこまでも山姥は追いかけてきます。大きな川や砂山が現れても平気です。とうとうお寺にやって来ました。和尚さんは山姥を迎え入れ、豆に化けさせます。そして、ぱくり。

テンポのよい脚本とユーモラスな絵とで、生き生きとしたドラマが展開します。

第10回五山賞絵画賞受賞。

たまごがころべば

脚本／中川ひろたか　画／和歌山静子
童心社　1996年　12枚（5分）

終わらない話　卵　大人数

坂道で雌鶏《めんどり》が卵を産んだら、卵はころころ転がって、昼寝しているゴリラの頭にゴツン。ゴリラは何事かと胸を叩《たた》いて駆け出します。それに驚いた森のカラスが群れで飛び空は真っ黒になり、夜が来たかと思って月が出てきます。カラスが飛び去ると、空は明るくなり朝かと勘違いした雄鶏《おんどり》がコケコッコーと鳴き、雌鶏は坂道で卵を産むのです。また卵が転がりゴリラへゴツンと、終わりなく続いていく紙芝居です。

セリフは歌です。歌をしっかり覚えて演じることです。子どもの表情を見ながら演じましょう。話の展開と絵が合うように〈抜く〉速度とタイミングを工夫するとよいでしょう。大きい絵です。大人数の子どもが集まる場所にぴったり。

だるまさんがころんだ

脚本・絵／福田岩緒
童心社　2007年　12枚（5分）

遊び　猫　参加型

すずちゃんが一人で遊んでいました。「だるまさんが転んだ！」。そこへ通りかかった猫さんが「猫さんが転んだ！」と言われて「ムニャ」と転びます。次々に豚さん・牛さん・アヒルさんも転びます。最後にすずちゃんも「あれー」と転び、みんな大喜び。

参加型の楽しい紙芝居で、子どもになじみのある遊びです。すずちゃんの絵がだんだん大きくなっていくので、声も大きくしていきましょう。

「子どもたちに呼びかけ、声を合わせて…」と演出ノートにもありますが、3～4歳児は自分も一緒になって、「ムニャ！」、「ブヒッ！」、「モオゥ！」、「ガアッ！」とひっくり返ってしまいました。

だれかさんてだあれ

脚本／香山美子　画／安 和子
童心社　1988年　12枚（7分）
豚　パン

豚のお母さんが、お料理の本を見ながらパンを作りました。すると、家族の分の他に「だれかさん」の分ができてしまいます。さて、その「だれかさん」とはいったい誰なのでしょう。豚の一家は「だれかさん」を探しにパンを持って散歩に出かけるのです。

初めにリスに会います。「パンはいかが」と差し出すと、リスはおいしそうに食べました。リスが食べこぼしたパンくずを小鳥が、小鳥が残したものをアリが嬉しそうに運んでいきます。

登場する動物たちがリアルに、しかし温かく描かれていて、特に豚の一家はその顔も手も足も本物の豚そのままですが、とても魅力的です。

第27回五山賞受賞。

タンキョー　マリア・ルス号ものがたり

文／若山甲介　絵／笹尾としかず
神奈川県　2009年　12枚（9分）
大江卓　県知事　人身売買　国際法廷

１８７２年、横浜港に停泊していたペルー船籍マリア・ルス号から中国人が身を投じました。救助した英国から明治政府に、この船が奴隷運搬船の疑いがあると、調査を依頼して来ます。神奈川県知事の大江は中国人２３０人の身柄を引き受けて裁判を開き、判決により、中国人は自由の身となりました。

開国間もない明治の史実を緊迫した裁判劇にしています。神奈川県が郷土資料として制作、右手和子のコメント付き。

全国で地域の紙芝居作りが広がっています。また、印刷せずオリジナルの手作り紙芝居も、迫力や親しみやすさを生かして、学校や公民館や図書館で演じられています。新しい紙芝居の動きです。

だんごとじぞう

編集／日本仏教保育協会　脚本／諸橋精光　画／夏目尚吾
すずき出版　1997年　16枚（7分）
お彼岸　お団子　地蔵　鬼

昔むかし。爺《じい》様と婆《ばあ》様が、お彼岸《ひがん》の団子を作っていると、団子が一つ転がって穴に落ちていきました。追いかけた爺様が穴に入ると、そこには地蔵様がいて、鬼が現れたらニワトリの鳴き真似をするようにと言うのです。

さて、言われたとおりにすると、鬼たちは小判を置いて逃げていきました。小判を持ち帰った爺様を見て、隣の爺様も団子を転がしていくのですが、鬼に見つかり、散々な目に遭《あ》います。

「ストンと穴に落ちる」で〈抜く〉、「コケコッコー」の声とともに〈さっと抜く〉、といった抜き方をしてみると効果的です。また、隣の婆様と爺様は、いかにも欲張りな感じを出しましょう。

（ちいさいモモちゃんシリーズ）

モモちゃんがあかちゃんだったとき

脚本／松谷みよ子　画／鈴木未央子
童心社　1968年　12枚（6分）
春　赤ちゃん　誕生　おっぱい

　ネムの花が咲く昼下がり、モモちゃんは生まれました。ママと並んで眠っていると、トントンと戸を叩《たた》く音。カレーライスでお祝いしようとジャガイモ・人参・玉ネギがやって来た。次にチューインガム、そしてソフトクリームも！　ママは言います。「ありがとう。でもね、まだ食べられないのよ」。モモちゃんはママの目をじっと見つめながら大好きなおっぱいをゴックン、ゴックン。

　子どもたちは、赤ちゃんだった時のお話を聞くのが大好き。優しく語りかけるように演じると、ぬくもりが伝わります。

モモちゃんのおみせやさん

脚本／松谷みよ子　画／鈴木未央子
童心社　1969年　12枚（6分）
お店屋さんごっこ　赤ちゃん

　お店屋さんごっこをしていたモモちゃんは、赤ちゃんを見て欲しくなります。でも赤ちゃんはどこにも売っていません。

あめこんこん

脚本／松谷みよ子　画／鈴木未央子
童心社　1970年　12枚（6分）
雨降りごっこ　カサと長靴　カタツムリ

　新しい長靴とカサに喜んで雨降りごっこをしていたら、蛙《カエル》・カタツムリが仲間に入り…。

はのいたいモモちゃん

脚本／松谷みよ子　画／鈴木未央子
童心社　1972年　12枚（6分）
猫　虫歯　歯医者

　猫のプーの歯が抜けました。今度はモモちゃんの歯が痛くなり、歯医者さんに行きますが、モモちゃんは泣きません。

モモちゃんとかた目のプー

脚本／松谷みよ子　画／鈴木未央子
童心社　1990年　12枚（6分）
猫　お医者さんごっこ　目薬

　プーの片目がふさがっています。モモちゃんはお医者さんになって、目薬をつけてあげようとするのですが…。

ちゅうしゃにいったモモちゃん

脚本／松谷みよ子　画／鈴木未央子
童心社　1990年　12枚（6分）
水ぼうそう

「大きいんだもん。お姉ちゃんだもん」の歌に励まされて注射にも泣かなかったのに、ご褒美《ほうび》のガムで泣き出した訳は？

ちいさいモモちゃんシリーズ

幼年童話を作者が紙芝居化。子どものごっこ遊びから発展する話は、子どもたちが自分の行動として受け止め、楽しめるでしょう。子どもは、赤ちゃんだった頃や少し前のお話を聞くのが大好き。このシリーズの作品の多くは、劇的に「演じる」より、ゆったりと語りかけるつもりでお話を手渡すのに向いています。モモちゃんが口ずさむ「雨こんこん降ってるもん」「大きいもん、お姉ちゃんだもん」などは、自然のメロディーとリズムで歌うように演じましょう。

幼年童話『ちいさいモモちゃん』は低学年の子に歓迎されています。紙芝居は年中・年長さんたちにもぴったりです。

だんごむしのころちゃん

脚本／高家博成　画／仲川道子
童心社　1997年　12枚（6分）
昆虫　ダンゴムシ　脱皮

石の下の湿って暗いところが、ころちゃんの家です。ころちゃんのご馳走《ちそう》は、湿った落ち葉です。落ち葉をたくさん食べて、やがて、ころちゃんにも独り立ちの時が来ました。「敵に会ったら丸くなるんですよ」とお母さんに送られて、ころちゃんは元気よく出かけます。

ころちゃんはアリやカマキリやミミズに出会ってびっくりしたり、ハラハラしたりしますが、モグラに食べられそうになった時は大変でした。でもセミの子どもに助けられてひと安心です。

子どもたちに身近な小さな虫が表情豊かに描かれ、人気があります。幼虫の色や脱皮のことなど、大人にもその生態が興味深く感じられます。

ちいさなおばけ

作・画／瀬名恵子
教育画劇　1980年　8枚（3分）
兎　おばけ　お団子　十五夜

森の中で兎《ウサギ》ちゃんが「あーんあーんママがいないよー」。おばけちゃんが慰めても泣きやみません。今夜は十五夜。そこで兎ちゃんを喜ばせようとお団子に化けたおばけちゃん。⑥場面、お団子をちょっとかじってみた兎ちゃん。⑦場面、「いたいよー〈間《ま》〉うさぎちゃんがかじったー　あーんあーん」。⑧場面、ススキ、三宝、お団子とお月見の道具が揃い、ママも帰って来ました。「おばけちゃんも泣くのをやめてみんな仲良くお月見をしました」。

満月と美しい藍色の空を背景に、白い切り絵のおばけと兎がくっきりと映えます。八場面で短いが、その中に笑いがあり、涙あり、起承転結があります。

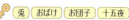

（ちいさいモモちゃんシリーズ2）

ちいさいモモちゃん　よるですよう

脚本／松谷みよ子　絵／つちだよしはる
童心社　1989年　12枚（5分）

留守番を頼まれたモモちゃんと猫のプーは「夜ごっこ」。カーテンを閉めて「夜、夜、来い」と唱えると、あたりが暗くなって魔女が現れ、ほうきに乗って飛び回ります。ほうきの先から火花が飛び散り、とうとうプーのしっぽに火がついて、モモちゃんは魔女を叩《たた》き落とそうと大奮闘。

前シリーズより少しお姉さんになったモモちゃんですが、土田義晴の絵はふんわりと愛らしさが強くなっています。

三つになったモモちゃん

脚本／松谷みよ子　絵／つちだよしはる
童心社　1991年　12枚（5分）

「もう赤ちゃんじゃないもん」とミルクびん・ガラガラ・おしゃぶりなどを誰かにあげようと乳母車に乗せて…。

モモちゃんどうぶつえんへいく

脚本／松谷みよ子　絵／土田義晴
童心社　1993年　12枚（7分）

モモちゃんとこうちゃんは動物園ごっこでライオンたちと遊ぼうと、柵を開けました。お腹のすいた猛獣たちは…。

モモちゃんちにきたぞうさん

脚本／松谷みよ子　絵／土田義晴
童心社　1995年　12枚（5分）

子どもの象さんがモモちゃんの家に来て、大事なお人形を持って帰ってしまいました。

モモちゃん「あかちゃんのうち」へ

原作／松谷みよ子　脚本／相星真由美　絵／土田義晴
童心社　1997年　12枚（6分）

この作品は、作者自らの脚本ではなく、若い作家が脚色しています。お姉ちゃんになって、保育園に行くモモちゃん。

ちいさなきかんしゃ

作／池田善郎　画／津田光郎
童心社　1972年　12枚（10分）
蒸気機関車　冬　荷物　救助

ヒョーン、シュッ、シュッ、小さな機関車コッペルは、元気に汽笛を鳴らして、朝から晩まで山から町へ材木を運んでいましたが、運びきれません。すると、ボオーッ、ドッ、ドッ、大きな機関車ダブスンがやって来たので、コッペルの仕事はなくなります。ところが、吹雪の日、ダブスンの車輪は凍ったレールの上で空回りして、今にも谷へ落ちそうです。コッペルは救助に向かいます。

子どもたちは乗り物が大好きです。コッペルやダブスンが生き物のように蒸気を吐《は》きながら走る様子を、ぜひ心込めて演じてください。幼い子どもたちにも、SLの魅力がわかるでしょう。乗り物の特徴をよくとらえ迫力があります。

第11回五山賞・画家賞受賞。

ちからたろう

脚本／川崎大治　画／滝平二郎
童心社　1969年　16枚（10分）
昔話　英雄　化け物

爺《じい》様が山で大きな栗を拾《ひろ》って来ます。婆《ばあ》様がその栗を手にすると、なんと赤ん坊が生まれます。二人は喜び、その子にちからたろうと名前をつけました。ちからたろうは十五年もの年月を経て、立派な若者となります。そうして力比べの旅へ出かけます。初めに出会ったのは、みどっこたろう、次には石っこたろう。三人は娘をさらいに来るという黒雲山の化け物を退治するのです。

ちからたろうが、爺様と婆様の垢《あか》を丸めてできるというお話もあるのですが、この作品では栗から生まれます。遠目《とおめ》がきいた、はっきり・くっきりとした絵は力強く、闘う場面が多いので、ダイナミックに演じてみましょう。

父のかお母のかお

脚本／ときわひろみ　絵／渡辺享子　監修／遠山昭雄
雲母書房　2010年　12枚（10分）
戦争　ラジオ　顔　姉弟　孤児

戦争で家も両親も失い、東北の山奥の祖母の家で生きる十六歳の和子と七歳の昭一の姉弟。祖母も亡くなり、二人で暮らしています。ある日、昭一は、山で迷っていた復員兵を連れて来ます。

ラジオの「尋ね人の時間」や、「ニュース」で復員兵による詐欺事件を聞いていた和子は、眉をひそめますが、納屋に泊めることにします。夕食の時、父や母の顔の話になりました。翌朝、納屋に兵隊さんの姿はなく、手紙と父と母の顔が書かれた二枚の絵が残されていました。

ラジオの「尋ね人の時間」、また画面からも時代背景がわかり、高齢者にとっては懐かしいことでしょう。子どもに演じる場合は、事前の説明が必要です。静かにゆっくり演じましょう。

チポリーノのぼうけん 前・後編

原作／ジャンニ・ロダーリ　脚本／木村次郎　画／岡本武紫
童心社　1970年　前後編各12枚（前後編19分）

野菜　果物　冒険　イタリア

野菜や果物たちが大活躍のお話。主人公は、玉ねぎの男の子チポリーノ。

レモン大公の行列を見に行ったチポリーノのお父さん。うっかり大公の足を踏んでしまったために牢屋《ろうや》に入れられてしまいます。横暴なのは大公だけではありませんでした。家来のトマト騎士も村人をよくいじめていました。このトマト騎士によって村人もチポリーノも捕まってしまいます。ああ、チポリーノの運命やいかに。ここまでが前編です。

知恵と勇気と友情で、チポリーノがレモン大公とトマト騎士をやっつけ、お父さんたちをどう助けるかは後編のお楽しみ。テンポのよい脚本と、ユーモラスでメリハリのきいた絵がぴったりです。

チャボのおとうさん

脚本／中川美穂子　絵／小林ひろみ
童心社　2000年　12枚（7分）

動物　チャボ　父

チャボのお父さんがなぜかそわそわしています。お母さんが卵を抱いていました。やがて、かわいいヒヨコが五羽生まれました。お父さんとお母さんは、ヒヨコたちを温かく見守りながら育てます。

ある時、一羽のヒヨコが犬におびえてしまい、帰って来られなくなりました。いくら呼んでもだめです。そこで、お父さんの出番です。お父さんは羽根を大きく広げ、犬をつつき、蹴飛ばし、ヒヨコをその胸に抱きました。

表情豊かで勢いのある独特のタッチの絵が印象的です。お父さんが犬に飛びかかっていく場面の絵は迫力満点です。抜きながら、同時に「どけよ！」と言うセリフにも力が入ろうというものです。

注文の多い料理店

原作／宮沢賢治　脚本／堀尾青史　画／北田卓史
童心社　1966年　16枚（14分）

宮沢賢治　山猫　料理店　紳士

東京から山村に猟《りょう》にやって来た二人の紳士が、道に迷いお腹をすかしていると、「山猫軒」という料理店がありました。大喜びで店に入ると、靴を脱げ、上衣を取れ、金物類をはずせ、など次々に注文が出され、ついにはクリームを塗り、酢をふりかけ、塩をもみ込めと言われギョッとなると、鍵《かぎ》穴の向こうに山猫の金色の目が…。自分たちが食べられてしまうのだとわかった二人は、あまりの怖さにガタガタ震え出します。犬の鳴き声と同時にどおっと風が吹き、料理店は跡形もなく消えてしまいました。

紙芝居の特性を生かした脚本と絵が、山猫の張り巡らしたあやかしの罠《わな》の怖さを鋭く描いていて、深みのある作品。

つきよのヤマネ

脚本／千世まゆ子　絵／ひろかわさえこ
童心社　2006年　8枚（4分）

ヤマネ　生態　食事

果物がおいしい季節です。小さな体のヤマネも果物は大好きです。ブルーベリーや自分の体ほどもあるスモモに、大きな大きなスイカまで。夜行性なので、明るい満月の夜は好物をたくさん食べられます。

さすがにスイカは少しかじったら「ふーっ。おなかいっぱい。ご馳走《ちそう》さま」。ヤマネは朝までゆっくり眠りにつきます。

七五調で、繰り返しが効果的な調子の良い文です。①⑧場面の美しい月の絵には初秋の涼風が流れ、月が雲に隠れる②④⑥場面はシルエットが浮かび、次への期待を誘います。

天然記念物のヤマネは写真絵本もたくさん出ています。ヤマネの大きさなどをしっかり調べてから演じましょう。

つばめのおやこ

脚本／国松俊英　画／駒井啓子
童心社　1982年　12枚（9分）

ツバメ　親子　生態

春になりました。雄《オス》と雌《メス》のツバメが、南の国から帰ってきました。土を集めて軒下に巣作りを始めました。産卵から子ツバメの成長と巣立ち、そして旅立ちまでをていねいにたどっています。猫に襲撃されて親鳥が撃退するところなどは、ドキドキさせたりドラマもあります。子ツバメが五羽正面を向いている姿ははっとさせるほどかわいく、愛情こもった写実的な絵の力です。

作者は、鳥の本をたくさん書いていて、ここでもツバメのことを詳しく解説しています。年長児には、解説も読んであげましょう。東南アジアと日本の間を長い旅をする鳥たちにさらに興味がわきます。昔話の『つばめのおんがえし』もあわせて演じてみるのもいいでしょう。

ツルかえる

原作／椋鳩十　脚本／小春久一郎　画／夏目尚吾
教育画劇　1991年　12枚（8分）

鶴　渡り　思いやり　別れ

鹿児島県の荒崎に住む兄弟は、冬の日、ケガをしている子鶴を家へ連れ帰ります。手当てをし、世話をするうちに、鶴は元気になりました。日が暖かくなってきたある朝、鶴が鋭く鳴きます。たくさんの鶴が、シベリアを目指し飛んでいます。子鶴は帰りたかったのです。

弟は子鶴との別れを嫌がりますが、兄に諭されて諦めます。そして、親鶴が迎えに来ると、子鶴は羽を伸ばし舞い上がりました。二人は親子鶴が小さくなるまで見送りました。

ほのぼのとした絵で、まな鶴の黒い翼の描き方は熟練の技です。鶴の幸せを願いつつ見送る兄弟の気持ちを静かに演じてください。

つるのおんがえし

文／岡上鈴江　画／輪島みなみ
教育画劇　1977年　16枚（11分）

昔話　冬　鶴　恩返し

お爺《じい》さんは雪の中で、罠《わな》にかかった鶴を助けます。その晩、美しい娘が、道に迷ったからと訪れ、そのまま家に置いてもらいます。ある日娘は機《はた》を織り始めます。「でも中をのぞかないでください」。娘の織り上げた見事な錦の評判は殿様にも伝わり、お爺さんたちは富を手に入れます。ある日、お婆《ばあ》さんは部屋をのぞいてしまいました。そこには鶴が自分の羽で布を織っている姿が…。

平易な文で語られる、哀しく美しいお話です。園児から高齢者まで幅広く歓迎されます。ゆっくりていねいに演じましょう。輪郭線を使わない淡い色彩の抒情的な絵は、大変美しく作品の雰囲気を出しているのですが、少し遠目《とおめ》がききません。

つんぶくだるま

作／鳥兎沼宏之　画／金沢佑光
童心社　1981年　12枚（10分）

春　だるま　いたずら

山寺のだるまさんが悪戯《いたずら》っ子たちの川遊びに持ち出されます。だるまさんは置き去られあてもなく川を下り、危うく海に出そうに…。老人に拾《ひろ》い上げられ大切に祭られることになりました。ある晩、夢のお告げがあり、老人はだるまさんを山寺に送り届けます。起伏ある脚本構成で②③場面、やんちゃ坊主たちは元気よく、③〜⑥場面、川下りの場は情景がうねるようなリズムで語られます。⑩⑪場面、帰って来ただるまさんを迎える人々の喜びを明るく表現しています。

絵は、穏やかな背景に人物やだるまさんの輪郭がはっきりして、メリハリがあります。立体感のある遠目《とおめ》がきく画面がドラマを盛り上げます。

第20回五山賞・画家賞受賞。

でっかいぞでっかいぞ

脚本／内田麟太郎　絵／田島征三
童心社　2004年　12枚（5分）

秋　リス　栗　うんち

リスは栗の実を見つけて「わっ、うまそうだ！　いただきまーす」と食べようとしました。でも、すぐに食べずに栗の木を育てることにしました。兎《ウサギ》や猿は、「今、食べちゃえ」と食べてしまいました。熊は「それはえらいぞ。三年の辛抱だ。いいものを置いていこう」とうんちの贈り物。「♪クマさんのうんちはでっかいうんち、…でっかいこやしはでっかいちから♪、どかーん！」と大きな栗の実が地面から飛び出してきました。

「ほら話」にふさわしい骨太で勢いのある元気な絵です。後半はぐんぐん勢いをつけて演じてみましょう。年齢を問わず喜んで見てくれるでしょう。

「桃栗三年、柿八年」のことわざを教えてあげるのもいいですね。

てつだいねこ

脚本／水谷章三　絵／大和田美鈴
童心社　2004年　12枚（8分）
猫　田植え　高齢

毎日のようにネズミをつかまえて、お爺《じい》さんとお婆《ばあ》さんを喜ばせていた猫のタマは年をとり、寝ているばかりです。

田植えの季節。村の若者たちが大勢手伝う中、見たことのないかわいい娘がきびきびと働いています。「娘に負けてはおれん」と、若者たちは張り切ります。田植えは早々と終わり、娘もいつの間にか消えていました。家に帰ると、泥の足跡の向こうにタマが寝ていました。娘になって手伝いにきたタマでしたが、化けたと知られ、いなくなってしまいます。

ニコニコ・ウットリ・ビックリなど登場人物の表情がとても豊かに描かれています。タマののんき顔・知らん顔・得意顔にも注目です!!

第43回五山賞受賞。

てぶくろ

脚本／堀尾青史　画／箕田美子
童心社　1979年　12枚（6分）
ウクライナ民話　冬　手袋　動物

雪の降り積もった森を、お爺《じい》さんが犬を連れて通り抜けています。手袋を片っぽう落としたのも気づかず、行ってしまいます。

「チュッ、チュッ、チュッ。うわあ、暖かそう。いいお家、見つけた」。ネズミが喜んで手袋へ入ります。

次には、蛙《カエル》。さらに、兎《ウサギ》・狐・狼・猪・熊までも、手袋に潜《もぐ》り込みます。

絵本などでお馴染《なじ》みのウクライナ民話の紙芝居化です。脚色者は「絵本の文章が短くて残念だったことと、展開の方法に紙芝居の技術を生かしたくて脚色を試みた」と記しています。動物たちの会話が示唆やユーモアにあふれています。

てぶくろをかいに

原作／新美南吉　脚本／堀尾青史　画／二俣英五郎
童心社　1994年　12枚（7分）
新美南吉　冬　狐　手袋

寒い冬。雪景色の中に狐の親子がいました。あんまり寒くて、子狐は手袋が欲しいとお母さんにねだります。お母さんは自分で買っておいでと、子狐の右手をこすって人間の手にしてくれました。

どきどきしながら、よろず屋へ行って、「手袋をください」と、子狐はお金を乗せた手を出しました。ところが、子狐は狐のままの手を出してしまったのです。でも、よろず屋のお爺さんは手袋を渡してくれました。

お母さんは帰って来た子狐を抱き上げて、よろず屋のお爺さんの優しさをかみしめるかのようにたたずんでいるのでした。この終わりの部分が、原作とは一味違っています。

てんからおだんご

原作／高橋五山　「秋」脚本／堀尾青史　画／金沢佑光
童心社　1976年　12枚（春・5分／秋・6分）

お彼岸　お団子　お婆さん　ひなたぼっこ

お婆《ばあ》さんがひなたでこっくりいねむりをしていると、天からお皿と串と三つの団子が順に下りて来ます。お婆さんが団子を食べると、お皿と串は消えてしまいます。この大筋を春・秋二通りに展開します。嬉しくて不思議な出来事に対し、春では「はてな」のみで余韻を残し、秋は、お彼岸《ひがん》に亡き母を思い感謝するのです。

演者の心持ち次第で大変味わい深くなる作品です。言葉を大切に、慈愛を込めて、穏やかに、ゆっくりと演じましょう。

絵は単純明快な貼り絵。団子のあんこがはねる⑧場面が楽しい。

心情理解は幼児には難しいかもしれません。高齢者にも喜ばれます。

でんしゃがくるよ

脚本・絵／とよたかずひこ
童心社　2001年　8枚（4分）

電車　父と子　男の子

踏切でお父さんと幼い男の子が電車を待っています。「くるよくるよ　でんしゃがくるよ」　カーンカーン・カンカンカン、とセリフと擬音が繰り返されているだけ。単調な紙芝居のように見えますが、④場面、「いつくるかな」の後に十分〈間《ま》〉をとって⑤場面に進むなど、ドラマを盛り上げる要素がそこここにあります。⑧場面で、運転手さんが坊やに手を振ってくれます。「よかったなーうらやましいなー」、「手を振ってもらったことあるよ！」の声があがります。

なじみやすい丸みをおびた、ちょっと小さ目の電車。それだけで引きつけられますが、何回演じても飽きない不思議さ。同じ作者に『がらがらでんしゃ』『きかんしゃぽっぽくん』があります。

でんでん虫

原作／新美南吉　絵・構成／鈴木 徹
童心社　2000年　12枚（8分）

新美南吉　雨　カタツムリ　母と子

母さんでんでん虫の大きな背中に、生まれたばかりの小さな坊やのでんでん虫が乗っていました。小さなでんでん虫は、初めて見る葉っぱや朝露やチョウに驚きます。坊やの問いを優しく受け止める母さんの会話で、ゆっくりと物語が進んで行く構成に、好奇心は遠い空まで広がっていくでしょう。

全体に淡い色調で絵には濃い色の縁取りもありませんが、親子のでんでん虫の温かな様子が遠くからもはっきりとわかります。

雨の季節に、でんでん虫のようにゆったりと、新美南吉の描く美しく神秘的な世界を味わいたい。小さな子どもから大人まで楽しめます。

てんとうむしのテム

作・画／得田之久
童心社　1998年　12枚（7分）
夏　てんとう虫　夏草

夏の夜明け、てんとう虫のテムは散歩に出かけます。一緒に散歩しようとアオムシ・アリ・オケラ・バッタ・アメンボたちを誘ってみますが、仲間にはふさわしくありません。でもようやく⑪場面、テムはてんとう虫の女の子に出会い、⑫場面、二羽は「…薄い大きな羽を広げて揃って飛んで行きました」。

　主人公のナナホシテントウムシが行く先々には、ニガナ・ナワシロイチゴなど夏特有の植物が描かれています。虫たちの大きさを忠実に、生態の特徴をとらえて描いています。くっきりした線で無駄な色を使わず、各場面で主人公をしっかりと見せてくれます。作者の世界をたっぷり見ることができます。

天人のはごろも

脚本／堀尾青史　画／丸木俊子
童心社　1961年　16枚（12分）
天人　羽衣

昔、ある夏の日のことでした。山の池で、総助が釣りをしておりました。と、ポチャンと水音がしたのです。それ、かかったか……。

　見ると、この世にあろうかと思うような天人が水浴びをしていたのです。ヨシの葉かげには虹のようにきらめく羽衣《はごろも》。総助は持ち帰りますが、酔っぱらいの権平にだまされて取り上げられ、売られてしまいました。天人を助けるには羽衣を取り戻さねばならなくなります。

　情緒ある語り口やきめ細かな絵画が、現代にあって新鮮な印象をもたらします。ゆっくり演じてみましょう。

　年長の子どもから大人まで楽しめる昔話の紙芝居です。

天人のよめさま

作／松谷みよ子　画／中尾 彰
童心社　1969年　12枚（8分）
天人　羽衣　岩手

ケシの花作りのお百姓がいました。その花畑に天人が舞いおります。お百姓は天人が寝ているうちに、脱ぎ捨てられていた「あやごろも」をケシ畑に隠してしまい、天に帰れなくなった天人を家に連れて帰ります。秋、ケシが枯れてようやく見つけたあやごろもはぼろぼろになっていました。嘆く天人を見て、お百姓は、衣を織るための蓮の花茎を集めて…。岩手の羽衣《はごろも》伝説です。

　美しさの中に何かもの悲しさが含まれるこのお話は、登場人物がたった二人。それぞれの口調に変化をつけ、情景の説明はゆっくり語るとわかりやすくなるでしょう。くっきりした輪郭線と鮮やかな色彩で遠目《とおめ》がききます。

第8回五山賞受賞。

どうぶつのてんきよほう

脚本／杉浦 宏　画／やべみつのり
童心社　1995年　12枚（7分）
雨　生態

けんちゃんがチョウに誘われてついて行くと、チョウは葉っぱの裏に止まりました。池の方では、鯉《コイ》が苦しそうに跳ねています。そのうちに蛙《カエル》がいっせいに鳴き出して、にぎやかになりました。カタツムリも嬉しそうです。

けんちゃんがふと足元を見ると、アリが一列になって穴の中へ。ダンゴムシは葉っぱの下に隠れ、トカゲは石の隙間《すきま》に潜り、ツバメのお母さんも大急ぎで家に帰ります。けんちゃんは、やっとわかりました。もうすぐ雨が降ってくるのです。

雨が降る時に動物たちがどうするのかがわかり、大人にも興味深い作品です。

第34回五山賞奨励賞受賞。

どきどきうんどうかい

脚本／ねじめ正一　絵／長谷川知子
童心社　2005年　12枚（9分）
運動会　かけっこ　父と子

今日は運動会です。「一番になれ！がんばれ！」。朝ごはんの時から、ずうっと父さんは張り切っています。

みんなは楽しそうだけどぼくはドキドキしています。いよいよかけっこ。父さん・母さんの応援の声が聞こえます。体がガチガチになってきて、ドキドキがもっとドキドキしてきます。走り出したら足がもつれてしまい、他の子にぶつかってドッシーン。地響き立てて誰かが走って来ます。ぼくを横抱きして父さんが走り出します。

運動会の「ドキドキ」が、歯切れよい文と迫力ある絵で伝わってきます。ぐんぐん走る父さんの姿は壮快、そしてぼくの表情はちょっと微妙。運動会がちょっと苦手な子へのエールにもなります。

トキのあかちゃん！

文／わしおとしこ　画／田中秀幸
教育画劇　2000年　12枚（10分）
トキ　佐渡　野生動物保護　獣医

ここは佐渡トキ保護センターです。金子さんが家に電話をかけています。「ゲンか。ごめん。今夜も帰れない」「つまんない」。ゲンと兄ちゃんが怒っています。

鳥の医者の金子さんは、トキの赤ちゃんが生まれそうなので、帰れません。ゲンたちは自分たちよりもトキのほうが好きなの？　と不満でしたが、無事に生まれて一緒に大喜び。野生動物保護の難しさと、関係者の努力が伝わります。

百年前までたくさんいたトキは、２００３年に日本産が死滅し、今では全世界でも二千羽ほど。日本生まれのトキが数羽残っていた時の話です。センターでは、中国から贈られたトキの繁殖と、野生復帰に努めています。このドラマはトキの現状を調べてから演じましょう。

どくのはいったかめ

文・画／多田ヒロシ
教育画劇　1997年　12枚（6分）

昔話　毒　黒砂糖　知恵　かめ

ご主人が、たろう・じろう・おはなに、毒の入ったかめに触らぬよう言い置いて出かけます。三人は本当に毒なのか興味津々《しんしん》。味見したら黒砂糖で、三人で全部たいらげてしまいます。そこで、掛軸を破き、大切な茶碗を割り、主人が帰って来ると、口々に、大事な物を壊したので死のうと思いかめの毒を食べた、「一口食べても死にもせず、二口食べても死にもせず、とうとう十口。死ななくて…なぜか死なない私たち…」。文と絵が一体となり笑いを呼びます。

　おずおずしているようで実は厚顔、謀略をめぐらす三人の子どもたちの表情が生き生きしています。裂ける音・砕ける音を思いっきり勢いよく。⑫場面のおはなの口上はすっとぼけた感じで。

どこへいくのかな？

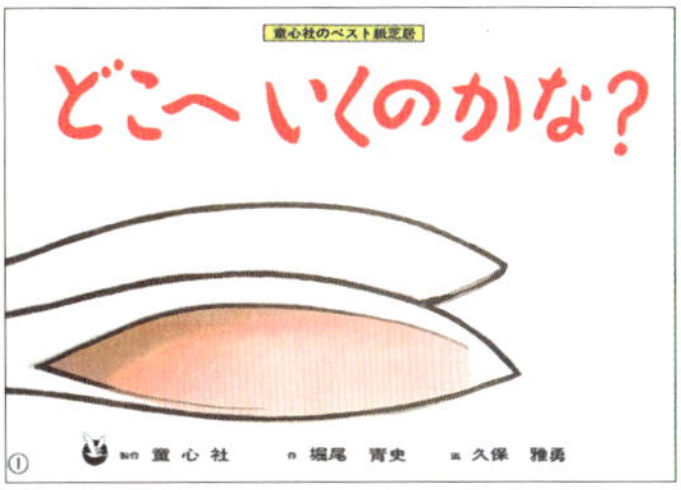

作／堀尾青史　画／久保雅勇
童心社　1971年　12枚（6分）

兎　走る

　タイトル画面に大きく描かれている長い耳。

「これなあに？」、「うさちゃんだ」、「えっさえっさ、ぴょんとこぴょんとこ」。うさちゃんは急いで走って行きますが、「どこへ行くのかな」。

　ストーリーは単純ですが、①場面から観客を引きつけ、耳や足がアップになったり、⑦⑧⑨場面は遠くからだんだん大きくなったり、臨場感たっぷりな表現が続きます。「どこへ行くのかな？」と観客との対話で進行する構成が斬新で、絵と見事に合致し、紙芝居の特性が見事に生かされた作品。最後は○○園に行くという結末がよい。脚本が二種類ついているのも新しい試みです。

第10回五山賞受賞。

どっちだ？

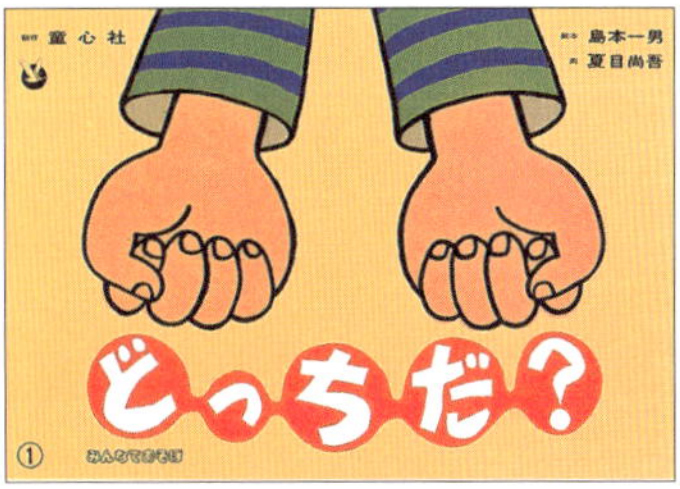

脚本／島本一男　画／夏目尚吾
童心社　1996年　12枚（8分）

遊び　当てっこ

「どっちの手に入ってるか？」と、当てっこをする遊びの紙芝居版です。答えが右の場合と左の場合と二通りあるので何度でも繰り返して楽しめます。

　初めはどちらの手に土団子が入っているかを当てます。次はめんどりとひびの入った卵が二つ。「ヒヨコが生まれるのはどっち？」。三番目は、象。象の前足にお煎餅《せんべい》が隠されています。最後はだいちゃんが、ゆきちゃん・たくちゃんと登場。「だいちゃんの仲良しはどっち？」この答えは一つ。三人仲良し！

「あれ、今度は左だ！」と子どもたちを驚かせたいので、抜く時にひと工夫。「どっちだ？」で一枚だけを抜くと右、二枚一緒に抜くと左になります。

とのさまからもらったごほうび

脚本／山路愛子　画／渋谷正斗
童心社　1995年　11枚しかけつき（7分）
愉快な話　殿様　知恵　願い事

殿様が「灰で縄をなってきた者に褒美《ほうび》をとらせる」というお触れを出しました。一人の男が、死んだ父さんから教えてもらった方法を思い出して縄を作ります。殿様は大層喜んで「何でも欲しい物を褒美にやろう」。

男は「死んだ父さんに会わせて欲しい」と頼みます。殿様がくれた褒美は一つの箱だった…。

とにかく楽しいお話です。何回演じてもまた演じたくなるし、見ている側からは自然に笑いが起こります。最終場面で最も温かなシーンが展開され、演じ手も見ている側も思わず「うっ」と声が出そうになります。小学校中学年から大人まで十分楽しめます。

トビウオのぼうやはびょうきです

脚本／いぬいとみこ　画／津田櫓冬
童心社　1985年　12枚（8分）
トビウオ　水爆　母と子　平和　命

青い南のサンゴ礁《しょう》のそばにトビウオの親子が平和に暮らしています。ある朝突然、サンゴの林がボアッと明るくなり、夕焼けのようにまっ赤です。海の水がグラリと揺《ゆ》れ、ずずずずーんと恐ろしい音が響き…。やがて元通りになった空から、雪のようなものが降ってきます。トビウオの坊やは、白い粉が恐ろしい水爆実験でできた粉とは知らず、喜々としてたわむれるのです。やがて頭が痛くなり、日に日にやせ細り弱っていきます。お母さんは必死に助かる方法を聞き回りましたが、知っている人は誰もいません。

１９５４年３月１日、アメリカによるビキニ環礁の水爆実験での実話をもとにしています。第五福竜丸の悲劇もあわせて伝えたいものです。

とべ！ とのさまバッタ

脚本・画／得田之久
童心社　1989年　12枚（8分）
とのさまバッタ　カマキリ　生態

土の中から出て来たトノサマバッタの子どものピョンたち。「わーい、気持ちがいいぞ」。その時、カマキリが襲って来て、仲間の一匹は捕まってしまいます。何日か経ち、ピョンたちは、とのさまバッタらしく大きくなりました。「逃げろ！　また、かまきりだ」。強くなった足でぴょーん。でも、一匹は跳び上がり過ぎて、クモの巣に…。

繰り返し襲いかかる外敵のカマキリも、ともに生きる虫としてとらえています。互いに生き残るために毎日生命をかけて生活している様子がよくわかります。

脚本では全くふれていなくても、背景の草むらに咲く花は画面によって変わり、自然の描き方は、子どもたちに楽しく多くを学ばせてくれます。

トボンとプクンのクリスマス

原作／野村るり子　脚本／堀尾青史　画／金沢佑光
童心社　1974年　12枚（6分）

クリスマスプレゼント　熊　雪だるま　スープ

今日はクリスマス。山の熊トボンは町の熊プクンに雪だるまを作って届けようとしますが、途中でどんどん解けてしまいます。

一方、プクンは特製スープをポットに入れて届けようとしますが、ふたをし忘れてスープがこぼれ、中身はわずかになってしまいます。

せっかくの贈物は台無しになりましたが、友だちのことを考えながらプレゼントを作ったり届けたりするウキウキした様子が、ユーモアたっぷりに描かれています。

雪だるまやスープを作る場面や、雪道や階段を駆け降りる場面の擬音語は、とても魅力的です。ワクワクドキドキが伝わるように演じてみましょう。

トラのおんがえし

脚本・絵／渡辺享子
童心社　2001年　12枚（10分）

中国　虎　医者　恩返し

昔、中国にイエン先生という名医がいました。先生は山の村の往診の帰りに道に迷ってしまいます。そこに二人の若者が現れ、母を診《み》て欲しいと家に招きます。治療が終わり、一夜明けてみれば、そこには虎が二頭。「そうか、お前たちは虎だったのか、薬を置いていくから母さんを大事にしろよ」。それから何年か経って、イエン先生はまた山の村へ往診へ行った時、山で狼に襲われます。その時イエン先生を救ったのはあの虎でした。

墨絵のたっぷりした筆づかいで堂々とした虎が描かれています。山から駆け下りる虎の迫力を生かす抜き方を工夫し、桃の花に囲まれて虎を見送る⑫場面をゆっくり見せて終わりましょう。

第40回五山賞受賞。

トラよりつよいカエルくん

原話／チベットの民話　文／矢崎節夫　絵／すがわらけいこ
教育画劇　2009年　12枚（7分）

チベット民話　虎　蛙　競争　知恵

虎に出くわした蛙《カエル》は、食べられては大変だと機転をきかせ、思い切り体を膨らませます。「おっほん！　わしは蛙の王様だぞ。なんだってできるんだ」と威張り、どちらが先に川を飛び越えるか競争を挑みます。

蛙は虎の尾に捕まり、うまく先を越し勝つことができます。次々難を逃れ、最後の⑫場面は蛙が得意になってぴょんとでんぐり返しをしているところです。

知恵のある小さな蛙が、ちょっとお人好しの虎を負かす痛快なお話。二匹のやりとりと表情が笑いを呼びます。知恵比べの内容、明るい色でくっきり描かれた軽快な絵。年中以上の子どもが楽しめます。

とりのみじっちゃ

脚本／斎藤 純　画／宮本忠夫
童心社　1995年　12枚（7分）
昔話　鳥　屁

じっちゃが山の畑へ出かけた昼時。かわいい鳥が飛んで来て、きれいな声で鳴きました。そして、聞き入っていたじっちゃの口の中へ入ってしまいます。そのうちに鳥の歌声がじっちゃのお尻から聞こえてきました。面白い屁《へ》をするということで、じっちゃはお城へ呼ばれて、お殿様から褒美《ほうび》をもらいました。さて、隣の婆《ばあ》様は、爺《じい》様に芋《いも》を食べさせてお城へ送り出しますが、じっちゃのようにはいきませんでした。

鳥の歌声がリズムのある言葉で表現されています。小鳥が歌っているように軽やかに演じたいもの。とぼけた味わいのある絵がさらに笑いを誘います。

どろんこおばけ

脚本・絵／ひろかわさえこ
童心社　2009年　8枚（4分）
どろんこ遊び　当てっこ　シャワー

①場面「どろどろどろんこ／どろんこおいけ／どろどろどろんこ／べた！べったん！／どろんこおばけは、だーれだ？〈間《ま》〉さあ、おみずをかけてあげましょう！」。②場面で出て来たのはきれいな緑の蛙《カエル》です。二番目は子豚さん！　三番目は子象さん。しゅわぁ〜しゅわぁ〜と象母さんシャワー。最終場面で「みんなでみんなで／つめたいシャワー／ぶるるるるるん！／いいきもち！」。

子どもが大好きなどろんこ遊び。どの子もみんな、夢中になって見入ってしまいます。子どもの日常を熟知した作者が、豊かな擬態語や擬声語を駆使して、お話を生き生きさせています。

どんぐりとやまねこ

原作／宮沢賢治　脚本／堀尾青史　画／渡辺有一
童心社　1996年　16枚（12分）
宮沢賢治　山猫　ドングリ　裁判

土曜日の夕方のことです。郵便屋さんが、一郎のところへハガキを届けてくれました。

山で暮らしている山猫からのものでしたが、変てこなハガキで、面倒な裁判をするので来てください、というのです。一郎が山道を登っていくと、栗の木はざあざあ、茸はどってこ、と道案内をしてくれるのです。裁判では、ドングリたちが誰が一番偉いか、大騒ぎでした。

宮沢賢治の作品内容を理解するには小学生時代を待たなければなりませんが、独特のオノマトペや言葉の面白さなどから、作品世界は幼児でも楽しめるのではないでしょうか。

どんぐりのあかちゃん

脚本／島本一男　画／若山 憲
童心社　1997年　12枚（6分）

ドングリ　スダジイ

ある夜、北風がスダジイの木を揺《ゆ》すり、スダジイ坊やが飛び出します。坂道を転がり、坊やは水たまりに落ちます。すると、おなかからゾウムシの幼虫が出て来ます。そこへカケスが現れました。でも大丈夫。ところが一難去ってまた一難。今度は野ネズミがやって来ました。幸運にもスダジイ坊やは助かりました。やがて落ち葉のベッドで眠ります。そして春になって小さな芽が出るのです。

淡い色、また同系色の中であっても、スダジイ坊やがはっきりとわかる遠目《とおめ》のきく絵になっています。

穴の開いたドングリでも、ちゃんと芽が出るのだそうです。

第36回五山賞奨励賞・脚本賞受賞。

どんぐり　ぽとん

脚本／千世繭子　絵／こばやしえりこ
童心社　2011年　8枚（4分）

秋　ドングリ　動物

「大きなドングリの木に、やさしい風がふんわり吹いて、ぽとーんと、ドングリが一つ落ちた」。ネズミがかりっと食べて、「わあ、おいしい！」。③場面はドングリが三つ落ちます。④場面、リスが左右の頬にドングリを入れ、後の一つを手に持って帰って行きます。今度は大風が吹きました。ドングリがいっぱい落ちて、熊が食べに来ます。

風もないのにドングリが一つ落ちたよ。誰も来ません。でも、さくさくという音。中から小さな虫が出て来ました。ドングリは虫のお家になったのです。

温かい色合いと独特のタッチで画面いっぱいに描かれる絵からも実りの秋が感じられます。詩のような言葉、〈間《ま》〉と〈抜き〉を大切に演じたい。年少から。

とんだちょうじゃどん

脚本／堀尾青史　画／二俣英五郎
童心社　1969年　12枚（8分）

春　長者　欲　絵巻

大変欲の深い長者どんがいました。春のある日、村人たちに山のワラビを一本残らず日の暮れないうちに採るように命じます。採りきれずに日が沈みそうになると、長者は扇をあおいで太陽を空の真上に戻してしまいます。「この世は、わしの思い通りじゃ」と有頂天です。再び太陽を真上に戻そうとした時、ヒュ～ッとワラビが飛び、倉が飛び、屋敷も舞い上り、とうとう長者までもがどこかへ飛んで行ってしまいます。

倉や米俵が飛ぶ話は、有名な『信貴山《しぎさん》縁起絵巻』にも描かれています。紙芝居のルーツは絵巻であることを彷彿《ほうふつ》とさせる生き生きとした画の手法を味わい、元気に楽しく演じてみましょう。

トンボになったヤン

作／小春久一郎　画／清水耕蔵
教育画劇　1981年　12枚（6分）

トンボ　脱皮　生態

トンボの幼虫ヤゴのヤンは池の中で暮らしています。すばやく泳いでエサを捕まえられるので、大威張りです。でもザリガニのような敵もいるのです。

ある夜、ヤンは水から出ている草の茎《くき》に登ります。脱皮をするのです。月が中空にある頃、背中が割れて、全部抜け切りトンボの姿になりました。月は山の端に沈み始めています。この美しい経過を静かな場面が追っていきます。

舞台に入れて横に抜くのが演じ方の原則ですが、この紙芝居の場合は舞台を使わない方法で演じ、特に神秘的な夜の脱皮の場面を子どもに近づけて見せると、効果的です。子どもたちにも理解できるように、ゆっくり演じましょう。

とんまなおおかみ

原話／ポーランド民話　脚本／堀尾青史　画／福田庄助
童心社　1974年　16枚（8分）

ポーランド　狼　知恵　腹ぺこ

なかなか獲物にありつけない腹ぺこ狼。ご馳走《ちそう》を夢見て、今日こそはうまいものにありつこうと出かけますが、ヤギに大声で騒がれ、犬たちに追われ、ガチョウには調子よく池に逃げられ、馬には後ろ足で蹴り飛ばされ散々な目に遭《あ》います。最後に出会った羊にまで水に突き落とされる羽目に。なかなか思い通りにならないと帰って行きます。

ちょっととんまで憎めない狼の話。「悪いことの後には良いことがあるもの」と次に期待を込めますが、知恵を働かせる動物たちにはかないません。狼の舌なめずりしている笑顔、打ちのめされた姿、あんぐり開けた大きな口など、笑いを誘う表情豊かな絵が楽しく感じられ、大人にも楽しい話です。

ないたあかおに

作／浜田ひろすけ　絵／野村たかあき　監修／浜田留美
教育画劇　2007年　16枚（12分）

鬼　友情　優しさ

赤鬼は村人とも仲良くなりたいと思い、家の戸口に「おいしいお菓子とお茶があります」と立て札を立てますが、村の木こりたちは怖がって来てくれません。親友の青鬼が、「村人の信用を得るには、自分が悪者になり村を荒らすので、それをこらしめればよい」と、芝居をします。赤鬼を見直して村人は友だちになります。しばらくすると青鬼のことが気になり家を訪れますと、そこには置き手紙がありました…。

優しさや友情について考えさせるお話です。力強い線とはっきりした色づかいで、遠目《とおめ》がききます。児童劇やアニメの原作にもなっていますが、この原作を作者自ら紙芝居にしています。

ながぐつをはいたねこ

原作／ペロー　脚本・絵／堀内誠一
童心社　2011年　17枚（13分）

猫　末っ子　冒険

フランスに長く暮らした堀内誠一が、生前クラマール子ども図書館で演じた試作に彩色して出版。軽妙な脚本と自由闊《かっ》達《たつ》な絵がうきうきと楽しい。

①場面、「さあ、紙芝居が始まりますよ。お話は『長靴をはいた猫』」は絵と一体化した導入。陽気に始めましょう。⑰場面、「猫の言うことを信じた末っ子は、それからもずっと幸せに暮らしました。ところで、猫は…」の後、①場面に戻り「…あまり口もきかなくなって、普通の猫と同じように暮らしたそうですよ」と終わります。17枚の絵を18場面に展開し、最初の猫が長靴をはいているところを、同じ絵で脱いでいるところに見せるとは！　さすが堀内誠一ならでは。

ながぐつをはいたねこ

原作／ペロー　文／安田 浩　画／野々口 重
教育画劇　2008年　16枚（14分）

猫　末っ子　冒険

この作品は、末息子にハンスの名をつけてます。

猫が大男の城を手に入れる手腕の一部は省いています。終わりは「靴をはいたねこは大臣になり…やっぱりぼくは役にたったでしょう、って」。

フランスのお話なので、子どもたちには少し分かりにくい言葉も出てきます。絵本と違い、読み返すことができないので、場合によっては演じる前に「このお話には王様のように大金持ちの侯爵《こうしゃく》が出てきます。フランスでは兎《ウサギ》が大御馳走《ごちそう》なんですよ」などと、さりげなく解説しておくとよいでしょう。

この紙芝居は復刻されたものです。

なしとりきょうだい

文／東川洋子　絵／池田げんえい
教育画劇　1992年　12枚（9分）

3人兄弟　冒険　忠告　化け物

ある村に病気の母親と暮らす三人の兄弟がおりました。母親は重い病でずっと寝たきりで、なかなか良くなりません。「おら、山梨《なし》が食いてぇなぁ」

一番上の兄がさっそく山に向かいます。「どこさ、いく？」山の入口に、とーんと見たこともない婆様がいました。

上の兄様も次の兄様も、婆様の忠告に耳を貸さなかったので、行方知れずになってしまいますが、弟はようやく山梨を見つけ、沼の主の化け物も見事に退治します。

昔話「なら梨とり」の紙芝居ですが、すっきりとした脚本構成によって、ストーリー展開はスムーズです。貼り絵の美しい画面も印象的です。

なぜ、お月さまにおそなえをするの？

脚本・絵／渡辺享子　監修／常光 徹
童心社　2001年　12枚（7分）

秋　十五夜　ベトナム

今日は十五夜。あいちゃんは仲良しのベトナム人のツイちゃん、中国人のヤン君と一緒にお月見の準備をします。三人は、すすきや栗・アケビ・お団子・ヤン君の持って来た月餅《げっぺい》などを縁側に並べて、月の出を待ちます。月が昇るとツイちゃんのちょうちんを持って再びすすきの原へ。他の友だちも加わり、太鼓を叩《たた》きながら「トンリンリン…」と歌います。ベトナム式のお月見です。

⑫場面、ベトナムのわらべ歌が三番まで紹介されています。自由に歌ってよいとありますが、のびやかで独特のメロディーなので、ぜひ楽譜を参考に歌いましょう。美しい月の絵が、お月見の行事を大切にしたい心を呼び起こしてくれます。

なぜ、おふろにしょうぶをいれるの？

脚本・監修／常光 徹　絵／伊藤秀男
童心社　2001年　12枚（6分）

菖蒲　ヨモギ　5月の節句　由来譚

5月5日のお節句の日に菖蒲《しょうぶ》とヨモギをお風呂に入れる風習の由来譚《たん》です。

格好良い婿《むこ》さんは実は大蛇の子。嫁に行った娘が、なぜか体が弱ってくるのを心配して、母親は菖蒲とヨモギのお風呂に娘を入れます。そのお湯でたちまち娘の体の中の蛇の子はいなくなり、元気はつらつとなりました。

このお話に加えて、中国のお話「鯉《コイ》の滝登り」が話されます。鯉が大きな滝を懸命に登りきったら竜になっていた。その話から鯉のぼりがあげられるのだといいます。二つの話は独立しています。お話会の導入などに演じるのなら、前半だけでよいでしょう。絵は迫力があり、演じがいがあります。

第40回五山賞絵画賞受賞。

なぞなぞむこどん

脚本／佐藤義則　画／久米宏一　協力／佐々木悦
童心社　1980年　12枚（8分）

山形の民話　なぞなぞ　婿取り　長者

昔、山の中の村に、大金持ちの長者がいました。長者は美しい一人娘の婿《むこ》取りに、三つの難しいなぞを出します。最初のなぞは、千丁の鍬《くわ》や鎌を短い時間で数えること。途方に暮れる若者に答えを教える子守歌が聞こえます。広い田の畔《あぜ》を一日で作ることも、山頂から転がる丸太を受け取めることも、歌に導かれてやりとげ若者は婿になれました。子守歌を歌ったのは……。

山形県に伝わる民話。再話者が手掛けた脚本は土地言葉が使われているので、それを大切に演じましょう。②場面は途中で止めず、全体を〈ゆっくり抜く〉ほうが主人公の絵が重なりません。「ねろねろ　やぁーど。…」の子守歌が鍵《カギ》になるので歌い方を工夫しましょう。

なにがつれるかな

脚本・画／藤本ともひこ
童心社　1996年　8枚（4分）

釣り　狸

「きょう、ぼくは、釣りをしています。あ！　かかった。かかった。さて、いったい何が釣れるかな…」。

紙芝居を見ている子どもたちに問いかけてから、〈抜く〉と、狸君が釣り上げたのは、何とワニ。次はカバ、その次は象。そして、とうとう、目的の鯨《くじら》を釣り上げることができて、ほめられます。

年少児にもナンセンスが楽しめる作品です。子どもたちと会話を交わしながら演じましょう。この作品を見た後に、子どもたちは釣りごっこを始めるでしょうか。奇想天外なものを釣るのも楽しいですね。

なめとこ山のくま 前・後編

原作／宮沢賢治　脚本・画／諸橋精光
童心社　1993年　前後編各16枚（前後編18分）

宮沢賢治　命　熊　猟師

なめとこ山にはたくさんの熊がいて、その熊たちを獲っていたのは小十郎という鉄砲撃ちでした。けれどもなぜか、なめとこ山の熊たちは小十郎が大好きでした。小十郎も決して熊が憎いわけではありません。熊の皮と肝を売って暮らしているのですから、仕方のないことなのです。それでも小十郎は熊を撃つたびに、つらくせつない思いで胸がいっぱいになるのです。そして、小十郎自身もやがて熊によって命を落とします。

宮沢賢治原作の作品です。小十郎と熊たちの関わりを描いた原作の独特の雰囲気はそのままに、演じてみると紙芝居として一段と見ごたえのある、また演じがいのある作品になっています。

第31回五山賞受賞。

なんかなんかあるよ

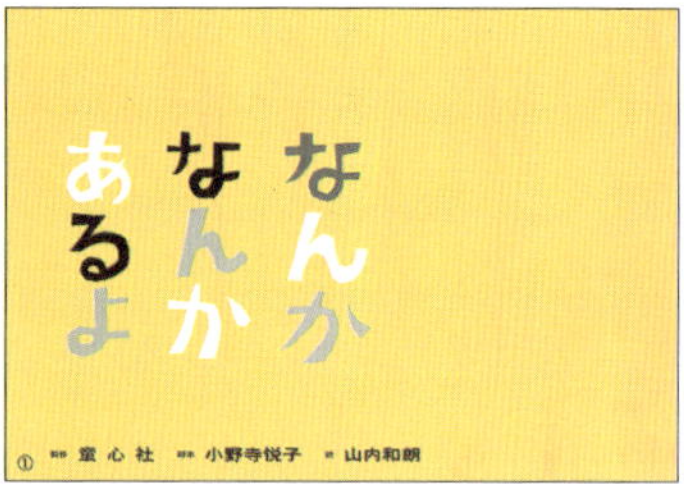

脚本／小野寺悦子　絵／山内和朗
童心社　2007年　8枚（4分）
色　形　果物　当てっこ　参加型

①場面は「この色、何色？　黄色。黄色　き・い・ろ。　黄色の中に、何か何かあるよ。さあ、何だろうな」。②場面では「ごろんごろん。バナナ、バナナ、バ・ナ・ナ」。③場面の絵はただ赤一色。そして④場面は「ころりんころりんころりん　リンゴ、リンゴ、リ・ン・ゴ」。⑤場面は緑に太くて不規則なシマ模様。スイカが出て来ました。⑦⑧場面は、バナナ・リンゴ・スイカをみんなで「いただきまーす」。

身近な果物が、リズミカルな言葉とともに色鮮やかに画面いっぱいに登場し、子どもたちを引きつけます。大胆なデザインが次の場面を期待させます。

スイカの季節には、「ででーんス・イ・カ」と、一番に楽しみたいですね。

なんでもこおらせペンギン

作／肥田美代子　画／岡村好文
教育画劇　1992年　12枚（5分）
ペンギン　冷蔵庫

たあ坊の家の明かりが暗くなったかと思ったら、冷蔵庫からペンギンが現れました。「ウエーン、ぼくのママがいない」ペンギンの子は外へ探しに。でもペンギンの子が触るとみんな凍っちゃう。バナナもリンゴもお巡りさんも。大変だ、町中が凍っちゃう……。

ミステリー仕立ての話ですが、ペンギンの子のセリフを甘えた泣き声で演じるとお話が楽しくなります。

④場面～⑤場面は〈抜き〉と同時に「コチン」のセリフを入れます。同じく⑨場面～⑩場面の〈抜き〉も同様に。⑪場面のお母さんのセリフの前には時間の経過を表わすために〈間《ま》〉を入れましょう。

なんにもせんにん

原作／巌谷小波　脚本／川崎大治　画／佐藤わき子
童心社　1972年　12枚（8分）
仙人　怠け者　お宝

「たすけどん、たすけどん、日本一の怠《なま》けもんのたすけどん」と声をかけられ、たすけが道端のつぼの中を見ると小さな仙人がいて、家に置いてくれと頼まれます。何にもしない「なんにも仙人」は日に日に大きくなり、家からはみ出すほどになりました。

仙人は主人が怠ければ太り、働けば小さくなると知ったたすけは、働き出します。仙人は小さくなり、姿も消えて、つぼからは大判小判が出て来ます。

大きくなったり小さくなったりする表現は、紙芝居ならではの楽しさ。リズミカルな脚本と表情豊かな絵が笑いを呼びます。

にこにこまんとじめじめ

作／矢崎節夫　画／古川タク
教育画劇　1986年　12枚（4分）
おねしょ

たけし君がふとんに入るといつもやって来る、おねしょのじめじめ。「さあさあ、たけし君。おねしょは楽しいよ。どんどんおねしょをしましょうね」。でもたけし君は、お母さんの悲しむ顔を見ておねしょをしない方法を考えました。

登場人物は、主人公の「たけし」と「お母さん」、それにユーモラスな「じめじめ」の三人。ナンセンスなストーリーでもあるので、「じめじめ」の声は緩急高低を組み合わせて工夫してみましょう。「じめじめ」の演じ方によって、より楽しいお話になります。

にじになったきつね

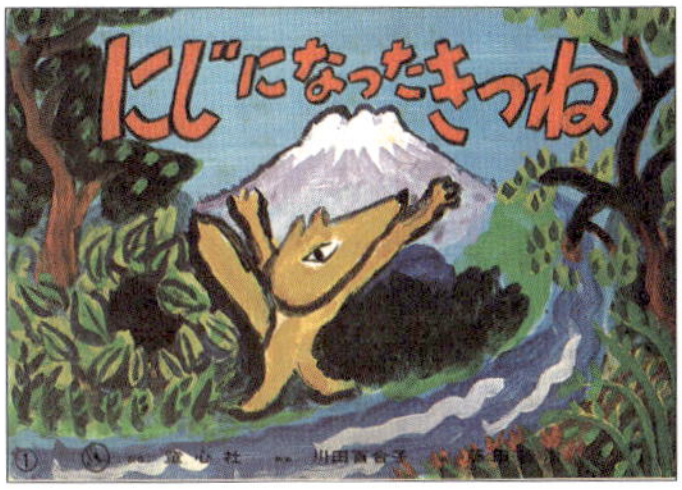

脚本／川田百合子　画／藤田勝治
童心社　1981年　12枚（8分）
虹　狐　お爺さん

狐のゴロザエモンは、富士山から流れる川のそばの小さな森に住んでいます。「さて、今日はどんなご馳走《ちそう》にありつけるかな」と楽しみにしています。

ゴロザエモンはお地蔵さんに化けて、お供《そな》えのお団子を食べてしまうのです。村の子どもたちに叱られ、走って行くと、一人暮らしのお爺《じい》さんの家に着きました。

お爺さんは気の毒に具合が悪くて寝ていました。「虹が見たい」とつぶやくお爺さんの願いをかなえるために美しい虹に変身します。でも、だんだん体がたるんで逆さ虹、手足がしびれてきてよろよろ虹となっていくのです。

その画面変化はユーモラスで秀逸。第20回五山賞奨励賞受賞。

二度と

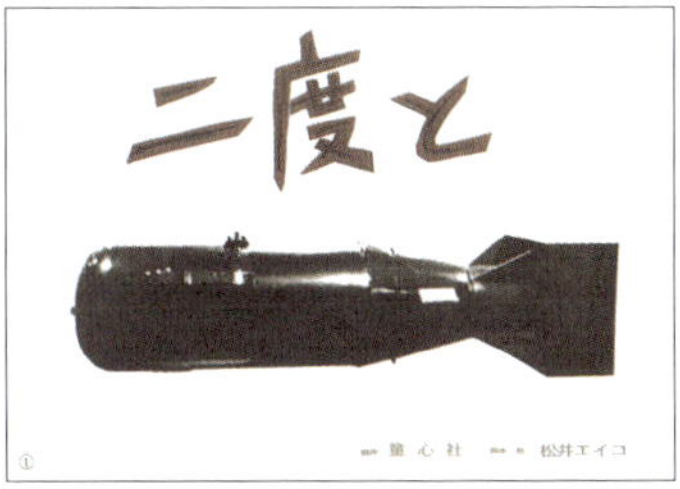

脚本・絵／松井エイコ
童心社　2005年　12枚（5分）
原爆　ノーモアヒロシマ・ナガサキ　ハト

①場面は広島型原爆の模型写真。⑤場面までは原子雲と被災地の写真で、人影はありません。⑥場面は黒一色。「残された人たちも苦しみが続く…多くの人が死んでいった」。⑦場面から中間色の柔らかな絵になります。残されたドームと木と八歳の少女が、それぞれの「わたし」になって「ノーモアヒロシマ・ナガサキ」。⑫場面、画面いっぱいのハトに託す「わたしたち」のセリフは、これを演じる人の声でもあります。

①場面裏に「原爆への怒りと深い叫び、そして祈りを　心が重なり、響き合うように　深々と演じてください」。原爆に対する十分な理解と志を持つ人たちは、互いに心情を確認できます。原爆反対のシンボリックな作品です。

（日本の神話シリーズ）

小さな神さま

原作／出雲神話　脚本／西野綾子　絵／やべみつのり
かみありづき　2013年　12枚（13分）

古事記　オオクニヌシ　スクナヒコナ

オオクニヌシが海を眺《なが》めていると小さな船に乗り小さな神が現れます。蛙《カエル》やかかしに聞くと、天の神タカミムスヒの子で、神の手からこぼれ落ちたスクナヒコナでした。神は知恵があり農業にたけていて、オオクニヌシを助け、国が豊かになるのを見届け、天に戻って行きます。「重い荷を担ぎ続けるのと、うんこをしないのではどちらが大変か」という我慢比べ話を、播磨風土記から加えています。

この古事記の出雲神話シリーズは、多くが小学校生以上向きですが、このお話は年長さんでも楽しめます。

天《あま》の石屋戸《いわやど》

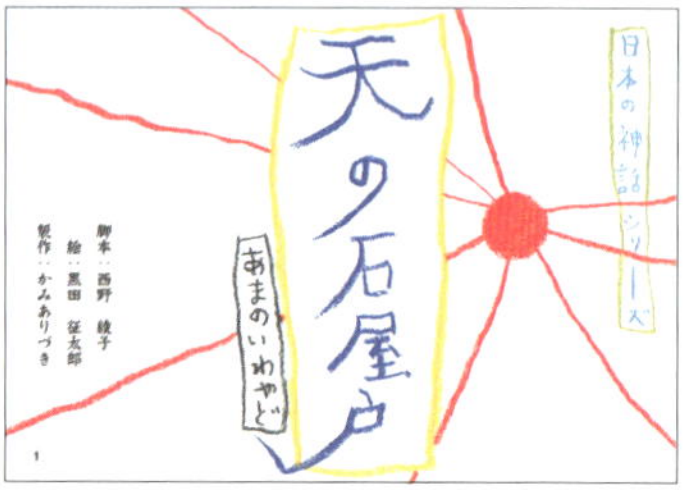

原作／出雲神話　脚本／西野綾子　絵／黒田征太郎
かみありづき　2013年　14枚（14分）

古事記　アマテラス　スサノオ

イザナミ・イザナギの国産み、イザナギの死、スサノオの狼藉《ろうぜき》、太陽神アマテラスの岩戸籠《こも》りを簡潔に説明。

やまたのおろち

原作／出雲神話　脚本／西野綾子　絵／長野ヒデ子
かみありづき　2013年　12枚（12分）

大蛇　スサノオ　クシナダヒメ

天から追放されたスサノオは出雲に降り、八つの頭と尾の大蛇を酒に酔わせて退治し、クシナダヒメと結ばれます。

イナバのしろうさぎ

原作／出雲神話　脚本／西野綾子　絵／長野ヒデ子
かみありづき　2013年　12枚（10分）

古事記　ウサギ　ワニ　復讐

スサノオの子孫・オオアナムジ（後のオオクニヌシ）が、赤裸の兎を助ける話。その後の兄たちの復讐もすさまじい。

根の国のものがたり

原作／出雲神話　脚本／西野綾子　絵／渡辺享子
かみありづき　2013年　12枚（12分）

古事記　試練　ネズミ　オオクニヌシ　スセリビメ

オオアナムジは兄たちの復讐を逃れ、スサノオの支配する根の国に向かい、試練にも耐え、スセリビメと結ばれます。

国ゆずりのものがたり

原作／出雲神話　脚本／西野綾子　絵／スズキコージ
かみありづき　2013年　12枚（12分）
古事記　オオクニヌシ　アマテラス

アマテラスは、地上の稲の実る豊かな国を我が子に治めさせようと、オオクニヌシに国譲りを迫り、使いを送ります。

日本の神話シリーズ

「古事記」の中の出雲の神々の話を、はっきりと主張を持った絵で物語っています。子どもの本や小学校の教科書でも神話を取り上げていますが、「いなばのしろうさぎ」「やまたのおろち」「海彦山彦」などを独立した話として扱っているのです。このシリーズで出雲神話の全体像が少し見えてきます。古事記は、出来事の簡潔な記述と、神名とくだくだしい説明が入り混じっているので、紙芝居の脚本は苦労したようです。演じる人が自分なりの解釈で、日本の神話に向き合うのも楽しいでしょう。幸い、神話のすぐれた現代語訳や、注釈書、語りのためのテキストが、たくさん出ています。

ニャーオン

脚本／都丸つや子　絵／渡辺享子
童心社　1990年　12枚（8分）
子猫　満月　秋

子猫の名前は、ニャーオンと言います。ニャーオンは、何かを見ています。それはお月様だったのです。ところが黒い雲が出て来て、お月様を隠してしまいます。でも、お月様は出て来てくれました。そこでニャーオンはお月様を捕まえに走り、木に登ります。そして、水に映った月を見つけます。

シンプルな色と構図で、猫の愛らしさと動きを見事に表現しています。

月を追いかけるシーン、水に映った月を壊すシーン、子猫が歩いていくシーンなどは、画面を少し動かしてみてもいいでしょう。高齢者にも大好評です。その時はすっきりと「子猫の名前は…」から語り始めましょう。

第29回五山賞奨励賞受賞。

ニルスのふしぎなたび 前・後編

原作／ラーゲルレーヴ　脚本／上地ちづ子　画／ユノセイイチ
童心社　1991年　前後編各16枚（前後編24分）
スウェーデン　冒険　小人　ガチョウ

ある日、両親の留守中に、いたずらっ子のニルスは、小人のトムテを見つけます。捕まえたとたん、トムテの魔法でニルスは小さくなってしまいました。そしてニルスは、ガチョウのモルテンとともにスウェーデンの上空を旅することになります。

様々な出来事に出会い、動物園にも売られてしまったニルスですが、最後にはやっと家に戻って来ることができます。その時、ガチョウのモルテンがお父さんに捕まってしまいます。モルテンを助けるために勇気を出した瞬間、ニルスは元の姿に戻ったのでした。

北欧の美しい風景を味わわせてくれる絵です。小学校中学年以上。

第30回五山賞・絵画賞受賞。

にんじんさんだいこんさんごぼうさん

脚本／川崎大治　貼り絵／瀬名恵子
童心社　1971年　8枚（5分）
野菜　色　お風呂

人参と大根とゴボウが仲良く揃ってお風呂に入りに出かけました。お風呂が大好きな人参はずっと温まっていたので、赤くなってしまいました。洗うのが大好きな大根はごしごし洗って真っ白に。お風呂が嫌いなゴボウは遊んでばかりで、汚れたままでした。

　葉っぱも手足もついている貼り絵の野菜は、石鹸《せっけん》やタオル・玩具《おもちゃ》を持ち楽しそう。語り口にリズムがあり、簡潔な表現が子どもの心に響きます。「じゃぶじゃぶ　ごしごし」、「ららら　らん　らん」など繰り返し言葉の語感を大切にして、〈間《ま》〉をきちんととり、ゆっくり子どもに問いかけながら演じると面白い。乳児から楽しめます。

ぬすびととこひつじ

原作／新美南吉　脚本／千世まゆ子　絵／藤田勝治
童心社　1994年　12枚（8分）
新美南吉　羊　空腹　泥棒　良心

「うまそうな羊！」。空腹のハンスは、草原で一匹の子羊を捕まえました。

　殺そうとして、石を振り上げますが、「メェー」という子羊の悲しそうな鳴き声と見つめる眼差《まなざ》しに思いとどまります。

　お百姓のパンと交換するのも止めて、木陰で眠ってしまいます。そこへ盗人がやって来て、子羊を盗もうとします。「泥棒！」と叫び、子羊を取り戻したハンス。すっかり子羊への愛情が募《つの》り、空腹のまま子羊を母羊のもとへ返そうと草原へ戻るのでした。

　セリフの一つひとつを大切にして演じましょう。子羊の鳴き声も、どんなシーンか考えて演じるようにしてください。

ねこのおかあさん

脚本・画／渡辺享子
童心社　1997年　12枚（10分）
実話　火事　母の愛　命　猫

お母さん猫と五匹の子猫が住む、壊れかけたビルが火事です。お母さん猫は子猫の声を頼りに子猫を見つけてはくわえ、一匹ずつビルの外へ助け出します。四匹まで助けた時、ビルはもう炎に包まれ焼け落ちんばかり。それでも、お母さん猫は五匹目の子猫のために、燃え盛る炎の中へまっしぐら。

　絶望的な状況に、見守る近所の人々も諦めかけます。その時、火傷で見えない目を見開き、焼けこげた毛を逆立て、白い子猫をくわえて、お母さん猫が生還。拍手がわき起こります。

　猫の描写が素晴らしい。観客は息をのんで見守るでしょう。１９９６年３月、ニューヨークであった実話です。

ねこのさかなとり

作・画／小出保子
教育画劇　1988年　12枚（7分）

猫　仲良し　鯉のぼり　冒険

とらー・たま・ぶっちの仲良し猫三匹は庭にいる大きな魚を獲りに出かけ、とんだ冒険となります。

　期待どおり、④場面に鯉《こい》のぼりが登場します。⑤場面では、三匹が鯉のぼりの竿《さお》に登ります。⑥場面では、とらー・ぶっちが鯉のぼりに飲み込まれてしまったので、たまがしっぽにしがみついたら、鯉のぼりはそのまま風にあおられて、大空へ飛んでいきます。空の旅の始まりです。

　最後は無事に着地しますので、ご安心ください。

　三匹の猫のセリフは、それぞれに特徴を出して演じてください。空の旅の始まりは、期待させるように明るく演じたい。

ねこのちゃわんで大さわぎ

作／宇野克彦　画／中沢正人
教育画劇　1997年　12枚（7分）

茶碗　古道具屋　忍者

猫が使う茶碗を買いに行ったら、すぐ割れるような品を売りつけた古道具屋。こらしめるために忍者のこくり先生が一計を案じます。普段使いの湯呑《ゆのみ》茶碗を、さも名品のように仕立てる「湯呑茶碗の術」。その湯呑茶碗を古道具屋に預け、⑨場面で「ネズミ寄せの術」をかけ、⑩場面ではネズミが大暴れして茶碗を割ります。古道具屋は、驚いて謝り、お詫びに殿様が使ったという名品を差し出してしまいます。

　こくり先生はそれを猫の茶碗に使います。こくり先生は、「殿様が使えば殿様の茶碗、猫が使えば猫の茶碗だ」と笑い飛ばすのです。へつらわないこくり先生は痛快。軽妙な絵が笑いを誘います。幼児（年長）から小学生まで。

ねこはしる

原作・脚本／工藤直子　絵／保手浜孝
すずき出版　2005年　24枚（18分）

猫　魚　友情　走る

冬に生まれたランは内気な黒猫で兄弟に遅れがち。ある日、池の小さな魚と知り合い夢や想いを語り会う親友になり、夏には立派な若者になりました。

　母猫は次の満月の日に魚獲り競争をする、と決めます。二匹の言葉少ない日が続き、⑯場面、明日は満月の夜という日、魚は言います。「おれ、堂々と食べられようと思う。そして、食べられるのなら君に、ラン」。⑰場面、ランと魚が一体になり空に向かって走る絵は見事です。思いがけない終わり方を表現している絵は、その言葉とともに心にしみます。

　原作『ねこはしる』（童話屋）を読んでおくと、演じる時の〈間《ま》〉と声の調子などの参考になります。

（ネコになってあそぼう）

ネコのおりょうり

脚本・画／長野ヒデ子
童心社　1995年　12枚（9分）
猫　金魚　カレーライス

「おいしいお料理を作って食べようっと。♪猫のお料理これ簡単、ねこたま料理を作りましょ。卵を割ってかつおぶしかけて…」。長野サラダ作曲のすぐに口ずさめる楽しい歌が3曲入ります。

猫君は金魚さんにカレーライスの作り方を教えてもらいますが、包丁で指を切ったり、お鍋に笑われたり。でも、ようやくおいしくできあがりました。

シンプルな絵は、舞台に入れて演じると一段と映《は》えます。どの作品にも、金魚が狂言まわしとして登場。二人のセリフのやり取りで、お話が弾《はず》みます。

ネコのおてがみ

脚本・画／長野ヒデ子
童心社　1995年　12枚（9分）
猫　手紙

猫君がお友だちに絵文字で書いた手紙を、みんなで読み解きましょう。絵文字で手紙を書く遊びに発展させることも。

ネコのたいそう

脚本・画／長野ヒデ子
童心社　1994年　12枚（8分）
猫　体操

紙芝居を見ながら、猫の動作を真似て、一緒に体操して遊んでください。猫の表情やポーズが、何とも魅力的。

ねずみちょうじゃ

脚本／川崎大治　画／久保雅勇
童心社　1974年　12枚（9分）
昔話　ネズミ　打ち出の小づち　欲張り

お爺《じい》さんが山仕事の途中、おにぎりを食べていると、ネズミが「おにぎりちょうだい」とやって来たので、分けてあげます。お礼に御殿に招待され、おみやげにもらった小づちを振ると、大判小判に綾錦《あやにしき》が出て来ます。

それを見ていた隣の爺さん。「わしも長者になるぞ」と真似をしてネズミの御殿へ。宝物を独り占めしようと猫の鳴き真似をすると、ネズミたちが跳びかかってきて、爺さんは傷だらけ。泣き泣き家に帰って行きました。

古風な色づかいが昔話らしい味わいを出しています。ネズミたちの表情がかわいらしい。③④⑤⑨場面にネズミの歌う歌や餅つきのかけ声が出てきますので、ここはリズミカルに演じましょう。

ねずみのおもちつき

文／杉本由紀子　画／西村達馬
教育画劇　1989年　12枚（8分）
年末　お餅つき　ネズミ

もうすぐお正月。お爺《じい》さんは買い物の帰りに、道に迷ってしまいました。すると、原っぱの向こうに灯が見えます。行ってみると、家の中ではネズミたちが大勢でお餅をついていました。お爺さんも餅つきを手伝いましたので、ネズミはお礼に小判をくれました。

大喜びのお爺さんとお婆《ばあ》さんを見た隣のお爺さんは、もちろん原っぱへ向かいました。そして、お爺さんは、ネズミたちにとって嫌なひとことをつい口にしてしまうのです。

隣のお爺さんは、いかにも欲深な感じで演じたいですね。ネズミたちが歌う餅つき歌も、メロディを作らなくともリズムよく表現するだけでいいでしょう。

ねないこだあれ

脚本／松谷みよ子　絵／村上康成
童心社　2000年　8枚（3分）
寝ない子　狼　夜

もうお休みの時間なのにまだ起きている、そんな寝ない子のところには狼がやって来て、どこかへ連れて行ってしまうのですって。でも、ふうちゃんは平気。満月の夜、お山に行くのです。

ただ一人ではありません。枕・お茶碗・ご本、犬も猫もお母さんとお父さんも、一緒です。ふうちゃんの大好きなものばかり。さあ、寝ましょう。優しい子守歌で、みんな眠りにつきました。なんと狼までも。

簡潔な言葉とユーモラスな絵はまっすぐ、子どもたちの心に飛び込んできます。一人ひとりの顔をよく見ながら、語りかけるように演じたいですね。0・1・2歳の子どもたちに喜ばれます。

ねんねねんね

作・画／いそみゆき
教育画劇　1999年　8枚（3分）
赤ちゃん　母　兎　象

①場面は、「ねんね、ねんね、かわいい兎ちゃん」。お母さん兎《ウサギ》が、お耳をなでます。すると、②場面で「くうくう　ねんねんこ」。「おやすみなさい」とお母さん兎。③場面は、「ねんね　ねんね、かわいい象君」。お母さん象がお鼻をなでます。もちろん、象君も眠りました。

次は人間の赤ちゃんです。お母さんに抱っこされて子守歌を歌ってもらい、⑧場面で「くうくう　ねんねこ　ゆーらりこ」。「おやすみなさい」。

画面いっぱいに描かれる赤ちゃんたちの寝顔の、なんと愛らしいことでしょう。子守歌のような脚本です。ゆったりと演じたいですね。

第38回五山賞審査委員会推薦賞受賞。

のーびた　のびた

脚本・絵／福田岩緒
童心社　2006年　8枚（5分）
参加型　当てっこ　動物

象・猿・カメレオン・蛙《カエル》が順に登場。「のーびたのびた　なーにがのびた？」と声を掛けると、体の色々な部分が伸びます。象はびゅーんと鼻が、猿はしっぽ、カメレオンはぺろーんと舌が伸びました。蛙は足を伸ばし三段階でジャンプ！

優しい色づかいの絵で言葉も最小限です。その分、ゆっくりと絵を見ながら会話も楽しんで。「次は誰が出て来るのかな？」。そおーっと画面を抜いていくと絵に視線が集中し「あっ、わかった！」と声があがります。カメレオンの上に飛んでいる蜂は、小さいので指差しで教えてください。乳幼児から大人まで声を合わせて「のーびたのびた」とやれば一層楽しくなります。

第45回五山賞受賞。

のっぺらぼう

脚本／渋谷 勲　画／小沢良吉
童心社　1982年　16枚（8分）
怖い話　狐　昔話

怖いもの知らずのごんじゅうろうという男が、化け物退治と称して、おばけ淵《ふち》に魚を釣りに出かけます。釣り糸を下ろすと、どういう訳か魚がどんどん釣れるのです。ごんじゅうろうは大喜びですが、ふと気がつくと、日はもう落ちています。不思議にも、「おいてけえー、その魚をおいてけー」と不気味な声が…。

そこからが大変です。慌てて逃げ出したごんじゅうろうの前に現れる女が、夜鳴きそばの屋台の主人が、そしてあろうことか自分の女房までが、顔をつるんとなでてのっぺらぼうになるのです。それは、全て狐の仕業《しわざ》でした。

のっぺらぼうになる場面で、〈さっと抜き〉ながら「つるん」と言うと、効果的です。

のねずみとまちのねずみ

原作／イソップ　脚本／稲庭桂子　画／長島克夫
童心社　1975年　12枚（9分）
イソップ　ネズミ　都会と田舎

野ネズミは、土の中の家に町ネズミを招きます。やって来た町ネズミは食べ物にも穴倉のような家にもため息をもらし、町の自分の家で暮らさないかと誘います。野ネズミが行ってみると、町は人ごみや車の匂いで息がつまりそう。大きな家に迎えられてご馳走《ちそう》になろうとした時、人が入って来たので二匹は壁の穴に逃げ込みます。ネズミ捕りにかかりそうになったり、危険がいっぱい。野ネズミは田舎へ帰って来ました。

イソップの短い寓話《ぐうわ》を「ちゅうすけ」「さんたろう」のセリフ劇に仕立てています。最後の野ネズミの歌「♪おいらの家は土の中…」は、田舎暮らしの良さをかみしめて晴ればれと歌いましょう。

のばら

原作／小川未明　脚本／堀尾青史　画／桜井 誠
童心社　1967年　12枚（12分）
友情　戦争　不条理

山の頂《いただき》に二つの国の国境を示す石が建っています。大国は老兵が、小国は若い兵が見張りをしていました。ある朝、二人は同時に咲き始めた野ばらを見て言葉を交わし、いつしか親しく語り合い、石の上で将棋をさすまでになります。突然、両国は戦争になり、若い兵は戦場へ。老兵は国境に残って若者の無事を祈り平和への願いを募らせます。小国が負け、若者の死が伝わります。老兵は悲しみと怒りを胸に山を下って行きました。

④場面の若い兵がピアノを弾《ひ》く話。⑩場面のピアノの音が聞えてくる情景は原作にはありませんが、若い兵の純粋さ、老兵の誠実さ、戦争観が素直に伝わります。透明感ある美しい色構成の画面が戦争の本質を表現しています。

のはらでんしゃ

脚本／武鹿悦子　絵／ひろかわさえこ
童心社　2008年　8枚（4分）
熊　電車ごっこ　秋

熊のくうは誰かと遊びたいのに、誰も相手をしてくれません。「ぼくと遊ぶ子この枝止まれ」ってやっても誰も出て来ないし、寄って来ない。くうはふてくされて、木の枝をずるずる引きずり、お家へとぼとぼ歩いていました。

すると、猿が興奮して、線路だ線路だと叫び始めました。いつの間にか、熊のくうが木の枝で線路を作っていたのです。線路とくれば電車ごっこ。運転手さんも車掌さんもすぐに決まって、みんなでワイワイ電車ごっこです。どんどん仲間が増えて、電車は満員になりました。

動物たちの弾《はず》むような姿から、秋の野原の楽しさが伝わってきます。

のみのかわでつくった王さまのながぐつ

原話／イタリア民話　脚本／高橋五山　画／いわさきちひろ
童心社　1976年　16枚（9分）
王　鬼　姫　小人　魔法

王はイヌノミを養い豚より大きくして長靴を作り、何の皮で作ったか当てたものには王女を与える、とお触れを出します。鬼が言い当て、王女は森の岩屋に連れ去られます。王女が泣いていると、小人たちが現れ、助け出します。鬼は追って来ますが小人が様々な術をかけるので、とうとう鬼はあきらめます。王は小人に感謝し、自分の愚かさを詫びました。

輪郭線を用いずに色の対比で描き出す独特の世界。たくましい鬼の体の躍動が見事です。しつこく追ってくる鬼に対して、小人が水・森・火を繰り出して応じる場面は緊迫感とスリルがあります。テンポよく演じましょう。

のんびりきょうりゅう　のんのん

作／中村美佐子　画／田中秀幸

教育画劇　1996年　12枚（10分）

恐竜　母と子　子育て

ある高原で、マイアサウラの赤ちゃんが卵から次々にかえりました。「一、二、三、四、五、あーあ、まだ一つかえらない。どうしたのかしら？」。母さん恐竜は心配そうです。

ようやく生まれた子は、のんびりしているので、のんのんと名づけられました。兄弟たちに食物を横取りされても、のんびりしています。森へ出かける時もぐずぐずしていたら、そこへ翼竜《よくりゅう》が襲って来ました。さあ、どうなるのでしょう。

マイアサウラは子育てをしていたことで有名で、これまでの恐竜のイメージとは少し異なり、親しさを広げます。夏の木陰で、のんびり演じるには、こんな作品もおすすめです。

おとうさん

脚本／与田準一　画／田畑精一

童心社　1968年　12枚（7分）

昔話　スマトラ　魔者　呪文　太鼓

南の島にマンガラン・グリーン・ベクーと言う名の魔者が、ひとりぼっちで暮らしていました。ある日、川で楽しく水浴びをしている親子を見てうらやましくなり「イタリナイタリナ　ニンサンウトオ」と呪文を唱えて、お父さんそっくりに変身し男の子をさらいます。お父さんが探しに来ても、男の子には、どちらが本物か見分けがつかず、王様が裁くことになります。その見事なお裁きで魔者は、「キャッ」と消えてしまいました。

副題の「スマトラの民話より」はきちんと読みましょう。インドネシアの染色を思わせるオレンジ色や茶色の太い線描と、左右対称の構図が斬新です。演じた後、みんなで、呪文を前から・後ろから唱えるのも楽しいでしょう。

＊〈間《ま》のとり方〉〈抜き方〉のアドバイスは、〈〉で表記しています。

＊語句説明…「遠目《とおめ》がきく」：離れたところからでも、絵がはっきり見えること。

（演じ方のコツと、紙芝居の絵・脚本の特性については、姉妹編『紙芝居―演じ方のコツと基礎理論のテキスト』をご参照ください。）

＊五山《ござん》賞…紙芝居作家・高橋五山を顕彰して1962年に制定された、紙芝居唯一の賞。各年度の出版紙芝居から、年間最優秀作に授与されます。

ばかされギツネ

文／菊地ただし　画／山口みねやす
教育画劇　2002年　12枚（8分）
落語　狐　化かす

お稲荷《いなり》様にお参りした帰り道で、狐が美女に化けるのを見た男が、反対に化かしてやろうと食事に誘います。男は店に行くとお酒をすすめて酔わせ、女が眠っている間に先に帰ってしまいます。目が覚《さ》めた女はお勘定を求められて驚き、狐の姿に戻って大騒動。一方、男は友人から、たたりがあるぞと脅かされて反省し、翌日、ぼた餅を持ってお詫びに行きました。

元の話は落語の『王子の狐』。コミカルに仕立てられ、絶妙の味わいです。絵も勢いがあり面白いので、女は色っぽく、男はお調子者の軽さを出して演じましょう。最後に子狐があどけなく言う「人の化かし方を教えてもらおうかな」というセリフで、オチがついておしまい。

ばけくらべ

作／松谷みよ子　画／亀井三恵子
童心社　1969年　12枚（7分）
昔話　笑い話　化ける　狐　狸

ごんべえ狸とへらこい狐が、化け比べをすることになりました。嫁入り行列に化けた狸は、狐の化けたまんじゅうに飛びつき、化けの皮がはがれてしまいます。狸は悔しがり一計を案じます。狐の前を立派な大名行列が通ります。感心した狐が駕籠《かご》に駆けより「ごんべえどん」と呼びかけると、それは本物の大名で、散々な目に遭《あ》った、という笑い話。

ベテラン漫画家の絵は、お話の要になるものはしっかり描き、軽妙なタッチで表情豊か。それだけでも笑いを呼びます。狐は少し高めの声で早口、狸は低めでゆっくり、と対比して演じ分けるとキャラクターが際立ちます。③場面のセリフの前半は、②場面を〈半分まで抜いて〉演じると期待が高まります。

ばけものでら

脚本／水谷章三　画／宮本忠夫
童心社　1982年　12枚（10分）
昔話　怖い話　古道具　お坊さん

これまで何人もの旅人が食い殺されたという荒れ寺に、旅のお坊様が泊まります。夜中、いろいろな化け物が迫って来ますが、お坊様は肝をすえてその正体を見抜き「○○の化け物じゃ!」。あくる朝、縁の下には、化けて出た古下駄・破れ傘などの古道具がありました。古道具を弔《とむら》い、お坊様は寺の和尚《おしょう》になりました。

化け物が出す擬音が、それぞれの正体をにおわせて楽しい。おかしさ・凄味を出すのは工夫のしどころ。真夜中の荒れ寺を背景に、ほど良いデフォルメで人物を描き、豪胆なお坊様と少し気弱な化け物たちを表現しています。脚本と絵の場面割りは、セリフを前に持って来たり後にしたりしたほうが盛り上がるところがあります。

はしれトッピー！

文／矢崎節夫　画／岩淵慶造
教育画劇　1992年　12枚（11分）

シマウマ　群れ　命

動物の生態にもとづいた、写実的な絵が魅力の作品。トッピーは生まれたばかりのシマウマの男の子。ほら、よろよろだけど、もう歩き出しました。

群れは、リーダーのお父さんとお母さんを入れて五頭です。沼にはキリンも水を飲みに行きます。草原ではライオンに襲われるので、シマウマやキリンたちは逃げきれない時には集団で立ち向かい、弱い動物や子どもたちを助けます。お父さんもそのために命を落としてしまいました。悲しみの中、成長したトッピーは、父に代わってライオンから群れを守るために必死に走ります。

トッピーの自立する姿は、卒園などの節目を迎える子どもたちに演じてあげたい。

はしれ！バルトー

脚本・画／渡辺享子
童心社　1990年　12枚（8分）

実話　アラスカ　伝染病　犬ぞり

ある冬のこと、アラスカのノームという小さな町から、大きな町に緊急連絡が入りました。「助けてください。子どもたちがジフテリアで毎日死んでいきます。薬を送ってください」。

薬は、町の病院から途中まで届いたものの、その先は深い雪なので、犬ぞりで運ぶのです。「それ、行け！」。犬たちはオーロラの光を浴びて、凍った雪原をリレーして夜も昼も走り続けました。最後の犬ぞりの先頭はバルトーです。「これから先は、一番危ない道だ。さあ、頼んだぞ」。猛吹雪で何も見えませんが、そりはまっしぐらに進みました。

1925年にあった実話をもとにしています。見ごたえのあるドラマです。犬たちの迫真の姿が、感動を誘います。

はだかのおうさま

原作／アンデルセン　脚本／川崎大治　画／夏目尚吾
童心社　1986年　12枚（7分）

アンデルセン　王様　子ども　知ったかぶり　正直

新しい服の好きな王様のもとへ二人の仕立て屋が来て、「世界一美しいが、役立たずや馬鹿には見えない服を作る」と申し出ます。王様にも家来にも、二人が縫っている様子は見えても服は見えません。それでも服は出来上がり、お披露目《ひろめ》の行列が進みます。裸の王様に見物人は感心してみせ、服を褒《ほ》めます。その時、子どもが「王様は何も着てないよ！」。その言葉は大人たちに伝わって…。それでも行列は進みます。

ベテランのユーモラスな絵が楽しい。⑪場面の真実をささやき始める群衆と、⑫場面の王様の表情がたっぷり風刺をきかせて見ごたえがあります。仕立て屋のセリフは嘘《うそ》八百を並べるつもりで楽しみましょう。

はちかつぎ

作／木村次郎　画／池田仙三郎
童心社　1969年　12枚（11分）

昔話　継母　姫　鉢　鬼

父母に愛され美しく育った、はなよ姫。母が臨終《りんじゅう》の時に姫に鉢《はち》をかぶせると鉢は頭から離れなくなります。ある日、継母に鬼の棲《す》む山へ捨てられた姫は、鬼の女房にもらった不思議な粉で山や池を出して鬼から逃れますが、粉がつきて川に飛び込みます。鉢のおかげで水に浮いた姫を中納言《ちゅうなごん》の若君が救います。若君と結ばれるまでの有為転変《ういてんぺん》の物語。

絵巻を写したような端正《たんせい》な線で描かれた日本画は、着物の配色など細部までも楽しめます。山中の劇的な動きのある場面は、そのセリフとともに物語を盛り上げるように演じましょう。七五調の文なので、調子が滑り過ぎないように気をつけましょう。

はないっぱいになあれ

脚本／松谷みよ子　画／長野ヒデ子
童心社　1998年　12枚（7分）

風船　花の種　狐　ひまわり

子どもたちが花の種と手紙をつけた風船が、子狐コンが昼寝をしている山の野原に落ちて来ました。コンが夢から覚《さ》めて目を開けると、赤い風船の花が咲いています。茎《くき》は細い糸、根は紙包み…。花に水をあげますが、次の日、花はしぼんでしまいました。でも、やがてそこから芽が出て、金色のひまわりがいくつも咲きました。秋になって落ちた種が、おいしいのです。コンは「あの夢の味だ」と喜びます。山でひまわりを見たら、それはコンのひまわりですよ。

力強い線で描かれた狐が愛らしく、またひまわりが大きくなる様子が、一場面で三段階に描かれているなど工夫されていて、楽しい紙芝居です。

花かごわっしょい

脚本／藤田富美恵　絵／鈴木幸枝
童心社　2006年　12枚（6分）

お婆さん　秋祭り　着物　優しさ

山のふもとに、縫《ぬ》い物上手なお婆さんが一人で住んでいました。ある夜、山の秋祭り用に子どもに着物を縫ってと、狐の母子が頼みに来ます。次の夜は狸が来ます。お婆さんは、次々に頼みに来た動物たちに着物を縫ってやります。

満月の夜、動物の子たちが着物姿で現れてお婆さんを祭りに誘うのですが、脚が弱いので行けません。しょんぼり帰る子どもたち。やがて狐と狸のお父さんがやって来て、花飾りの駕籠《かご》にお婆さんを乗せて山の祭りに向かいます。

温かい心があふれている絵で、気落ちした子たちが残念そうに振り向いている場面が共感を呼びます。花駕籠で山を登る掛け声は明るく演じましょう。

はなさかじじい

文／浜田広介　画／黒崎義介
教育画劇　1971年　16枚（11分）
昔話　お爺さん　黄金　欲張り

お爺さんは子犬をかわいがって育てます。ある日、犬が畑で「ここ掘れワンワン、ここ掘れワンワン」と吠えます。お爺さんが掘ると黄金がざくざく出て来ました。それを聞いた隣の爺さんは犬をむりやり畑へ。でも欠けた皿や器が出て来たので、爺さんは怒って犬を殺してしまいます。

代表的な昔話を、平明な文で語っています。「灰をまくたび花が咲く。咲かせてみよう、どなたにも」などのセリフは耳に優しく印象的。多少古めかしい言い回しは、見る対象によって説明が必要でしょう。墨の線をくっきりきかせ、大和絵風に様式化された美しい絵です。子どもでも、何か懐かしさを感じるのではないでしょうか。

はなたれこぞうさま

文／安田 浩　画／若菜 珪
教育画劇　1987年　12枚（6分）
昔話　無欲　変質　北風

北風が吹いて寒い日、薪《たきぎ》売りのお爺《じい》さんは竜宮の神様に薪をあげたご褒美《ほうび》として、どんな願いでも叶えてくれる鼻たれ小僧様をもらいます。やがて大金持ちになったお爺さんは、用の無くなった鼻たれ小僧様に、家を出て行ってくれと言うのです。

展開がしっかりしているので、幼児から小学校高学年でも楽しめる昔話。①場面の優しいお爺さんの顔が、⑩場面ではすっかり変わっています。その変化を何とか演じ分けたいものです。⑦⑧場面は、「フウンフウン」と鼻をかんだ後で「ジャラジャラ」または「ザザザー」と〈抜く〉と、お話と絵が合います。⑨場面の後の〈間《ま》〉は大事です。

バナナれっしゃ

作／川崎大治　画／久保雅勇
童心社　1970年　12枚（8分）
バナナ　汽車　象　協力

お猿さんのところへ、隣町からバナナの大量注文があり、たくさんのバナナを汽車に積みました。汽笛を鳴らして汽車が走り出すと、ゆく手に大きな山！ それは危険を知らせるために待っていた象さんでした。谷間の橋が壊れているのです。みんなで橋を直して出発！ 橋を渡る列車から投げられたお礼のバナナを象は鼻で受け止めます。

色を多用しない落ち着いた画面なのでお話に集中できます。猿がバナナを運んで来る場面は、遠近法をきかせた絵で奥行があり引き込まれます。

大きな山が象だったというのが見せ場です。「降りてみると」とゆっくり言って、考えさせる時間を取りましょう。

花ぬのむすめ

原話／中国の昔話　脚本／ときありえ　絵／尾崎曜子
童心社　2003年　16枚（9分）

中国の昔話　機織り　竜　虹　娘

中国の山奥に住む娘ホワピェンが織る布は、花や鳥が生きているよう。皇帝は娘をむりやり都へ召し抱えて牢《ろう》に入れ、村に帰りたいのならニワトリや鹿が飛び出す布を織れ、と命じます。織り上がった布に皇帝があれこれ難癖をつけていると布から竜が飛び出しました。竜は皇帝を呑《の》み込み宮殿を焼きホワピェンを天に連れ去ります。それから村では、虹がかかるとホワピェンの花布だと言うようになりました。

画材を選んで美しく描かれた絵は、布に描いたように見えます。絵の雰囲気は遠くから見ても伝わります。竜のセリフは威厳を持って重々しく、⑫場面「虹にむかって」からは、ゆっくり余韻を残して演じましょう。

花のき村とぬすびとたち　前・後編

原作／新美南吉　脚本／水谷章三　画／西山三郎
童心社　1994年　前後編各12枚（前後編16分）

新美南吉　盗人　かしら　子牛

のどかな花のき村へ、五人の盗賊たちがやって来ます。かしらを除いて四人の弟子たちはなりたてほやほやなので、盗人の自覚もなくのんきな様子です。

かしらがため息をついていると、男の子が「この牛、持っていてね」とかしらに牛を預けて、どこかに行ってしまいます。かしらは初めて人に信用されて、涙が出ました。ところが夕方になっても、あの子どもは戻って来ません。かしらはお役人のところへ行くことにし、さらに自分が盗人であると明かしました。

五人の人物を演じ分けるには、かしらは威張っているように、四人は絵に描かれる体型をヒントに演じてください。

はなのすきなおじいさん

原話／中国の民話　脚本／小林純一　画／小谷野半二
童心社　1964年　12枚（12分）

中国の昔話　花　お爺さん

『花仙人』（福音館書店）の本でも知られている中国の昔話。

花の好きな秋（しゅう）爺さんの庭は美しい花でいっぱい。ある日、ならず者の張親分たちが庭を散々荒らしてしまいます。悲しむ秋爺さんの前に美しい花の精たちが現れ、花々を蘇《よみがえ》らせてくれました。けれど、魔法使いだと疑われた秋爺さんは牢《ろう》に放り込まれてしまいます。再び現れた花の精は、張親分たちの体をしびれさせ、懲《こ》らしめるのです。

秋爺さんのセリフ「花というものはな、一年のうち、ほんの五、六日しか咲いていませんのじゃ」が印象に残ります。輪郭線を使わず色構成で見せる画面ですが、メリハリがあり遠目《とおめ》がききます。

はのいたいおまわりさん

脚本／松野正子　画／渡辺有一
童心社　1979年　12枚（8分）
虫歯　おまわりさん　歯医者

子どもたちに虫歯予防を呼びかける時、教訓的ではなく、コミカルな紙芝居で導入するのはいかがですか？　そういう時にぴったりの紙芝居です。

おまわりさんの吉田さんは、朝、目を覚《さ》ましたとたんに歯が痛くて、恐ろしい顔になりました。でも、歯医者に行くのが怖くて、ますます恐ろしい顔になりながら、車でパトロール。まもなく、歯の治療から逃げ出したヒロシ坊やを探して一緒に歯医者に行くと、診療台に座ることになります。

パトロール車の軽快なテンポに乗せて、歯の痛いおまわりさんの珍妙な表情を伝えられるように演じると、子どもたちには抱腹絶倒で、大変愉快なお話になるでしょう。

ハボンスのしゃぼん玉

原作／豊島与志雄　脚本／稲庭桂子　画／桜井 誠
童心社　1959年　16枚（12分）
トルコ　手品師　しゃぼん玉　魔法使い

トルコの国にハボンスという手品師がいました。ハボンスは、旅の途中で息子を亡くし、絶望の中で、魔法使いのお婆《ばあ》さんに息子を生き返らせてくれと頼みます。魔法使いは息子の代わりに、むくろじの実を渡し、「これでしゃぼん玉を吹けば望みのものになる」と言います。

ドラマチックな話が重厚な絵のタッチと溶け合って、お話の世界に引き込ませます。②場面までは明るく、子どもが病気になる③場面からは、テンポを落として声のトーンは低めに変えるなど、状況の変化を観客にわかりやすく演じましょう。ていねいな演出ノートがついています。

はるだよニャーオン

脚本／都丸つや子　画／渡辺享子
童心社　1995年　12枚（8分）
子猫　春　知りたがり

「きれいだなあ。なんだろう？」。黒猫のニャーオンは、雨に濡れたクモの巣を初めて見たのです。ちょっと触ってみたくなりました。「エイッ！」。「子猫ちゃん、困るよ。ぼくの家、壊しちゃ」。クモが長い足をニョキニョキと動かしながら、近づいてきました。「春になったから、家を新しくしているのさ」。「春って、なんだろう」。

ニャーオンが蛙《カエル》やチョウに出会って春を探し当てる様子が、愛らしいドラマに構成され、抜き方に工夫を凝らした画面は季節感あふれる色彩で秀逸。

知りたがりやの子猫の行動は、子どもたちの興味を呼び、特に新入園の子の不安も和らげるでしょう。

はるのおきゃくさん

原作／あまんきみこ　脚本／堀尾青史　絵／梅田俊作
童心社　2004年　12枚（8分）
春　タクシー　狸　幼稚園　母と子

タクシー運転手のまついさんは、お母さんと五人の子を幼稚園へ送ります。園庭では園児と先生が「春の歌」を歌って踊っています。リズムに合わせて五人の子のズボンからしっぽが揺《ゆ》れています。お母さんが「しっぽ！」と言うと、消えました。お母さんにせかされてみんなはタクシーに戻ります。帰り道、あわや事故！　その時、五人は五匹の子狸に。でもまついさん「そのまま、そのままでいい」。車の中にはさっきの春の歌が響きます。

春らしい配色の明るい絵で、まついさんの表情が周囲をなごませるようで、とてもよい。「春の歌」は七五調なので、メロディーをつけなくても、リズミカルに読むだけで十分楽しめます。

ぱんくがえる/ぺちゃんこがえる

原作／イソップ童話　脚本／堀尾青史　絵／二俣英五郎
童心社　1975年　各6枚（4分+3分）
イソップ　井の中の蛙　交通安全

（ぱんくがえる）

お父さん蛙がのんびりとたばこを吸っています。と、子蛙が「池のそばに大きなおばけが来てね」と慌て、大きなことが自慢のお父さんは、お腹いっぱい息を吸い込んで「これよりは小さいだろう」と大威張りですが…。

絵がユーモラスで、年齢に関係なく楽しめます。

（ぺちゃんこがえる）

アオガエルは元気者で、おっちょこちょい。ツチガエルは臆病で慎重です。②場面でアオガエルが道路へ出て行きます。うきうきしていますが、子どもたちは危ないことがわかるので、ハラハラ・ドキドキ。イソップの寓話《ぐうわ》を現代の車社会に置きかえています。

ハンスのしあわせ

原作／グリム　脚本／堀尾青史　画／篠原勝之
童心社　1971年　12枚（9分）
グリム　交換　幸せ

ハンスは七年間働いた給金として袋いっぱいのお金をもらって、故郷へ帰ることになりました。歩きくたびれたところで馬と出会います。そこで全財産を馬と交換し、馬に乗って走っていたら落馬です。馬を牛に替え、牛を豚にと次々交換していき、最後の砥《と》石も、水の中に落としてしまいます。⑫場面は「面倒な荷物はひとつもなく、心は青空のようにすがすがしく、嬉しさに踊りながら」母のもとに帰って行きました。

ハンスのとぼけた表情、幸せそうな雰囲気を盛り上げる画面、テンポのよいカラッとした文がグリムの面白さを引き出しています。

（パンダコパンダ）

その1
おおきなパパとちいさなママ

原案・脚本・画／宮崎 駿　演出／高畑 勲
教育画劇　2010年　12枚（7分）
パンダ　女の子

お婆《ばあ》ちゃんと二人暮らしのミミちゃんは、お婆ちゃんが泊まりに出かけたので、一人で留守番することになります。そこへパンダの親子が迷い込みます。パンダは家のまわりの竹藪《やぶ》が気に入り、ミミちゃんはコパンダのママになって楽しい日々が始まります。大きな大きなパパパンダのセリフは、できるだけゆっくり、低めの声で演じると雰囲気が出ます。

一話で完結していますが、次がどうなるかワクワク、後をひきます。宮崎アニメでおなじみの絵柄は、キャラクターを強く印象づけます。

その2
パンちゃん、がっこうへいく

原案・脚本・画／宮崎 駿　演出／高畑 勲
教育画劇　2010年　12枚（7分）
パンダ　女の子　給食

コパンダのパンちゃんは、学校の給食室で大騒動を巻き起こします。

その3
パンちゃん、ききいっぱつ！

原案・脚本・画／宮崎 駿　演出／高畑 勲
教育画劇　2010年　16枚（8分）
パンダ　女の子　動物園

パンダ親子が動物園から抜けて来たことが明かされ、動物園に戻されるか気をもむひと幕があり、めでたしめでたし。

（パンダコパンダ雨降りサーカス）

その1
ちいさなちいさな、おきゃくさま？

原案・脚本・画／宮崎 駿　演出／高畑 勲
教育画劇　2010年　12枚（7分）
パンダ　女の子　虎の子

ミミちゃんたちの家に空き巣？　怪しい二人組が入り込みます。パンダを見て逃げましたが、パンちゃんのベッドには小さな虎の子が。

トラちゃんは、みんなが気に入って家族のように暮らしました。

もとになっているのは1970年代に劇場用に作られた中編アニメ。「日本一つよい女の子」というキャッチフレーズがついていました。『長靴下のピッピ』の日本版を目指したとか。ミミちゃんはりりしく演じましょう。「さて、この続きはどうなるか、また明日をお楽しみに」と連続で演じたい。

その2
サーカスがやってきた！

町にやって来たサーカスに迷い込んだパンちゃんとトラちゃん。あの怪しい二人組の正体が明かされます。

原案・脚本・画／宮崎 駿　演出／高畑 勲
教育画劇　2010年　12枚（7分）

パンダ　女の子　虎の子　サーカス

その3
あめふりサーカス、だいこうずい

大雨で町は大洪水《こうずい》。サーカスも流されます。ミミちゃんの勇気と力が発揮されて、一巻の終わり。

原案・脚本・画／宮崎 駿　演出／高畑 勲
教育画劇　2010年　16枚（8分）

パンダ　女の子　サーカス　洪水

美女と野獣 前・後編

原作／ボーモン　脚本・画／藤田勝治
童心社　1999年　前後編各12枚（前後編22分）

名作　美しい心　フランス

お金持ちの商人が財産を失い、一家は田舎に移り住みますが、一隻の船が無事との知らせが入り、自分の船ではないかと思った商人が港へ行っての帰り道、大きな城を見つけます。中に入ると、テーブルにはご馳走《ちそう》がありました。翌朝、ふと見ると、庭にバラが咲いています。末娘のベルのみやげにと手折ったとたん、野獣が現れます。そして商人の命の代わりに娘が来ることを約束させるのです。

約束を守ってベルがお城で野獣と暮らすうちに、二人には本当の愛が芽生え、野獣は仙女の魔法が解けて人間に戻ることができるのです。

しっかりとしたドラマが展開し、前後編で長いので、落ち着いてこのドラマの面白さが出せるように演じたいものです。

ひっこし

脚色・画／夏目尚吾
教育画劇　1982年　10枚（5分）

中国の民話　兎　豚　象　引っ越し　掃除

絵は色調が明るく温かい雰囲気。話の展開もわかりやすく年少児にも好評の紙芝居。

豚、兎《ウサギ》、象の三軒の家が並んでいます。ところが、兎の両隣は困ったさんです。掃除嫌いの豚は兎宅にゴミをぽい！　きれい好きの象は掃除の仕上げに鼻のホースで盛大に水まき。この④場面は上機嫌な象と迷惑顔の兎の落差を、じっくりと見せましょう。

その夜、豚と象が引っ越しをすることになり兎は喜びます。実は二人が入れ替わっただけ…。でも両方の癖が直って「めでたしめでたし」で終わります。

①②場面に当ててっこを入れて遊ぶこともできます。

ぴったんこってきもちいいね

脚本／田村忠夫　絵／土田義晴　監修／三石知左子
童心社　2004年　8枚（3分）

ふれあい　言葉　わらべ歌　参加型

「ぴったんこするものよっといで」。あっちゃんが言うと、「ぴったんこする」とやって来たのは猫ちゃん。ぴーたんこ、ぴったんこ。なーにとなーにでぴったんこ。おててとおててで、ぴったんこ。兎《ウサギ》さんとは、おでこ。狐君とは足の裏。熊さんとは、ほっぺ。最後はみんなで、お尻とお尻でぴったんこ。

一つひとつ、体の感触を確かめながら、楽しく触れ合える参加型の紙芝居。「子育て広場」で、ママ・パパと赤ちゃんがぬくぬくと体を寄せ合う姿は、とてもほほえましい。最後は、ぎゅっと抱きしめて、はい、おしまい。みんながつながれる、優れた作品。歌うように語りかけて展開していきましょう。

ひとうち七つ

原作／グリム　脚本／川崎大治　画／高橋恒喜
童心社　1971年　12枚（9分）

グリム　仕立屋　大男　ほら吹き　知恵

仕立屋がパンにジャムをぬっていると、ハエが集まってきます。布で叩《たた》くと一回で七匹死にました。仕立屋は人々に強さを示そうと「ひと打ち七つ」のたすきを掛け、旅に出ます。城の庭に迷い込んだところ、王は、仕立屋に、暴れん坊の二人の大男を退治したら国の半分を与えると言うのです。仕立屋は大男たちが互いに組み打ちするように仕向けます。二人は倒れ、意気揚々と引き揚げた仕立屋は、国の半分をもらい、王となりました。

体や手足の動き、人間の激しい感情の表現に、画家の本領が存分に発揮されています。大男の組み打ちの場面は、擬音が書かれていません。ドスン、ボコ、ガシッ、といった音を入れると面白いです。

ひなにんぎょうのむかし

作／小野和子　絵／池田げんえい
教育画劇　1993年　12枚（10分）

ひな祭り　セキレイ　由来譚

昔、山のふもとの若い木こりの夫婦に、かわいい赤ちゃんが生まれました。女の子でした。「どんな名前がいいじゃろか」。その子が生まれた時、セキレイがきれいな声で歌っていたので、せきれん子と名づけました。

ところが、せきれん子は三つになっても、家の中に閉じこもっているばかりです。父さんが、セキレイが落とした木の枝で人形を作ると、気に入って一緒にままごと遊びをしたり、外で遊ぶようになったり、すっかり元気になりました。桃の花が咲く頃にひな人形を流しました。

春を呼ぶ作品。ひな祭りの由来を語る昔話ですが、子どもを案ずる親の愛情とのびやかに育つ子どもの情景が、貼り絵によって美しく表現されています。

ひなのやまかご

脚本／古山広子　画／牧村慶子
童心社　1977年　12枚（11分）
ひな祭り　人形　風邪

今日は桃の節句。なっちゃんは風邪をひいて寝込んでいます。すると、部屋に飾ってあったおひな様たちが動き出しました。「みんなで、なっちゃんにお見舞いをあげようよ」。

「春の野菜をあげましょう」。

足の速いやっこさんが、山駕籠《かご》を背負って、ひなの里へ行くことになりました。五人ばやしの笛や太鼓に送られて、赤い毛《もう》せんをくぐってひなの里へ。

赤い毛せんが大変印象的に活用されて、心優しい物語が展開します。なっちゃんのおひな様たちと、ひなの里のおひな様たちの容姿にあまり変化がないので、少しまぎらわしい部分もありますが、全画面ていねいに描かれていて、のびやかな美しい世界へ誘います。

第16回五山賞奨励賞・作家賞受賞。

ひまわりパンツ

脚本・絵／垂石眞子
童心社　2006年　8枚（3分）
パンツ　動物　歌　夏　ひまわり

森の木に干してあるひまわり模様のパンツ。トカゲ君にはぶかぶか。ダチョウのおばさんには何だか変てこです。オバケ君のでもなかったみたい。♪ひまわりパンツ　だーれのパンツ。かわいらしいパンツの持ち主は、なんとゴリラでした。

2～3歳向きになっていますが、♪ひまわりパンツ　だーれのパンツと歌いながらの展開と、かわいい動物たちの表情は大きな子たちにも好評です。♪ひまわりパンツ、と歌ったら、観客に考えてもらうために少しの〈間〉《ま》をとるといいでしょう。③場面からは、♪ひまわりパンツはそれぞれの動物の声で歌っても楽しいでしょう。観客とのやりとりを生かして〈間〉《ま》〈抜き〉を工夫したい作品。

ひもかとおもったら…

作・画／古川タク
教育画劇　1988年　8枚（4分）
ひも　クイズ　参加型

ひもかと思ったらひもではありません。意外な答えに子どもから大人まで楽しめるクイズ紙芝居。

観客が最初に答えをアレかな？　と思っていると、答えは絶対アレじゃない！　それがヒントです。答えがことごとくはずれると、観客に不満が残ります。

最初の場面はヒントなしで意外性を観客に伝えます。

③場面では「お菓子です」、「中に入っているものはあんこ」などのヒントを出したらどうでしょう。

うまくヒントを出すことで観客と一体になっていきます。紙芝居を演じるのではなく、観客とのやりとりを楽しみたい。

ひゃくまんびきのねこ

原作／ガァグ　脚色／高橋五山　画／川本哲夫
童心社　1959年　16枚（9分）
猫　老夫婦　自己中心　アメリカ

子どものいない老夫婦が猫を飼う事にして、お爺《じい》さんが探しに行くと、丘の向こうに百万匹も猫がいるのです。お婆《ばあ》さんに選ばせようと、白と三毛と黒猫と歩くと、他の猫も全部ついて来ます。

一番最後に灰色の子猫がついて行くと、猫たちがかわいさを競って争いになります。そこへ竜巻が来て全ての猫を巻き上げてしまいます。教会の鐘が響き、喧嘩《けんか》に加わらずに残った灰色の子猫が老夫婦の家の猫になります。

みんなが知っている有名な話を紙芝居にした作品。我を張り合って喧嘩をする猫たちを巻き上げる怒りの竜巻は凄《すさ》まじく描かれ、教会の鐘が鳴り渡る村里の絵は平穏そのものです。この変転の強弱を、心を込めて演じましょう。

ひよこちゃん

原作／チュコフスキー　脚本／小林純一　画／二俣英五郎
童心社　1971年　12枚（5分）
ロシア　ヒヨコ　猫

①場面「ピヨピヨピヨ。ヒヨコがいちわおりました。とてもちっちゃいヒヨコです」。でも大きいと思い意気揚々「ほら、こんなふうにね」。どら猫をおんどりが追いはらい「コッコッコッコッ　コケコッコー」。ヒヨコちゃんが真似をして「ピッピッピッ…」と鳴いたら、水たまりに尻もち。「ほら、こんなふうにね」と繰り返される言葉の後の〈間《ま》〉は大切です。

すっきりした絵なので、⑤⑥⑦場面などは〈抜き〉を工夫したくなります。

ロシアの幼年童語の詩を、紙芝居に構成。「子どもが暗誦《あんしょう》するようになることがこの紙芝居の目的」とあります。

ひよこのろくちゃん

脚本／かこさとし　画／瀬名恵子
童心社　1975年　16枚（9分）
ヒヨコ　母性愛　猫　しつけ

六羽のヒヨコはお母さんに連れられてお散歩です。みんないたずらが大好きで、小石を転がし、花を引っぱり、土を蹴り合い、ミミズの取りっこをしたりしています。

一番いたずらなろくちゃんが列から離れて蛙《カエル》やトカゲと遊ぶうち、黒くにょろりとしたものを突っついたら、猫のしっぽでした。猫に追い詰められ、お母さんに助けを求めます。今度はお母さん危し！　でも⑭場面で「母ちゃんが猫のどろべーに勝っちゃった！」と大歓声。

ヒヨコはちぎり絵で柔かく、猫の爪や歯は切り絵で鋭く造形されています。視点を変えたり、ロングとアップを使い分けたりして絵も変化に富んでいます。楽しく演じてみてください。

びんぼうがみとふくのかみ

脚本／鈴木敏子　脚本協力／佐々木悦　画／二俣英五郎
童心社　1995年　12枚（12分）
貧乏神　福の神　大晦日　夫婦

昔、一人淋しく暮らしている若者がいて、毎日だらくだ暮らしておったんだと。そういう家を探している者がちょうどいたんだと。

　それは貧乏神で、若者の家に住みついてしまいます。若者はいくら働いても貧乏な暮らしでしたが、お嫁さんをもらうと変わります。大晦日の晩、若夫婦がいそいそと年越し準備をしていると、貧乏神が泣き出します。福の神と交替しなければならないからですが、若者夫婦に励まされます。

　貧乏神が福の神に立ち向かって、やっつけるシーンを盛り上げて演じてください。教訓より、通念をひっくり返す昔話のたくましさが伝わるでしょう。お正月を迎える意義も伝えましょう。

ふうたのはなまつり

原作／あまんきみこ　脚本／水谷章三　絵／梅田俊作
童心社　1993年　12枚（8分）
春　狐　レンゲ　石けり

子狐のふうたが森の中で一人で石けりをしていると、遠くから子どもの歌声が聞こえて来ます。ふうたはそちらへ駆け出しました。

　レンゲ畑では、人間の子どもたちが花冠を作っては頭に乗せて遊んでいましたが、それを木の陰から見つめている小さな女の子がいました。ふうたはお母さんに花冠を作ってもらい、レンゲ畑で泣いていた女の子にあげるのです。

　夕焼けのレンゲ畑で心の優しさを広げるファンタジー世界は、原作者独自の香り高い文学性を伝えます。さらに美しい素描と色調の画面によっても巧《たく》みに表現されているので、年少児にも深い印象を残すに違いありません。

　第32回五山賞受賞。

ふうちゃんのそり

脚本／神沢利子　画／梅田俊作
童心社　1998年　12枚（8分）
冬　雪　そり　熊

冬の山は、そり滑りの子どもでいっぱいです。ふうちゃんは、小さいからと、そりに乗せてもらえません。お爺《じい》ちゃんが箱型のそりを作ってくれました。兎《ウサギ》が走るよりも速いすてきなそり。切り株をジャンプしたふうちゃんは、谷底へ落ちてしまいました。そこで出会ったのは冬眠中の熊の親子。ふうちゃんは、子熊と一緒に母さん熊に抱かれて眠ってしまいます。朝、その時の様子をお爺ちゃんに話すふうちゃんは、ほんとに嬉しそう。

　脚本は温かさに満ちています。躍動感いっぱいの絵がふうちゃんの冒険にぐんぐん引き込んでくれます。〈抜き方〉〈止め方〉を何度も練習して生き生きと演じましょう。

（ふしぎがいっぱい！むしのせかい）

セミくんがおようふくをきがえたら…

写真・作／今森光彦
教育画劇　2005年　8枚（3分）
セミ　生態　写真

アブラゼミの幼虫が言います。「ぼく、セミの幼虫、生まれた時からずーっと土の中」。暑い夏の日、涼しさを求めて土からはい出ます。背中の割れ目から白い体をそり返らせ脱皮。体が乾いて茶色になると飛び立ち、仲間のところに向かいます。

セミが羽化するまでを根気よく追い、飛んだ瞬間が最高！　クローズアップした姿は迫力があり、じっくり見せたい。脚本はごく短く、写真で語りつくしている紙芝居。

解説も注もついていないので、生態を調べておき、関連する絵本も用意しておくとよいでしょう。虫に関心を持たせる導入には便利。

いちばんおおきなばった

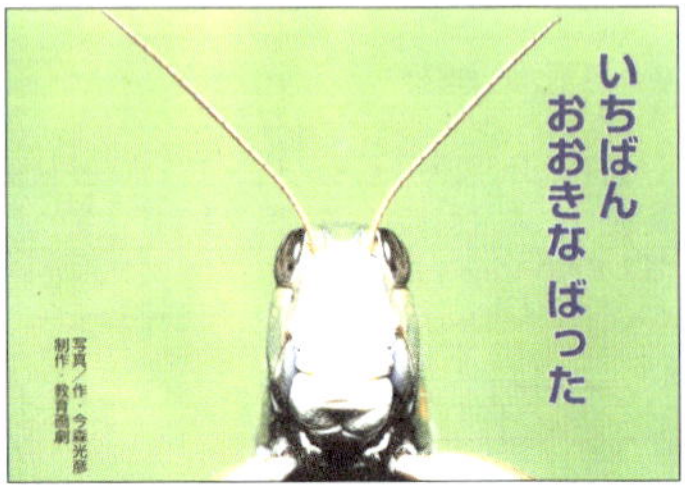

写真・作／今森光彦
教育画劇　2005年　8枚（3分）
バッタ　生態

つよいぞ!カマキリくん

写真・作／今森光彦
教育画劇　2005年　8枚（3分）
カマキリ　生態

写真は、身近な虫の、普通では見られない生態や体の仕組みを見せています。年中～小学生に、虫に興味を持たせ、観察に誘うのに最適です（絵本や図鑑の併用を）。「春の虫、夏の虫」「地面の上には何がいる？」「虫の食べ物」などのテーマで、シリーズ中の紙芝居を何種類か組んで使うこともできるでしょう。

ふしぎがいっぱい！むしのせかい

第1集：『ありんこありりはくいしんぼう』（アリ）『いちばんおおきなばった』（トノサマバッタ）『セミくんがおようふくをきがえたら…』（セミの一生）『トンボくんとなかまたち』（シオカラトンボ）『なつのほしのてんとうむし』（テントウムシ）『まんまるダンゴムシ』（ダンゴムシ）『むしのおうさまカブトムシ』（カブトムシ）『もりのあばれんぼうクワガタくん』（ノコギリクワガタ）

第2集：『アゲハチョウのたんじょう！』（アゲハチョウ　毛虫）『カタツムリくん』（カタツムリ）『ゲンジボタルのゲンちゃん』（ホタル）『スイスイゲンゴロウくん』（ゲンゴロウ）『ぞうきばやしのむしたち』（雑木林、昆虫）『つよいぞ！カマキリくん』（カマキリ）『ぼくらはむしのがっしょうだん』（秋　コオロギなど）『ミツバチのごちそう』（ミツバチ）

ふくはうち　おにもうち

脚本・画／藤田勝治
童心社　1998年　12枚（8分）
田植え　節分　鬼　豆まき

田植えの最中に突然の大雨、みんなは逃げ帰ります。ところが翌朝、田んぼに戻ると苗は植わっていました。そのうえ秋には稲穂が実ります。

何年か続いたこの不思議なことは、鬼たちの仕業《しわざ》だったのです。庄屋さんの家では鬼に感謝して、節分には「福はうち鬼もうち」と言うようになりました。

佐渡ヶ島の昔話の「ずんずくぼうしやてえてえごう　穂にゃならでも　つっぱらめ」のはやし言葉が入っています。不思議な出来事の謎解きをするお婆《ばあ》さんの存在もぴかっと光ります。それを生かす柔らかい筆づかいの陽気な絵なので、ゆっくり演じればさらに効果的です。

ふしぎなしゃもじ

脚本／佐々木悦　画／須々木博
童心社　1977年　12枚（8分）
昔話　お団子　しゃもじ　地蔵　鬼

ある日のこと、婆様《ばあ》が団子を作って仏様に供《そな》えようと思ったら、団子が転がり、穴に落ちてしまいました。追いかけた婆様も一緒にストーン。そこには地蔵様がいらして団子を召し上がっていました。と、そこへ鬼たちが現れて、婆様を見るや飯炊きをしてくれと頼みます。

地蔵様は婆様を大事にするよう鬼たちに約束をさせます。婆様は、ひとかきで一粒の米が一万倍になるという不思議なしゃもじで毎日ご飯を炊きました。けれども村が恋しくなって、逃げ出します。しゃもじは川の水さえも一万倍にして鬼たちを追い返しました。

温かみのある独特の絵は遠目《とおめ》もきき、ドラマチックに描かれています。

ふたごのほし

原作／宮沢賢治　脚本／堀尾青史　画／ユノセイイチ
童心社　1996年　16枚（8分）
宮沢賢治　星座　笛

双子座のチュンセとポウセは水晶の宮で笛を吹き、その笛の音に合わせて星たちは天空を回っているのです。ある朝、彗星《すいせい》が二人を天の川から海へ突き落とします。二人を鯨《くじら》が呑《の》み込もうとすると、海の王様が鯨を叱り二人を竜巻に乗せて天に帰してあげます。その夜も笛に合わせて星たちは決められた軌道を回ってゆくのでした。

水晶宮は美しく幻想的。天空を司《つかさど》る王、海を治める王、彗星、鯨なども印象深くデフォルメして形象化しています。笛の音とともに星空が巡ってゆく場面では、ゆっくり踊っているような気持ちで語りおさめましょう。

ふたつのこづつみ

作／岩崎京子　画／和歌山静子
童心社　1978年　12枚（6分）

小包　望遠鏡　策略　狐　兎

狐のコンのところへお爺《じい》ちゃんから小包が届きます。贈り物は望遠鏡。コンが兎《ウサギ》のピョンの家をのぞいて見ると、ピョンはチョコレートの小包を開いて喜んでいるところです。コンは一計を案じて「間違いの小包」と嘘《うそ》を言い、望遠鏡とチョコを取り替えます。ピョンは望遠鏡でコンがベッドの下にチョコを隠すのを見てしまいます。今度はピョンが知恵を働かせて、まんまとチョコレートを食べてしまいました。

お互いが一つの物を利用し合うというユーモラスな話にぴったりの楽しい絵で、狐の上をいく兎の表情がいい。

そ知らぬ顔で行動するピョンのセリフが、演じ手の力の見せどころでしょう。

ぶたのいつつご

作・貼り絵／高橋五山
童心社　1968年　8枚（5分）

豚　しっぽ　切り紙　当てっこ　参加型

さあ、これから、『ぶたのいつつご』という紙芝居をします。よーく見て、よーく聞いていないと、後でわからなくなりますよ。五匹の子豚は、顔も姿も鳴き声もみんな同じで、「ぶうぶうぶう」。でも、しっぽだけが、長かったり短かったり、下に丸まっていたり、なかったり…と違います。「五番目の豚のしっぽはどんなかな？」と、次々と場面を替えて子どもたちに当ててもらう趣向です。

シンプルな造形が楽しさを盛り上げていくこの作品は、五十年近く子どもたちを魅了しています。半円形の紙の一部を切り取り、鼻を折り返して目と耳を描けば、豚の出来上がり。当てっこの後には豚が作れて、二度も三度も楽しめます。

ふたりはなかよし　オウエンとムゼイ

脚本／池田まき子　絵／藤田勝治
童心社　2009年　12枚（7分）

実話　津波　ケニア　友情　カバ　亀

津波によってお母さんとはぐれ、一人ぼっちになったカバの赤ちゃんとゾウガメが仲良しになるという珍しいお話ですが、２００４年、アフリカのケニアで実際にあったことなのです。

赤ちゃんカバの名前はオウエン、ゾウガメはムゼイといいます。二人は野生動物保護センターで出会います。オウエンはムゼイを母のように慕《した》いますが、ムゼイは百三十歳のお爺《じい》さんです。一人でのんびりしたいのだと怒ります。すると、寂しくなったオウエンは何も食べなくなってしまいました。

それを知って、ムゼイが優しく声をかけると、それから二人はどんな時も一緒にいるようになるのです。二人の様子に心が温かくなります。

ふとんやまトンネル

脚本／那須正幹　画／長野ヒデ子
教育画劇　1986年　12枚（6分）

ふとん　トンネル

ケンちゃんは、ふとんに潜るのが大好きです。

ふとん山トンネルをどんどん潜っていくと、不思議なことに明るい野原に出ました。そこにはパジャマ姿の子がいっぱい。仲良しのユミちゃんもいたので、ケンちゃんは楽しく遊びました。ところが、帰ろうとすると、どのトンネルに潜ったらいいか、わかりません。やっと出口を見つけてお家に帰れました。翌朝、目が覚《さ》めたらケンちゃんはユミちゃんの家で寝ていたのです。

ふとんのような身近な素材を使ったファンタジーの世界は、幼い子どもたちにも親近感があり、理解も容易でしょう。

冬のわらたば

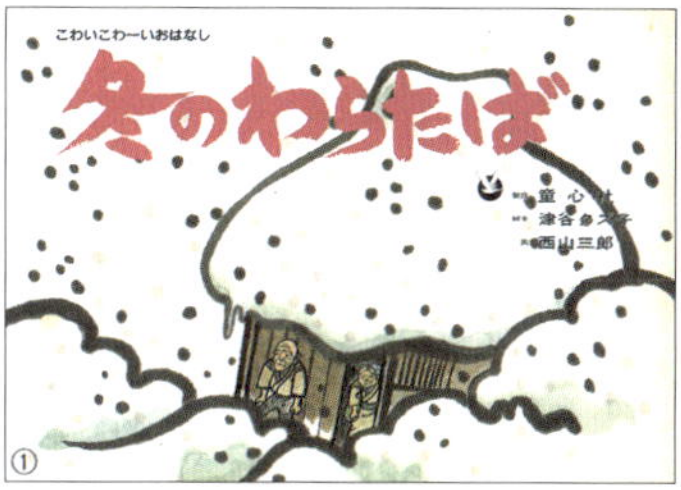

脚本／津谷タズ子　画／西山三郎
童心社　1991年　16枚（10分）

昔話　冬　老夫婦　クモ男　怖い話

爺《じい》様は雪靴を編もうとわらたばを取りに行くと、三味線を抱えた奇妙な小男がいます。ついて来た男は炉端《ろばた》の鍋から上がる湯気に文句を言い、わらから出てくる小虫をしきりに集めています。

婆《ばあ》様は男を不審に思いますが、爺様は男に三味線を持たされ弾《ひ》き始めます。すると、たちまちねばつく糸に巻かれて天井からつり下げられてしまいます。婆様の機転で、爺様はクモ男の妖術《ようじゅつ》から救われました。

三味線を勧められるところから話が急展開します。男の物言いが不気味なものになり、そくそくと怖さが増していきます。剛柔を使い分ける熟練の絵で、目に赤い隅《くま》どりをしたクモ男の顔などに迫力があり、話を引き立てています。

ブランコみのむし

脚本／高家博成　画／かみやしん
童心社　1999年　12枚（6分）

みの虫　生態　命　巣立ち

林の中の高い木の小枝に雄《オス》と雌《メス》の二匹の蓑《ミノ》虫がぶら下がっています。強い風に吹かれて飛ばされても、口から糸を出してぶら下がったり、頭と足を出して枝を歩いたりもするのです。蓑虫は足が10本、蓑の下には、排出口の穴もあります。鳥に蓑を突かれて破れても、すぐに直します。こうして、冬を過ごし、晩春に雄《オス》は蛾になって飛び立ち、雌《メス》は蓑の中で産卵して死んでいきます。

初夏、幼虫が蓑の穴から出て、小さな蓑を作り、葉にぶら下がりました。

蓑虫だけに焦点を当て、絵も黒を用いて合わせています。最終場面は、幼虫たちへのエールあふれる絵です。幼虫の巣立ちは、希望に満ちた明るい調子で演じてください。

ふるやのもり

脚本／水谷章三　画／金沢佑光
童心社　1980年　12枚（8分）

昔話　狼　泥棒　雨

山の中の一軒家に、爺様《じい》と婆様《ばあ》が、二人で淋しく暮らしていたんだと。

あんまり淋しいものだから子馬を飼うことにしましたが、ある雨の晩、狼が子馬を狙って、忍び込んで来ました。馬泥棒もやって来ます。

婆様の話す声が聞こえて来ました。

「この世の中で一番おっかねもんは、ふるやのもりだ」。雨がひどくなって、雨もりがするようになりました。

「そおら、来た、ふるやのもりじゃ」

狼が慌てて逃げ出しますと、馬泥棒は馬と間違えて背中に飛び乗ってしまいます。

日本各地に伝わる昔話で、年長から高齢者まで楽しめる笑い話。動きのある画面構成で、テンポよく演じてみましょう。

ブレーメンのおんがくたい

原作／グリム　脚本／川崎大治　画／宮本忠夫
童心社　1992年　16枚（9分）

グリム　音楽　知恵　仲間　泥棒

ロバが年をとって働けなくなりました。主人は怒って、「やい、ろばめ。すぐそこの水車小屋までも、この袋が運べんのか。えーい、しょうがないやつだ。出て行けっ」と言いました。

「やれやれ、情けない」と、ロバはしょんぼりしていましたが、ブレーメンの町へ行って音楽家になることにします。

やがて、犬・猫・ニワトリが次々と仲間になって音楽隊を編成し、泥棒までもやっつけます。動物の生態に合った生き生きとした会話が面白い。

動物たちの表情がユーモラスに描かれ、画面構成にはダイナミックな動きが加えられています。役を決めて演じるのも楽しいでしょう。四匹がいっせいに鳴くところなどは大いに盛り上がります。

ぶんぶくちゃがま

文／筒井敬介　画／前田松男
教育画劇　1971年　16枚（12分）

昔話　狸　恩返し

くず屋さんは子どもたちにいじめられていた狸を助けてやります。狸が恩返しに、高く売れそうな茶釜に化けます。それを寺で買ってくれましたが、狸がしっぽを出したので和尚《おしょう》さんたちはびっくり仰天。この⑧場面の表情はとてもおかしく秀逸。その後、狸の茶釜は売れた先で火にかけられ火傷をして逃げ帰ります。⑬⑭場面、狸をわが子のように介抱するくず屋さん。さて、人をだまさず狸も傷つかない方法は？　狸の綱渡りでござーい。愉快な解決策は、みんなを喜ばせ幸せに。観客もほっとします。

年中さんくらいから喜ばれますが、演じる前に「茶釜」「いろり」「くず屋さん」などは説明しておいたほうがいいでしょう。

平和のちかい

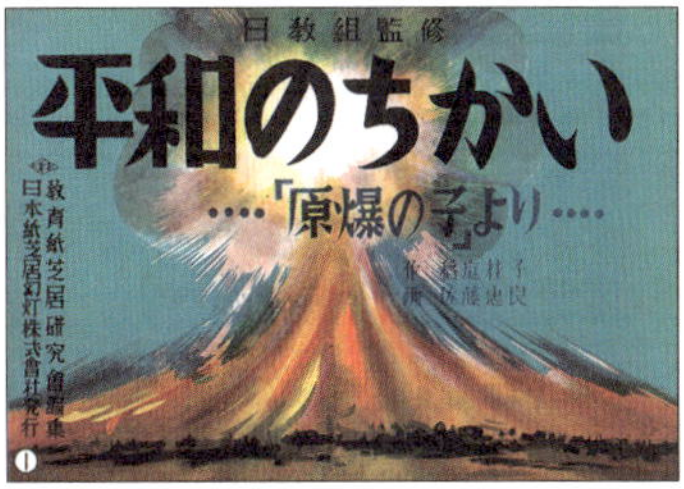

原作／『原爆の子』より　脚本／稲庭桂子　画／佐藤忠良
童心社　1985年　16枚（18分）
広島　原爆　平和

1945年8月6日、世界初の原子爆弾が投下された広島市。被爆当時の惨状や、生きながらに肉親を見捨てざるをえなかった苦しみ。さらに被爆者が差別される場面など、子どもたちの体験をリアルに語っています。

長田新編『原爆の子』（岩波書店）の一編をもとに平和への祈りを込めて紙芝居化されました。最終場面の「原爆の子たちの訴えに、私たちは何をもってこたえたらいいのだろうか」。この言葉は、3・11を体験した私たちに突きつけられているようにも思えます。

1952年に出版されたものを、原画から新しく製版し、1985年とさらに2005年に復刻されました。

へっこきよめ

脚色／香山美子　絵／川端 誠
教育画劇　1998年　12枚（7分）
昔話　屁　嫁　活躍

きれいで働き者のお嫁さん、屁《へ》をしたとたんに婆《ばあ》様を裏の畑まで飛ばしてしまい、泣く泣くお里に帰されることになりました。その道中、屁を自由自在に操って倒木を立てたり、舟を向こう岸へ渡したり、殿様のために梨の実を落としたりと大活躍。おなじみの昔話です。

くっきりした輪郭線で表情豊かに描き、滑稽《こっけい》な話にぴったり。④場面は、〈軽く円を描くように動かす〉と飛んでいる様になります。⑥⑧場面は演出ノート通りに抜いて止めると、同一人物が二人現れてしまうので、〈ゆっくりと抜き〉ながら、その場面を語り終えましょう。お嫁さんの「どれ、ごめんして」というセリフは愛らしく、屁の音は勢いよくリズミカルに楽しく演じましょう。

へっこきよめさま

脚本／水谷章三　絵／藤田勝治
童心社　2005年　12枚（6分）
屁　嫁　活躍

おっか様から「屁《へ》だけは気をつけるだぞ。おれは、おまえの屁の癖《くせ》が心配で」と言われていた嫁様。ところが我慢していた屁を「ボッボッ　ボッボッ　ボッガーン」とこいて、婆《ばあ》様を吹き飛ばしてしまいました。里へ返される途中、嫁様は屁の力で梨の実を落とします。殿様から褒美をもらい、また元の家に戻って幸せに暮らしました。

「〜である」調で語られます。屁の音も「ボッガーン」と勇ましい。屁の力が発揮されるのは、梨の実を落とす場面だけです。

ぼくはかぶとむし

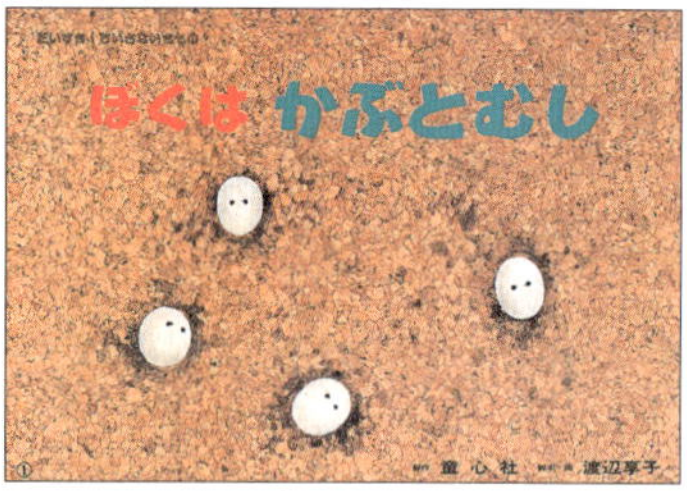

脚本・画／渡辺享子
童心社　1997年　12枚（10分）
かぶと虫　生態

夏の終わりの頃、林の土の中に小さな卵がありました。かぶと虫の卵です。目玉のようなものがぴこぴこ動いています。卵の中で赤ちゃんが「何か食べたいよ」って口を動かしているのです。

あ、卵の殻《から》が破け始めました…。

かぶと虫の幼虫のころんは、落ち葉や木のくずを食べ、冬になっても食べ続けて10cmもの大きさに成長しました。

次の夏のこと、皮が脱げると角が出てきて、さなぎに変わり、やがて一人前のかぶと虫になりました。

卵から成虫になるまでを、工夫した画面でわかりやすく展開。質感まで伝える写実的な絵です。本物のかぶと虫を見せた後に演じたら、子どもたちは感動するでしょう。

ほねほね…ほ！

脚本・絵／若山甲介　監修／細谷亮太
童心社　2003年　12枚（8分）
参加型　食育　骨　からだ

「あのね、カサにもね、骨があるんだよ。」と始まるこの紙芝居は、魔法の言葉「ほねほね〜…ほっ！」を唱えると、カサの骨ばかりか、動物や魚、人間の骨格まで見せてくれます。飛んだり走ったりできるのは骨があるから。丈夫な骨を作るためには、食べ物と外で遊ぶことが大事だよ、と教えてくれます。

もしも、キリンに骨がなかったらどうなる？「ほねほね〜…ほっ！」と、③場面を〈抜く〉と、キリンはぐにゃぐにゃ〜！　この思いがけない展開に大人も子どもも爆笑。魔法の言葉はみんなに言ってもらいましょう。興じた子どもたちは、ぐにゃぐにゃ遊びを始めますよ。骨を実感できる面白い紙芝居。小学校低学年から大人まで。

まっくらぐらぐら

作／高木あきこ　画／間瀬なおかた
教育画劇　2003年　12枚（6分）
地震　防災

お父さんが坊やの様子を見に寝室に入った時です。大きな地震です。ふとんをかぶり体を保護して揺《ゆ》れがおさまるのを待ちましょう。すぐに停電になってしまいました。家の中も外も真っ暗です。お父さんはそこにあった靴を坊やに履《は》かせ、部屋の外を、そろそろ、そろそろ…。

阪神淡路大震災やその後の体験から、地震対策は「まず自らの身を守ること」に重点を置くようになりました。場面ごとに注意点が解説されています。最初には、狸の一家の地震のドラマとして演じ、次には、問いかけをしながら要点をおさらいすることもできます。

親子で見る機会を作るといいですね。

マッチうりのしょうじょ

原作／アンデルセン　脚本／川崎大治　画／藤沢友一
童心社　1980年　12枚（8分）
アンデルセン　クリスマス　マッチ　死

それは雪の降る寒い日のこと。「マッチはいりませんか。マッチを買ってください」。細い声で呼びながら一人の女の子が、街の中を歩いていました。明日はクリスマスなので、準備に忙しくて誰も振り向いてくれません。

暖かそうなオーバーを着て馬車に乗って行く少女もいるのに、女の子は靴もはかず、素足のまま。おなかもすいて寒さに我慢できなくなり、次々とマッチをすると、クリスマスの食卓とお婆《ばあ》さんが現れます。

誰もが知っている名作を、簡潔に情緒を抑えて紙芝居化。清楚《せいそ》な女の子の容姿をよくとらえた画面展開も秀逸です。少し感情を抑えて演じたほうが作品の特徴を生かすことになるでしょう。

まつりのばん

原作／宮沢賢治　脚本／川崎大治　画／福田庄助
童心社　1983年　16枚（10分）
宮沢賢治　祭り　山男

亮二は山の神の祭りの晩、見世物小屋で山男を見かけます。後で、山男が茶屋で団子代を払えと責められていた時、亮二は五銭を山男の足の上に置いて帰ります。お爺《じい》さんにその話をしていると、大きな音がして、山ほどの薪《たきぎ》と栗が置いてありました。⑩場面、「ゴーッ　ものすごい風が吹きたって」で画面を〈軽く動かす〉と不気味さが出ます。

続く⑪場面は一人ぽつりと歩く亮二の姿に、原文にないセリフがかぶさります。山男は正直者なのだ、と自分に言い聞かせるように。

脚本も絵も巧《たく》みに伏線を張り、話を進めます。色彩効果を生かした説得力ある画面です。

祭の晩

原作／宮沢賢治　脚本／さとうつきこ　絵／岡野 和
岡野和の紙芝居刊行会　2011年　15枚（14分）

宮沢賢治　祭り　山男

脚本は原作の構成・文体を生かしています。

⑬⑭⑮場面を使い、亮二とお爺さんの対話の中で山男のことを語っています。わかりやすくはなっていますが、劇的盛り上がりは薄れます。

薄墨色を基調にやさしいタッチで村の景色を描き、時代色がにじみ出ます。山男に対する亮二の気持ちを前面に出した作品です。

岡野和が紙芝居にしたい作品を、自らの絵で創り、自主出版として刊行しています。

まほうのひょうたんいけ

文／柴野民三　画／小松 修
教育画劇　1987年　12枚（7分）

笛　乙姫　池

十べえさんの屋敷にはひょうたんの形をした大きな池がありました。ある日、池に浮かんでいた赤い笛を吹くと、池の中から乙姫《おとひめ》が現れ、何か道具が必要になったら笛を吹けと告げるのです。次の日、家に千人の村人が訪れることになります。十べえさんが笛を吹くと…。

端正《たんせい》な絵で、人物は表情豊かに描かれていますが、アップの場面が少なく、あまり遠目《とおめ》はききません。

会話はほとんど十べえさんと乙姫だけで淡々と物語は進みます。場面転換になる⑪場面などでは〈間《ま》〉をとり、口調を変えるなどの演じ方の工夫で内容が豊かになるように補い、単調さを破っていきたいですね。

まほうのふで

原話／中国の昔話　脚本／川崎大治　画／二俣英五郎
童心社　1974年　16枚（8分）

中国の昔話　魔法　筆　少年　王様

絵を描くのが大好きな少年マーリャンは、描いた物が本物になる魔法の筆を仙人からもらいます。その筆で村人のために牛や道具を描いた噂《うわさ》が、王様の耳に届きます。欲張りな王様のために魔法の筆を使いたくないマーリャンは捕まりますが、うまく逃げます。怒った王様は筆を取り上げ、自分で金の山を描いたつもりが大蛇に！　マーリャンは筆を取り戻し、機転をきかせて王様を海に沈め、村人たちと幸せに暮らしました。

動きのある温かい絵に、二転三転するドラマチックなお話の展開。王のへたな絵がとんでもない結果になるおかしさもあり、大人も子どもも引き込まれます。マーリャンの優しさが伝わるように演じましょう。中国のチワン族の昔話です。

豆っ子太郎

作／川崎大治　画／岡野 和
童心社　1969年　16枚（11分）

昔話　老夫婦　丸太　冒険

老夫婦は豆粒ほどでもいいから子どもが欲しいと願っていました。ある日、山仕事の帰り、丸太を見つけて婆《ばあ》様が割ると、親指ほどの男の子が跳び出し、豆っこ太郎と名づけます。

知恵者の太郎は、自分を百両で旅人に売らせますが、まんまとそこから逃げて大冒険。最後は狼の口から跳び出して老夫婦のもとに落ち着きます。

絵は筆に勢いがあり、凝縮された単純な線が力強い。山水画を思わせる山の景色がなごやかで、めでたい終わりを予感させます。

昔話を語るようにゆったりした味わいで演じると、牛や狼を殺す場面も抵抗が薄れるでしょう。

まるぱんころころ

原作／ロシアの昔話　作／川崎大治　画／鈴木寿雄
童心社　1969年　12枚（7分）

ロシアの昔話　老夫婦　パン　歌　知恵

お婆《ばあ》さんが丸パンを焼いて窓辺で冷《さ》ましていると、淋しくなった丸パンは逃げ出してころころ転がっていきます。兎《ウサギ》が食べようとすると歌を歌い、隙《すき》を見て逃げ出します。狼からも熊からも逃げ出して次に出会った狐は…。絵本やお話でおなじみのロシアの昔話。「♪わたしはまるぱん　できたてぱん。ミルクでこねれ　かまどで焼かれ…熊さんからも逃げ出した」の歌は楽譜つきですが、「即興で適当なメロディーで歌って」と書いてあります。ていねいな演出ノートが参考になります。

意気揚々と転がってゆく丸パンを巧《たく》みに擬人化した絵が親しみやすい。ミュージカルを見るような楽しさを味わわせてあげましょう。

まんまるまんま　たんたかたん

脚本／荒木文子　絵／久住卓也
童心社　2007年　8枚（5分）

忍者　おつかい　参加型

ちびっこ忍者のまんまるが、父ちゃんの手紙を隣村の爺《じい》ちゃんに届けに行きます。でも真夜中のお使いで、ちょっと怖くなったまんまるは、分身の術で自分を増やすことにします。その呪文《じゅもん》が「まんまるまんま　たんたかたん」。

三人になったまんまるは夜道をまっしぐら。今度は、大きな蛇がとぐろを巻いて道をふさいでいました。さあ、もういっかい分身の術……。見事！　やっつけることができました。そして、爺ちゃんに手紙を届けます。

参加型の紙芝居。分身の術「まんまるまんま　たんたかたん」を演じ手と掛け合いで進めていくリズミカルな作品です。掛け合いの時にみんなで手を叩《ただ》くところで一体感も生まれます。

みいちゃんの春

脚本・絵／ピーマンみもと
雲母書房　2009年　8枚（10分）

歌　春

懐かしい歌が次々に出てきます。さあ、みんなで歌いましょう。大きな声でも小さな声でもお好きなように。

「春よこい、早くこい。歩きはじめたみいちゃんが」と歌から始まります。でも作者は「最初から歌に入ってもよいのですが、なにか話しかけて歌に入ると演じやすくなります」と助言しています。

続いて『春の小川』『春がきた』『うれしいひな祭り』『うぐいす』の歌が、みいちゃんの生活の中に、上手にちりばめてあります。

こんなクイズはいかが、こんなエピソードもあるよ、話し合いのポイント等々のコラムが親切です。『みいちゃんの夏』『秋』『冬』編があります。

ミイラ男

脚本／上地ちづ子　画／ヒロナガシンイチ
童心社　1997年　16枚（8分）

エジプト　ミイラ　怖い話　腕

古代エジプトの墓を密《ひそ》かに暴《あば》いた博士は、棺《ひつぎ》からミイラを持ち出し帰国。折れた腕を甥《おい》のトーマスに与えます。甥は、その夜、腕が何かを招くように動くのを見ます。おりしも博士はミイラに襲われ死にました。それから毎夜、殺人が続き、それはトーマスが腕をミイラ男に返すまで続いたのでした。完全な体であれば死後も生きられる、という古代エジプトの信仰をからめた怪談です。

ピラミッドを連想させる鋭い線の幾何《きか》学的な絵が面白い。博士を飲み込む黒い影は死が背後から忍び寄るようでかなり恐ろしい。ミイラ男の足音や戸をノックする音などは机などを叩《たた》いて効果音にすると怖さが増します。

みにくいあひるのこ

原作／アンデルセン　脚本／与田準一　画／松成真理子
童心社　1999年　12枚（7分）

アンデルセン　いじめ　他者との違い　成長

アヒルの母鳥は、なかなかかえらない卵を温め続けます。生まれたヒナは、他とは姿が違うので兄たちに辛《つら》く当たられて家から逃げ出します。友だちの雁は銃弾に倒れ、救いを求めた家では猫とニワトリにいじめられ、沼に逃れて来ます。そこで、アヒルの子は白鳥を見て憧れます。凍てつく冬が過ぎ春になりました。村へ美しい白鳥が飛んで来ます。それは成長したアヒルの子でした。

輪郭線をほとんど使わない手法で、幼鳥の柔らかな感じを巧《たく》みに表現。冬の沼の冴《さ》えざえした情景と、春の萌えいずる草木が対照的に美しい。苦難を乗り越え白鳥になった主人公を淡々と綴《つづ》っていますが、絵が多くを語っているので、ゆっくりていねいに演じましょう。

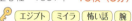

みみをすませて

脚本・絵／和歌山静子
童心社　2013年　8枚（4分）
鳥　虫　雨風

　夏の一日を音でつづります。朝一番、聞えてくるのはコッコッコ　コケコッコー。場面を抜いてゆくとスズメたちもチュンチュンチュン　チチチチチチ…。林からいろいろなセミの声。夕立も風も、音を響かせます。雨が上がって蛙《カエル》たちも鳴き出しました。夕暮れの草むらでスズムシ・マツムシたちの歌。最後に三日月の下でフクロウが呼びかけます。

　平明な言葉で、身近な自然の豊かさを発見させます。観客も一緒に音を味わう気持ちで〈間《ま》〉を十分にとり、ゆっくり演じましょう。幼い子から高齢者まで楽しめます。きれいな深味のある色、たっぷりした太いクレパスの線、広がりを感じさせる構図です。

第52回五山賞受賞。

むかでのおつかい

文／吉田タキノ　画／原田ヒロミ
教育画劇　1997年　12枚（6分）
ムカデ　笑い話　わらじ　足

　虫たちが楽しく遊んでいます。イナゴ・コオロギ・バッタ…。イナゴが「腹、いてえ…」。みんなは心配して医者を呼びに行くことにします。ムカデは足が百本あるから速いに違いない。ムカデは支度《したく》をしに家に帰ります。⑥⑦⑧場面、日が暮れてゆく情景が美しい。虫たちはイナゴに優しく声をかけ背をさすって待ちます。医者はなかなか来ません。⑩場面、心配して虫たちがムカデの家に見に行くと、⑪⑫場面、百本の足にわらじをはくのに手間どっているムカデの姿がありました。都会では見ることも少なくなっている「百足《ムカデ》」の代表的な笑い話。遠目《とおめ》がきき、虫たちの姿がとてもかわいらしくきれいです。笑いの中に優しさが光ります。

めしくわぬよめさま

文／東川洋子　画／岡本武紫
教育画劇　1988年　12枚（8分）
日本の昔話　嫁　山姥

　働くのが嫌いな男が気に入ったのは、飯も食わずによく働く嫁様。ところがそれには裏があり、山姥《やまんば》だったのです。⑥場面、頭のてっぺんの大きな口を開け、飯をごんごん投げ入れます。画面いっぱいの大口は迫力満点。嫁様の時と、山姥の時と、がらりと演じ分けるとより緊迫感が出ます。男が山姥に連れ去られる⑧場面は、ハラハラドキドキ。スピード感を出して演じたいところ。⑪場面、男は木の枝につかまり助かります。絵がほのぼのとしているので、小学校低学年から楽しめます。

　高齢者の施設で演じても喜ばれました。

モチモチの木

原作／斎藤隆介　脚本・画／諸橋精光
すずき出版　2001年　23枚（12分）
栃の木　お爺さん　男の子　優しさ　勇気

豆太はとても臆病《おくびょう》で、夜は一人で小便に行くこともできません。じさまについて来てもらいます。セッチンは外にあって、おまけに大きなモチモチの木が怖いのです。

そのモチモチの木に灯が点《とも》ると言われる晩のこと。じさまが腹痛で苦しみ出しました。豆太は医者様のもとへ駆けて行きます。やがて、医者様に負ぶわれて、小屋に帰り着くと、豆太は見るのです。灯が点って夢のように光るモチモチの木を。勇気のある子どもの証《あかし》しでした。

絵本でよく知られているお話ですが、すっきりとした脚本。画は大きさ・構図ともに変化に富んでいて、ドラマチックな作品になっています。大人、特に高齢の方にも喜ばれます。

もっとできるよでんぐりこ

作・画／礒みゆき
教育画劇　1996年　8枚（5分）
子猫　子熊　でんぐり返し

「ねえ、見て、見て。いち、に、の、でんぐり――こ」。子猫のミーがでんぐりこ。

すると、とっこちゃんは、もっとできると言って、でんぐり、でんぐりこ。子熊のムクは、でんぐり、でんぐり、でんぐりこ。みんなで坂道を転がっていたら、大変。止まらなくなって、大きな木に、ドッシーン！　今度は、木から落ちたリンゴが、コロコロ、でんぐりこ。

繰り返される言葉が動きをともない、画面の絵がそれを効果的に表現しています。小さな子どもたち対象の紙芝居は、ともすればストーリーの起伏に欠けますが、この作品はきちんとドラマ化されています。子どもたちは、すぐに言葉と動きを一緒に楽しむことでしょう。

ももうりとのさま

脚本／津谷タズ子　画／西山三郎
童心社　1988年　12枚（9分）
殿様　絵姿女房　桃　知恵

昔むかし、山に住む若者が美しい娘を嫁にします。嫁さんの顔ばかり見て仕事にならないのです。嫁さんの顔の絵を木の枝につるして眺《なが》めながら畑仕事をすることにしました。ある日、絵が風にさらわれてしまったのです。殿様がそれを見て、后にしたいとお城に連れ去ります。

三年三月後、若者は桃の実を売りに出かけ、城の前で「桃や桃」と言うと、その声を聞きつけた嫁さんが、招き入れます。殿様は初めて笑った嫁さんを見て、桃売りと着物を取り替え、城の外へ桃売りに出かけますが、城へ戻ることはできませんでした。若者と嫁さんはそのままお城の中で、幸せに暮らしたのです。

一場面の脚本が長いところもあるので、メリハリをつけて演じましょう。

ももたろう

脚本／さねとうあきら　画／石倉欣二
童心社　1986年　16枚（12分）
昔話　桃　老夫婦　鬼

お爺《じい》さんとお婆《ばあ》さんが川から拾《ひろ》ってきた桃を切ろうとしたら、元気な赤ん坊が跳び出してきました。桃太郎と名づけました。桃太郎はもりもり大きくなります。ある日、お爺さんがきび団子を差し出して「鬼退治に行って来い！」と言うと、怖がりましたが、犬、猿、キジとともに鬼ヶ島へ行きます。

「おら、子どもだもん。鬼なんか、退治できるわけはない」とつぶやく現代っ子的な新しい桃太郎ですが、昔話の中で違和感なく描かれています。画面構成にも工夫が見られ、何よりさわやかに愛らしい桃太郎の顔や姿は、子どもたちの親近感を呼ぶに違いありません。

ももたろう

文／香山美子　画／太賀 正
教育画劇　1971年　16枚（12分）
昔話　リーダー　人生　老夫婦

婆が川上から流れて来た桃を拾《ひろ》い、桃から男の子が生まれます。桃太郎と名づけられ、鬼退治をして幸せを得るという英雄の異常誕生譚《たん》です。③〜⑤場面で桃太郎が爺と婆に慈《いつく》しみ深く育てられたことが描かれています。これが鬼退治へ向かう原動力になります。

困難を乗り越え幸せを得るという人生の縮図を見せ、猿・犬・キジという異種の者をまとめて鬼退治に立ち上がる、実行力・行動力もある理想のリーダー像を見せます。

リズミカルな脚本は、「人生」という難しいテーマを幼い子にもやさしくわかりやすく伝えています。

もりのぶらんこ

作／東 君平　画／和歌山静子
童心社　1973年　8枚（3分）
ブランコ　動物　順番

熊がお父さんにブランコを作ってもらいます。木の枝に下げたブランコに乗っていると、兎《ウサギ》が「乗せて」と頼みますが断られます。兎もブランコを作ってもらって乗っていると、狸が来て「乗せて」と頼みますが熊も兎も断ります。

狸もブランコを作ってもらって乗っていると、狐が来て断られ、狐もブランコを作ってもらいます。みんながブランコに乗っているので、とうとう木が悲鳴を上げてしまい、お互いに非難し合って喧《けん》嘩《か》になります。一つのブランコにみんなで順番に乗るよう木が諭《さと》し、順番に乗るようになりました。

次々に出て来る動物の特徴をシンプルに表現している絵に沿って、動物の個性を考えて演じてみましょう。

やぎじいさんのバイオリン

原作／ハリス　脚本／堀尾青史　画／岡野 和
童心社　1968年　16枚（13分）

クリスマス　ヤギ　狼　バイオリン

ヤギ爺《じい》さんがバイオリンを抱え、動物村のクリスマスのお祝いに出かけますが、道に迷ってしまいます。遠くに明かりが見え、その家の戸を叩《たた》くと、「入れ！」の声とともに狼が現れ、ヤギ爺さんを家の中に引き入れてしまいました。

恐ろしくて震えていたヤギ爺さんですが、やがて覚悟を決め、この世の別れにとバイオリンを弾《ひ》くのです。その美しい音色に狼夫婦は胸が苦しくなり、とうとう逃げ出してしまいます。

「入れ！」の声と同時に、〈さっと抜く〉と、狼の画面いっぱいの顔のアップが生きます。また、バイオリンを弾く場面と最後の場面で実際に音を入れてもいいでしょう。

ヤギとコオロギ

脚本／さえぐさひろこ　絵／大畑いくの
童心社　2011年　12枚（6分）

イタリアの昔話　ぶどう畑　知恵　ヤギ　コオロギ

昔、自慢のぶどう畑を持っているお婆《ばあ》さんがいました。ところがある日、ヤギがむしゃむしゃと、ぶどうを食べているではありませんか。ロバや犬がヤギを追い払おうとしますが、ヤギにはかないません。すると、お婆さんの足元で「ぼくにまかせて」という声がします。小さなコオロギでした。お婆さんは、できるわけがないと笑いましたが、コオロギはヤギの耳の中に入り思いっきり鳴いたので、ヤギはやっと退散するのです。

鋭い角を持つ大きなヤギが、小さな虫のコオロギに負けるという愉快な逆転劇。豊かな色彩、力強い筆致で描かれる絵にはイタリアの風土を感じさせ、また、躍動感があります。

やさいむらのあかたろう

脚本／中村ルミ子　絵／久住卓也
童心社　2003年　12枚（7分）

野菜　赤

トマトの「あかたろう」は人参の「あかたろう」に出会って、自分の名前を「つやつやあかたろう」に変えました。ところが向こうから走って来るパプリカの名前が「つやつやあかたろう」だと知り、再び名前を「つやつやあまいぞあかたろう」に変えたのです。

この脚本の展開には、思わず笑ってしまいます。絵も楽しいですが、登場人物がそれぞれ赤い顔に白いシャツなので、緩急・高低の声で人物を特徴づけたほうがいいでしょう。

積み上げ式の名前なので言いにくそうに思えますが、案外リズミカルに言葉が出てきます。特に最終場面の名前の繰り返しは病《や》みつきになりそう。

やさしいおともだち

原作／武田雪夫　脚本・画／瀬名恵子
童心社　2000年　12枚（7分）
馬　ネズミ　火事　友情

お百姓さんの馬は大らかで、ネズミが納屋《なや》に棲《す》みついていても文句も言わず、エサも気前よく分けてくれます。ところがある日、家が火事になり火はとうとう納屋に燃え移ります。納屋の入り口には頑丈な綱がかかり、馬は逃げることができません。火事に気づいたネズミは、馬を助けようと、火の粉をかぶりながら太い綱を噛《か》み切ろうとします。必死の努力で綱が切れ、馬は助かりました。

瀬名恵子の切り絵は馬の優しさとネズミの賢さを伝えています。その感じが出せるように演じたい。太い綱にネズミが果敢に挑むところはハラハラドキドキ。三歳ぐらいから小学校低学年、高齢者にも喜ばれます。

やさしいまものバッパー

脚本／野坂悦子　絵／降矢なな
童心社　2009年　12枚（6分）
ベルギー　魔物　子ども　友情

ある夜、ヤンは町で大男の魔物バッパーに出会います。人なつこいヤンは友だちになり、遊ぶ約束をします。翌日、川べりに現れたのは背の低いバッパー。魔力は夜だけなのです。その時、友だちが川に流され、バッパーに救いを求めますが昼間のバッパーは無力です。ヤンたちが「バッパラッパ、バッパー」と呪文《じゅもん》を唱えると、バッパーは大きくなって…。

ベルギーの言い伝えをもとに創作したもの。降矢ななが初めて描いた紙芝居で、躍動感あふれる絵に引き込まれます。三面開きの舞台を使って角度を工夫すると、⑩⑪場面の足と上半身がつながり大男に見えます。

第48回五山賞奨励賞受賞。

やせためんどりとキツネ

再話／剣持弘子　脚本・絵／剣持晶子
童心社　2011年　12枚（9分）
めんどり　ヒヨコ　粟　狐

イタリアの村に、貧乏なお婆《ばあ》さんがめんどりを飼っていました。餌が足りないので、めんどりは山に行って太ってくることにします。その途中で、狐が食べようとしますが、太って戻って来る約束をしてしまいます。

山で、めんどりは丸まると太り、ヒナも12羽生まれます。山を下りることになり、途中の粟《あわ》の畑で、めんどりはヒナたちに、粟の穂を口にくわえるように言います。めんどりには狐をやりこめる方策があったのです。

「してやったり」と、思わず誰もが思うことでしょう。明るく豊かな色彩の絵がお話に合っています。

やっとこどっこい赤おにさん

作／足沢良子　画／安井康二
教育画劇　1978年　12枚（7分）
鬼　富士山　昔話

富士山のお話です。威張りん坊の赤鬼は自分の山が一番高いと自慢していますが、青鬼に「もっと高い山」があると教えられ、富士山を削ることにします。

①②場面、威張っている赤鬼の表情がよく表現されていますので、雰囲気を出して演じたいところ。この威張り具合が⑪⑫場面を引き立てます。

⑤場面、赤鬼が高い山を削る「カチン　カチン　ドカンドカン」の擬音はリズミカルに印象づけておくと、他の場面にも投影され効果的です。

そして一年後、赤鬼が高い山の美しさに気がつく⑪⑫場面は、圧巻。他者を認めるという大切なことに気がつくからです。幼稚園で演じ好評でした。

やっぱりだいすき！おかあさん

脚本／鬼塚りつ子　画／わかやまけん
童心社　1990年　12枚（8分30秒）
春　熊　木イチゴ　母と子

子熊のプータは黒森へ木イチゴを採りに行こうとお母さんを誘いますが、一緒に行ってはくれません。そこで一人で出かけます。「つれてって」とねだる兎《ウサギ》のみみちゃんも断ります。

途中でリスに会い、木イチゴのあるところに案内してもらい、プータは木イチゴをたくさん食べました。リスが黒森が見えると言うので岩に登ろうとしましたが、落ちて気を失ってしまいます。リスがすぐにプータのお母さんに知らせて、お母さんはプータを必死で見つけ、ヤギ先生に助けてもらいます。

子を思う母親の心、親を思う子の気持ちが少しでもわかるようにやさしく演じてください。

ゆきおんな

脚本／桜井信夫　画／箕田源二郎
童心社　1982年　16枚（10分）
昔話　冬　猟師　雪女　吹雪

昔、山奥の村に親子二人の狩人《かりゅうど》が住んでいました。冬の初め、冷たい風が吹く日のことです。その日は、山中を歩き回っても兎《ウサギ》一羽獲れませんでした。村へ帰りかけた時、雪が降り始め、あっという間に激しい吹雪《ふぶき》になりました。

山小屋での一夜、美しい女が現れ、父親に息を吹きかけ凍らせます。息子みのきちは、今見たことを人に言ったら命はない、と言われ許されます。そして次の冬、みのきちは旅の女と結婚しますが、その女は雪女だったのです。

昔話の巧《たく》みな語り口と広がりのある秀逸な画面により、美しくも恐ろしい雪女の物語が繰り広げられます。冬ならではの雪の幻想世界が楽しめる傑作です。

雪の女王

原作／アンデルセン　脚本／稲庭桂子　画／いわさきちひろ
童心社　1976年　16枚（15分）

アンデルセン　女王　冒険　友情

そり遊びをしていた少年カイは、恐ろしい雪の女王に氷の国へ連れ去られてしまいます。仲良しの少女ゲルダはカイを探しに出かけ、山賊の娘やトナカイに助けられ氷の国へたどり着きます。雪の軍隊の攻撃にもめげず、ゲルダはカイを見つけます。なんとカイは氷の人形のように冷たくなっていました。ゲルダは悲しみの熱い涙を流します。その涙はカイの身も心も解かし、以前の元気な姿に戻ったカイは、ゲルダと仲良く家に急ぎます。

「子どもたちに本当にいいものを届けたい」という、稲庭桂子といわさきちひろの熱い想いの結晶が伝わるように、優しく力強く演じたい。

雪わたり

原作／宮沢賢治　脚本／川崎大治　画／若山 憲
童心社　1966年　16枚（13分）

宮沢賢治　雪　狐　幻燈

田んぼや畑、野原の上に一面に降り積もった雪が堅く凍って、その上を歩くことができるのが雪渡りです。静けさと月明かりと雪野原の幻想的な風景の中、人間の子どもたちは狐の世界へと入っていって、ひとときを過ごすのです。

四郎とかん子の前に狐の紺三郎が現れて、幻燈《げんとう》会に招待してくれました。十五夜の晩、二人は森へ行きます。幻燈会が始まると、狐が人をだましたり、罠《わな》にかかったりという話が映し出されました。終わって、狐の子どもたちが二人にきび団子を「どうぞ」と。本当にきび団子でしょうか。二人は思い切って食べました。狐の子どもたちは大喜びでした。宮沢賢治の作品をきちんと紙芝居にしていて楽しい。

よいしょよいしょ

脚本・絵／まついのりこ
童心社　2003年　16枚（10分）

ひも　タコ　引っ張る　参加型

タコ君が、馬君が、ひもを引っ張っているよ。いったい何が出て来るんだろうね？

「よいしょ、よいしょ」と場面を抜いていきます。

白い背景に鮮やかな色彩、明快な黒い縁取りの絵は、一歳児からでもお話の世界に引き込めます。

「よいしょ、よいしょ」と、観客と一緒に声を出すと一体感が生まれ、お話の世界が広がります。幼い子のイベントに最適です。

場面は、お誕生日・クリスマスなど八種類のパターンがあり、絵を二枚三枚と繋《つな》げていくとダイナミックな展開になります。

よくばりわんくん

原作／イソップ　脚本／堀尾青史　画／久保雅勇
童心社　1975年　12枚（6分）
イソップ　犬　欲張り

お腹をすかせた野良犬が肉屋の前を通りかかると、太った肉屋さんが見事な肉を切りさばきながら客を呼んでいます。犬は隙《すき》を見て肉をくわえて走り出し、追いかけて来た肉屋を振り切り、肉の匂いを嗅《か》ぎつけて追って来る犬たちからも逃れて、静かな川に出ます。

向こう岸で肉をゆっくり食べようと橋を渡った時、橋の下にも肉をくわえた犬がいるのを見つけ、相手の肉を横取りしようと一声吠《ほ》えたとたん、肉が川へ落ちてしまいました。

余計な背景を省いてシンプルな画面を作り上げています。野良犬が川面に映る自分を見る時は、これから起こることを含ませ、〈間《ま》〉をおいてゆっくり演じましょう。

よさくどんのおよめさん

脚本／秋元美奈子　画／水野二郎
童心社　1986年　16枚（15分）
狸　娘さん　流れ星　家族

山奥に住むよさくどんは独り者でしたが、助けてあげた狸がお礼に嫁こになりに来て、本当に嫁こになります。狸の嫁さんは流れ星に願って人間の姿になり、よさくどんと町へ行きますが、山とは違う町の空気に苦しみ出し、とうとう息も絶え絶えになります。よさくどんは嫁さんを背負って山へまっしぐらに帰ります。そして、流れ星に叫びます。「おらの嫁こを　もとの狸にしてくれろー。おらも　狸にしてくれろー」。ある秋のこと、山の中に子狸を抱いた狸一家の姿が見られました。

ベテラン画家による美しくほほえましい画面描写が、作家の鋭い現代批判をそっと包み込んでいます。

第25回五山賞受賞。

よだかの星

原作／宮沢賢治　脚本／国松俊英　画／篠崎三朗
童心社　1996年　16枚（13分）
宮沢賢治　鷹　ヨタカ　悩み　星

他の鳥から馬鹿にされ、鷹からは名前を変えなければ殺すと脅されたよだか。生きるために多くの命を奪い、今度は鷹に殺される自分の存在に悩み、遠く空の向こうに行こうと決心します。オリオン座・大犬座などに呼びかけますが相手にされません。最後の力をふりしぼり夜空に一直線に上っていくと、気づいた時にはカシオペア座の隣で青い光を放って燃えていたのです。

よだかの星は「燃え続けました。今でも燃えています」。

原作をできる限り生かしている脚本です。絵は、前半はオレンジ色系、⑨場面からは深い青色を基調にして強い印象を与えます。苦悩とそこからの解脱《げだつ》を目指す強い意志を表現しているようです。

よわむしおばけ

作・画／仲倉眉子
教育画劇　1990年　12枚（5分）
おばけ　弱虫

このおばけは夜になっても一人で外へ出ることもできない、弱虫で泣き虫で怖がり屋のおばけ。優しいタッチで描かれていますが、遠目《とおめ》がききます。

　様々なおばけが登場し、ハラハラドキドキ。火の玉がゆらゆら出てくる③場面、大きな目玉の怪獣が追いかける⑤場面、真っ黒な怪物が子どもの背中をなでる⑦場面で怖がらせ、それぞれ次の場面でなぁんだと、正体がわかります。この繰り返しが大変面白いのです。「ヒャラリーラリー」といった擬音が出て来ますが、楽器などを使って工夫するのも効果的です。子どもは自分を弱虫おばけに重ね、怖がったり、ほっとしたりするでしょう。幼稚園から小学校低学年向き。高齢者施設でも好評でした。

よんでよんで

作／ときわひろみ　絵／さとうあや
教育画劇　2011年　8枚（3分）
母と子　読みきかせ　動物語

「おかあさん　えほん　よんでよんで」「まっててね　あとでね」。誰か読んでくれないかな、と思っていると、猫さん「ニャッ、いいよ」。「ニャンニャン　ニャゴニャゴ……」。

　犬さん、豚さんも読んでくれます。でも、ぼくはやっぱりお母さんがいいのです。やっとお母さんが「ハイ　おまちどうさま。さあ、よもうね」。

　のどかな動物の表情と、動物語で読んでくれるのが何とも楽しい作品です。

　乳幼児とお母さんたちにいいと思っていましたが、ある時四～五歳の子どもが自分もやりたいと演じました。見事な猫語？（豚語・犬語）の読みきかせに、拍手!!　子どもたちが自分で演じたい人気の紙芝居となっています。

りすのもりにはるがきた

原作／シートン　脚本／北田 伸　画／武部本一郎
童心社　1979年　12枚（7分）
シートン動物記　春　リス　生態

一人ぼっちで暮らす灰色リスのフラッグは、寒い冬、秋に隠しておいた木の実などを食べて空腹をしのぎ、早春、ある雄《オス》リスとの闘いに勝ち、雌《メス》リスと一緒に新しい巣を作ります。暖かくなり始めた頃、三匹の子が生まれました。最終場面は「嬉しさがこみ上げてきたフラッグは〈クヮア……〉と力いっぱい歌いました。〈間《ま》〉森に春が来たのです」。

原作に沿って生態をしっかり押さえながら、フラッグの視点で物語が進みます。絵は擬人化せず、森に生きるリスそのものを生き生きと力強いタッチで描き出します。④場面の仲間を求める姿、⑦場面の激しい闘い、⑫場面の赤ちゃんリスを迎え希望に満ちた家族など変化のある構図で、ドラマを盛り上げていきます。

りっぱなつののしか

原作／イソップ　脚本／八木田宜子　画／にいざかかずお
童心社　1975年　12枚（3分）
イソップ　鹿　皮肉　ライオン

泉に水を飲みに来た鹿は、水面を見て「なんて立派な角だろう」と誇り、それに比べて足の細さを嘆きます。その時、茂みからライオンが鹿に跳びかかります。鹿は草原を走り、ライオンを引き離し森へ跳び込みます。とたんに大きな角が木の枝に引っかかり、ライオンに追いつかれます。馬鹿にしていた足は自分を助け、自慢の角が殺すとは…、後悔してももう遅かった。

スケッチ画風の線が絵に弾《はず》みをつけ、特に鹿が全速力で走る⑧場面がすばらしい。木も草も風になびいているようです。ライオンから逃げる⑦場面から緊迫感を増してぐんぐん調子を上げ、森へ跳び込む場面ではギアチェンジ。トーンが下がり暗転へ向かいます。

りゅうぐうのおよめさん

脚本／松谷みよ子　画／遠藤てるよ
童心社　1973年　16枚（10～12分）
昔話　竜宮

ある日、若者が竜神に花を供《そな》えていると、竜宮から迎えが来ました。若者が竜神の娘を嫁にして家に帰ると、三年が過ぎて、母はすでに亡く…。嫁は母親を生き返らせ、人知を超えた力を見せます。噂《うわさ》を聞いた殿様は、難問を次々出します。最後に殿様が「開かずの箱」を開けると、海の水があふれ出し家来とともに押し流され「若者たちは末永く幸せに暮らしたそうな。これでおしまい。しゃーんしゃん」。

お嫁さんは少女のように清らかで不思議さを漂《ただよ》わせ、牛や馬を出してくれた海は⑯場面では全てを飲み込んでしまう残酷さを見せます。雄弁な絵です。⑤⑥場面は〈三分の一ずつ抜く〉〈半分まで抜く〉など〈抜き〉を生かす工夫をすると、一場面が何倍にも楽しめます。

りゅうぐうのくろねこ

脚本・絵／イ・スジン
童心社　2011年　12枚（7分）
韓国の昔話　黒猫　ミカン

昔、ヤイという女の人が木を売って暮らしていましたが、売れないので、誰かの役に立つように海辺へ置いていきます。数日後、ヤイは竜宮から招待されます。ヤイの木で立派な宮殿が建ったからです。おみやげにもらった不思議な黒猫は、小豆《あずき》を五粒あげると金を五粒出すのです。欲深なお姉さんが猫を借りていき、たくさんの小豆を食べさせ、猫を死なせてしまいました。ヤイは墓を作り、大切にしました。すると、お墓から芽が出て実がなりました。これがミカンの始まりなのです。

緑と赤の鮮やかな配色と模様で美しく彩られた竜宮の様子など、異国の文化に触れることができる作品。

第50回五山賞受賞。

りゅうとにわとり

脚本／平田恵美子　画／友利恭子
童心社　1997年　12枚（9分）
沖縄の昔話　竜宮　ニワトリ

昔、竜が毎日、シュルーリ・シュルーリと大空を駆け回って、沖縄の大きい島や小さい島々をながめていました。「あの美しい島に行ってみたいなあ」。

ザブーン。竜は、赤・青・黄色、色とりどりのサンゴや魚たちのいる海に飛び込みました。海で遊んだ後は陸上へ。疲れて寝ている間に、ムカデが耳の中に入ってしまいます。

天地の間を自由に駆け回るかと思えば、耳の痛みに転げ回る竜。ダイナミックで愛らしい竜の姿をうまくとらえている沖縄の昔話紙芝居です。ムカデを取り除いてくれたのはニワトリ。だから、竜の形をした沖縄のハーリー（爬竜）船の船尾には、ニワトリを描いた旗が揚げられているのだそうです。

りゅうになったおむこさん

原作／近江民話　脚色／今関信子　画／西村達馬
教育画劇　1993年　12枚（8分）
民話　七夕　由来譚　ヘビ

七夕《たなばた》の由来譚《たん》。池で洗濯をしていた末娘は、池の蛇と結婚することになってしまいます。父親は蛇を殺せと小さな刀を持たせます。⑥場面で娘は蛇の頭を刀で突きます。⑦場面、りりしい若者が娘の前に現れます。娘の優しさと気丈さが蛇を若者へと変身させたのです。⑥⑦場面は〈さっと抜く〉ことで劇的に転換する醍醐味を存分に味わえます。

二人は、幸せに暮らしていましたが、若者は雨を降らせるために天に昇ります。留守に来た姉は「開けるな」と言われていた箱を開けてしまいます。天から夫の声「もう人間には戻れない。一年に一度戻れる。それには7月7日に笹を飾ってくれ」。明るくコミカルな絵です。上方言葉で語られています。

（ロボット・カミイシリーズ）

ちびぞうのまき

作／古田足日　画／田畑精一
童心社　1971年　12枚（7分）
ロボット　ちびぞう

カミイは、たけしとようこがあき箱で作ったロボットです。女の子が持っているちびぞうを取って逃げ出します。返せと言っても「ぼくはロボット。世界いち強い…」と歌って意気揚々、相手にしません。二人が怒って水をかけると、とたんにへなへな。そして「ぼくもちびぞうが欲しいんだ」と大泣きします。

『ロボット・カミイ』（福音館書店）でおなじみのカミイが、4巻の迫力ある紙芝居になっています。独立した話ですが、毎日一巻ずつ演じると、見る方も演じる方も連続活劇の満足感が味わえます。

げきあそびのまき

作／古田足日　画／田畑精一
童心社　1971年　16枚（10分）
ロボット　友だち　劇遊び

「おおかみと七ひきの子やぎ」の劇をやることになり、カミイは張り切って八匹目のヤギに名乗り出ます。

おみせやさんごっこのまき

作／古田足日　画／田畑精一
童心社　1971年　16枚（10分）
ロボット　友だち　お店屋さんごっこ

一人のほうがせいせいする！　と言っていたカミイは、お店屋さんごっこに入りたいので一工夫。

ロボットのくにへかえるのまき

作／古田足日　画／田畑精一
童心社　1974年　16枚（10分）
ロボット　友だち　交通事故

園の子どもたちが大通りを渡ろうとしたら、ダンプが突っ込んで来ました。カミイはみんなを救うために飛び出します。

ロボット・カミイシリーズ

２０１４年に亡くなった古田足日は、ロボット・カミイを含めて七作の紙芝居を書きました。このシリーズは紙芝居の「常識」から少しはみ出しています。脚本は、「みんな集まった？『ロボット・カミイ』の紙芝居が始まるよ」という、変わった出だしで始まります。ほぼ同時期に出た童話『ロボット・カミイ』（絵／堀内誠一　福音館書店　１９７０年）と別種なものだと告げているようです。絵も四方を全て枠取りしているなど、このユニークな紙芝居は4巻まで書き継がれ、完結しました。演じる場合は1巻から4巻まで順を追って演じましょう。

竜のおさんばさん

脚本／田村つねこ　絵／降矢洋子
童心社　2011年　16枚（13分）43×62cm

竜　産婆　守り神　大型紙芝居

浜の洞窟に竜が棲《す》み着いたので、村人は怖くて漁ができません。村長の代わりに娘のおきぬが話をしに出かけます。その時、竜が急に産気づき、おきぬは村から産婆《さんば》のよし婆《ばあ》様を、負ぶって連れて来ます。難産で、生まれた竜の子は産声もあげません。おきぬは必死で助けました。以来、村は竜神に守られ、大漁が続き、春には竜たちがお産にやって来るようになったのでした。

壮大な浜と巨大な竜が水彩で豊かに、迫力満点に描かれています。大型のサイズなので、より情景の大きさを感じさせてくれます。また、気丈で美しい心を持つおきぬの感情の機微《きび》も繊細に表現されています。大型紙芝居です。

りゅうのめのなみだ

原作／浜田ひろすけ　画／陣崎草子
教育画劇　2007年　16枚（8分）

竜　少年　優しさ

南の国に人々から恐れられている竜がいました。

しかし竜を少しも怖がらない少年がいます。夢を見ては、竜がかわいそうだと言うのです。誕生日が来ると竜を招待すると言い、竜を探しに山へ向かいます。少年は竜に会うことができ、その背に乗って優しい言葉をかけます。その言葉に竜は涙を流し始めとどまることがありません。涙は川になり、ついに竜は舟になってしまいました。

急ぎ足にならないようにゆったりと語って、竜のセリフは重々しい中にも明るさを込めたい。

白い竜の姿が神秘的に美しく描かれています。

りょうしとうずら

原作／インド民話　脚色／足沢良子　画／横溝英一
教育画劇　1979年　12枚（9分）

インド　ウズラ　猟師　食べる

インドの説話です。食べること・食べられることを考えさせるお話です。

毎日猟師は何羽もウズラを捕まえます。そこで、ウズラのかしらは、みんなで一緒に網にかかり、力を合わせて飛び立ち、いばらの上に降りることを提案します。それは成功するのですが、数日後三羽が猟師に捕まってしまいます。ぼう然と見つめるかしらの目には涙が…。その涙は食べられる悲しみを象徴しています。

わかりやすい絵なので幼い子どもでも楽しめます。ただ、ウズラのかしらが①⑤場面で向かって右を向いていて、紙芝居を抜くと後ろに下がるように見えるので、〈さっと抜く〉など、工夫して演じてみてください。

わっしょいわっしょいぶんぶんぶん

脚本／かこさとし　画／宮下 森
童心社　1975年　16枚（9分）
音楽　悪魔　歌

悪魔は人々が音楽で楽しく暮らしているのがしゃくにさわり、楽器を盗んでしまいます。人々は集まって「考え考え考えた末」、空き缶やビン・ガラクタでより面白く演奏を開始しました。それらも次々に悪魔に奪われて意気消沈している時、子どもが「みんなで歌えばいい」と言い、合唱が始まります。その声があまりに弾《はず》んで大きかったので空気も弾み、悪魔の力は破れます。

「考え考え考えた末」のように言葉を重ねる表現が随所にあり、独特のリズムを作っています。版画の黒い線が力強く、人々が困っている暗い⑤⑧⑪場面、その後の⑥⑨⑬場面は喜びにあふれる明るい絵が続き、演じる者にも見る者にも勇気を与えてくれるようです。

わらしべちょうじゃ

文／吉野弘子　画／木佐森隆平
教育画劇　1983年　12枚（9分）
昔話　無欲　運

貧しい男が何の変哲もないわらしべを拾《ひろ》い、交換を繰り返していくうちに幸せな結婚と富を手に入れるという夢のようなお話。テンポよく演じたいですね。

わらしべ→虻《あぶ》→ミカン→布→馬→千両→長者の婿《むこ》。観音様のお告げでわらしべを拾ってから運が開けていくのですが、男の優しさ、欲の無さによるものです。

リズムのある脚本で、絵の構成もよく、遠目《とおめ》がききます。ただ、⑨場面と元気になった⑩場面の馬の目が同じです。⑨場面は「早く馬を助けてやらねば」というセリフですから、馬はまだ回復していないのです。馬の目が惜しまれます。幼児向き。

わんわんちゃん

作／堀尾青史　画／久保雅勇
童心社　1973年　8枚（4分）
参加型　子犬

子犬に名前をつけて、みんなで「〇〇ちゃーん」と呼びますと、しっぽを振り振り近づいてきます。チンチンしたらビスケットをあげましょう。棒を投げたら水の中に落ち、それを追って〇〇ちゃんは泥んこです。シャワーで洗って、よくふいてもらって、ぐっすりねんねです。

幼児の反応や思考回路を考えた作品で、同じ作者の作品『こねこちゃん』と通じる脚本になっています。③場面目にアップを使うといった構成も面白い。

紙芝居について絶えず考えていた画家の絵は、犬の動きなどの遠近法を使った表現で、紙芝居の絵の手本のようです。

参加型紙芝居の先がけです。子どもたちと対話しながら演じたいですね。

執筆者一覧

◎編集委員

江森隆子　鈴木孝子　元山三枝子　菊池好江

○執筆者一覧

阿部明子　石井佳代　井出裕子　岩沢千代松　江森隆子　遠藤朋枝
岡野恵子　鍵和田博子　片岡直子　金澤和子　上地ちづ子　木口まり子
菊池好江　木村きみ子　栗原雅子　栗原綾子　小室光　菅野博子
杉本純子　杉山恵子　武井英子　竹中晶子　千葉晶　筒井珠美
戸川久子　中村祐子　野月たか子　信國幸子　平岡由紀子　畠山宣子
古山広子　星美由紀　保土田政子　本多千賀子　元山三枝子
森内直美　矢野明子　吉田典子　宮﨑奈津子

（本書は、紙芝居文化推進協議会の協力により、出版しました）

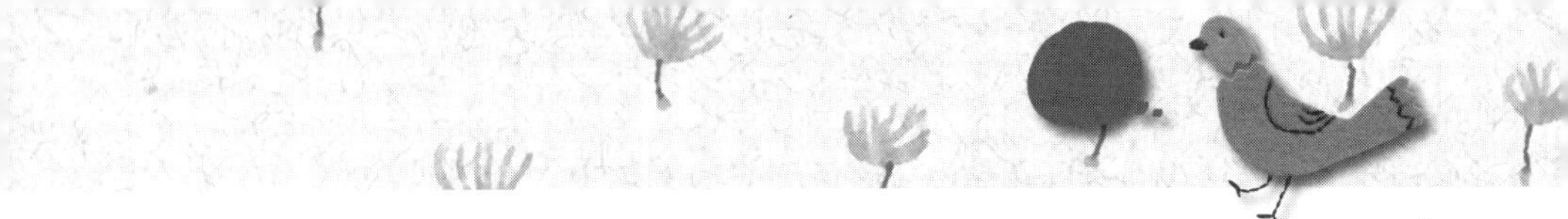

『黄金バット』の仕事場

岡《おか》野《の》和《かず》

日本中が「安保反対」でわき返っていた頃、足立区島根の永松建夫さんのお宅に何回かうかがったことがある。

永松さんは二階の和室で、当時夕刊紙に連載していた絵物語を執筆していた。そして、それに向かい合って、ちょうど先生と生徒たちといったかたちで、五、六人の青年が机を並べて仕事をしていた。彼等は、主に貸本屋などを舞台に出始めていた劇画雑誌のための絵を描いていたようだった。

寒い時季で、その部屋には、暖房として石油コンロが一つ置かれていて、そのちょっと鼻をつくような匂いがこもっていた。器具も灯油も今からみると良くなかった時代のことだ。

永松さんという人は、静かな話し方をする人で、安保改定に反対する運動にも、ある程度の共感を持っているように思えた。

この人が、ごく若い時に『黄金バット』を手がけることによって、紙芝居というジャンルを確立させる役割をはたしたということは知っていたが、特に紙芝居の話をしたわけではなかった。

今になって、自分がそのことにもっと関心があって、いろいろ話してもらっていたら、どれほど貴重な話が聞けたことかと思うが、その時はそんなことは考えもしなかった。

しばらくして、私に民話の紙芝居を作り始めるから協力しないかという話が舞い込んで、それに専念するようになり、永松邸へは足が遠のいてしまった。

一年ほどしてだったか、永松さんが亡くなったのを知った。まだ四十九歳だったそうだ。

あれから五十年以上たった今でも、灯油が燃える強い匂いをかいだりすると、あの仕事部屋をふっと思い出すことがある。

いろいろ思うこと

——香《こう》山《やま》美《よし》子《こ》

昭和十年頃、近くの原っぱにやって来る紙芝居のおじさんがいた。おじさんは重そうな自転車に荷物を載せて、やって来る。

おじさんはカチカチと拍子木を叩《たた》いて、子どもたちを集める。

子どもたちは、五厘《りん》や一銭《せん》のお金を持って、おじさんの売るアメなどを買って、それを入場料（？）として、紙芝居を観る。

「はい、小さい子は前に」

おじさんは入場料を持たない子どもをじろりと見て、怖かった。

人気があったのは『黄金バット』だったが、どういうストーリーかわからなかった。続き物らしかった。黄金バットはマントを着ていて、そのマントをひるがえして活躍するのが格好よかった。

テレビが始まった頃、「電気紙芝居」という言われ方があった。不快だった。

その頃私は「おかあさんといっしょ」で台本を書いていた。方法論などなかったからスタッフとよく話をした。

取材に出かける。その夜一人でストーリーを作る。そして翌日から撮影に入ってもらう。絵が撮れなくて、ストーリーに手を入れてセリフを変えることがよくあった。

紙芝居の本を書く時、まず絵を考える。絵の展開、意外性。絵を作る時にもストーリーの絵割りをきっちり決めてから、かかる。絵本の読みきかせでも、紙芝居でも、いつも上手に読んでもらえるとは限らない。

やさしさと表現の的確さ、センテンスの短さを大切にしてきた。

紙芝居のおじさんは怖かったけれど、それなりに子どもの心をつかむ、おじさんの工夫があったのだろう。

あまり上手に読まれなくても、子どもの心を引きつけ、毎回、それを聞くのを楽しみにさせる一行を、書ければと思ってきた。

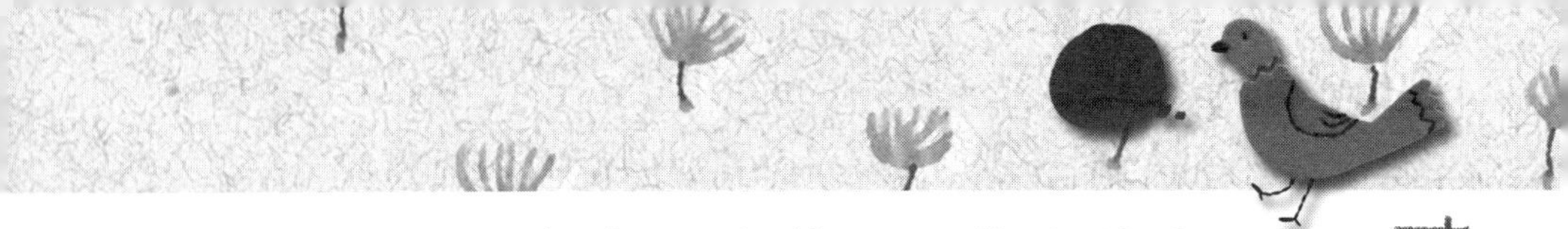

「カチ・カチ・カチ」拍子木の思い出

――篠《しの》崎《ざき》三《みつ》朗《お》

冬の日の昼下がり、いつもの通り首まですっぽりと炬燵《こたつ》の中で漫画に夢中。「カチ・カチ・カチ」の拍子木の音に、近所の空き地の日だまりへ。紙芝居屋のおじさんの自転車のまわりには子どもたちの輪。思い思いに棒先についた水飴・酢こんぶ・のしイカ・型抜きの駄菓子を手に開演を待っている。水飴や酢こんぶを買えない子どもでも「ただ見の子は後ろ」と言って見せてくれた。私もただ見をしたことが何度もあった。その時は子ども心にも、最初はなんとなく居心地が悪かったが、始まったら『黄金バット』や『鉄仮面』『家なき子』など、画面とガラガラ声で演じるおじさんのセリフに魅了され、そんな気持ちはすぐ飛んでしまった。日本中の子どもたちを楽しませ、私の住んでいた東北の街までやって来る頃には、画面のすみずみは剥離《はくり》してボロボロ、それでも子どもたちを充分楽しませてくれた。

私の記憶では、その頃の紙芝居は手描きの原画だった。厚紙に直接絵具で描き込み、画面の保護のため透明のニスが塗ってあることを知り、絵を描くことが好きだった私は、早速顔見知りのペンキ屋さんからニスを分けてもらい、ボール紙に絵を描きニスを塗り、本物のような紙芝居が出来たと得意になっていたことを昨日のことのように思い出す。当時、我々少年を熱中させた『少年ケニア』や数々の劇画の作者=山川惣治先生も、デビュー前は紙芝居の絵を描いていたとのこと。もしかしたら山川先生の紙芝居を観ていたのかもと、著名な山川先生をとても身近に感じたことがあった。

テレビもゲーム機もなかった時代、我々子どもにとっては一日で最大のイベント。あれから何十年、日本独自の文化である紙芝居が、いろいろな国へ広がり、子どもたちを楽しませているとのこと。もっともっと世界中に広がることを願って、子どもの頃からの夢だった紙芝居を、この年まで描くことができ、とても幸せに感じます。

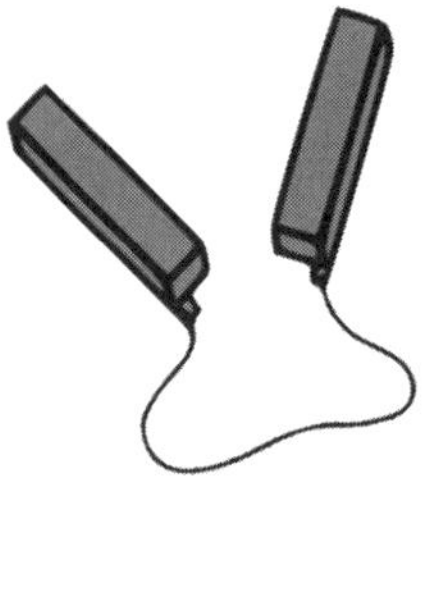

下町の紙芝居風景

鈴《すず》木《き》幸《ゆき》枝《え》

幼い頃東京の下町に住んでいました。そこには拍子木を叩《たた》いて来るカチカチのおじさんと、太鼓を叩いて来るドンドンのおじさんと呼ばれた紙芝居屋さんが来ていました。

ドンドンのおじさんは、ちょっと怖い感じで、ただで観るのは絶対許さないぞ！　とにらみをきかせ、少し近寄りがたい人でした。紙芝居を観るには、何か駄菓子を買わなければならなかったのです。太鼓を叩きながら迫力のあるダミ声で、冒険ものやヒーローものなどを演じ、特に男の子たちには人気でした。

カチカチのおじさんは、夕方遅くにやって来たので、日が短くなる晩秋から冬には、街灯の下で紙芝居を観ました。ドンドンのおじさんとは対照的に、優しく温かい雰囲気で、男の子も女の子も幼い子も、アットホームな感じで紙芝居を楽しみました。

戦後は飴売り行商のおまけに紙芝居を始めたと聞きましたが、水飴を真っ白になるまで練ったり、鉛筆飴（白い飴の芯に赤い飴が入ったもの）を尖《とが》らせて、誰が一番尖らせたか競ったり、小さな薄い板状のものに、線描きされた絵をきれいに切り抜いて、お菓子と交換してもらう事も楽しみでした。

後から知ったのですが、その頃の街頭紙芝居の絵は、印刷したものではなく、原画そのままだったとか――、絵を描く者としては驚きです。

紙芝居は、脚本や絵、そして演じ手と観客が一体になって、みんなで作り上げる楽しい時間であり、文化だと思います。演じ手や受け手が代われば、紙芝居の内容が同じでも、また違ったものが出来上がるのではないでしょうか。

みんなで作り上げる紙芝居の世界の楽しい時間を、より創造的に素晴らしいものにするために、一助を担ってより良い絵を描こうと思っています。

紙芝居作りを始めたのは…

――瀬《せ》名《な》恵《けい》子《こ》

私が絵描きになろうと思ったのは、幼児の頃に読んでもらった絵本をずっと忘れなかったからです。それは、武井武雄先生の『おもちゃ箱』という絵本です。学校を卒業して画家を目指し武井先生の門下生になりました。格式を重んじる実家の母からは、画家への道は理解されないままでしたが、今では自分の道を貫いてよかったと思っています。

安泰先生のデッサン会にも参加するようになって、その頃、若手で若山憲さんや二俣英五郎さんが一緒にやっていました。

武井先生の門下生で兄弟子にあたる木俣たけしさんが、貼り絵を教えてくれました。いろいろな絵の表現をやっているうちに、紙との相性が良かったようで、貼り絵の方に進んでいきました。

紙芝居や絵本を創り始めたのは、我が子に見せてあげたかったからです。息子と娘を保育園に迎えに行ったついでに、園の子どもたちに紙芝居を演じてあげると、とても喜んで「おばちゃん、今度も観せてね。まだできないの」とせがまれるので、紙芝居を創るのが楽しみになりました。

紙芝居を創る作業は最初、童心社の中でやっていたように記憶してます。稲庭恵子さんが子どもの文化研究所を設立して、研究所に「紙芝居をつくる会」が出来、そのメンバーとして創りました。つくる会には、いつも、二人の子どもを連れて参加しました。勉強会の合宿では、堀尾先生が子どもたちをとてもかわいがってくれました。

『やさしい おともだち』（原作／武田雪夫 脚本・絵／瀬名恵子）は、武田雪夫先生の本が家にあって、お話が気に入って、脚本と貼り絵にして見てもらいました。武田先生が感想を言ってくださるので楽しかったです。最初は趣味で創ったものですが、童心社から出版され（１９７４年初版）、今でも演じられていて嬉しいです。

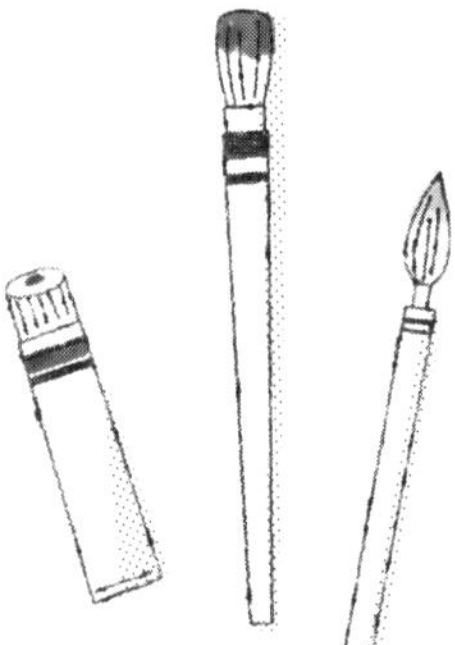

私と紙芝居と上地さん

―― 高《たか》木《ぎ》あきこ

昭和四十年代、児童文学同人誌全国協議会の大会が毎年夏にあった。そこに私が提出した短い幼年童話に、参加されていた教育画劇のK編集長が目を留めてくださり、それは私の初めての紙芝居になった。今その紙芝居を見ると、脚本の未熟さに顔が赤くなるが、当時は嬉しくて、一人鏡に向かってこっそり演じてみたりした。

その後結婚した相手は子どものための音楽教室を営んでおり、時折ミニ発表会を開いたり、お楽しみ会をしたりしていた。彼は紙芝居が好きで、わざわざ童心社まで行って求めて来たという『やぎじいさんのバイオリン』や『のばら』『少年駅伝夫』等々を持っており、そういう機会に、張り切って演じてみせるのだった。彼の十八番は、川崎大治脚本・二俣英五郎画の『おけやのてんのぼり』で、それが始まると、騒いでいた子どもたちは急に静かになる。私は紙芝居の〈力《ちから》〉に感心した。いつか自分も、こんな紙芝居を作れたらと思った。

上地ちづ子さんに出会ったのは、日本児童文学者協会だった。私がぽつりぽつり紙芝居を手がけていると知ると、上地さんは〈ひょうしぎ〉の活動を教えてくれたり、手作り紙芝居の発表の場に呼んでくれたりした。ある団体が私に、紙芝居を作りたいので話を聞かせてほしいと言ってきた時には、上地さんに一緒に行ってもらった。上地さんは実演をまじえて、ていねいにきちんと紙芝居について語ってくれた。その言葉のはしばしに、紙芝居への熱い想いがあふれていた。

私はこれまで、上地さんにジマンできる作品を書けずに来てしまったけれど、紙芝居のおかげで本業の詩では叶《かな》わない、セリフ（会話）を書く楽しさを知ることができた。そして、それを声にする楽しさも。

以前、近くの図書館で見かけたシーン――小学三～四年の子どもたちが、紙芝居を演じたくて代わる代わる読み合ってはつっかえ、何度も嬉しそうに挑戦していた姿、その生き生きとした笑顔を折にふれて思い出す。

ゆったりと　あたたかいひととき

――土《つち》田《だ》義《よし》晴《はる》

　ぼくの生活は毎日、仕事場にこもって絵を描いてるのですが、原画展やイベントなど子どもたちとの交流も20年以上やってきました。子どもたちと一緒に絵を描いたり、お菓子作りをしたり（昔コックをしていた）しています。特にお菓子作りは人気で、季節感ある、その地方で作られる食材を使ったりして、アップルパイや洋なしパイ、ブルーベリーパイ・いちじくマフィン・かぼちゃマフィン、他にお団子やクッキーなど、ちっちゃい子たちが大きなエプロンをして、わいわい大騒ぎしながら一緒にやっています。なかなかかわいいです。そしてイベントのお菓子作りには、必ず焼く・煮るなどの工程があります。事故のないよう、オーブンでパイなどを焼いている時間は、ボランティアのお母さんたちに紙芝居を読んでもらっています。その間、ぼくは焼き加減を見ながら食べる準備をし、時折子どもたちの様子を見に行くのですが、驚きます。さっきまで大騒ぎしていた子どもたちが別人のように真剣に紙芝居を見つめているのです。それはそれはびっくり、これが紙芝居の力です。大きい子もちっちゃい子も、どんどんお話の世界に入り、どきどきしたり喜んだりみんなでかけ声をかけたりと……。そしてお話が終わる頃には、部屋じゅうに甘〜い香りが広がってきます。

　紙芝居が終わって戻って来ると、子どもたちは早速自分の作ったパイを嬉しそうに見つけ、熱いうちにみんなで食べるのです。紙芝居のお話の世界に行って、戻ると自分で作ったお菓子を食べる、子どもたちはもちろん、お父さん・お母さんたちも、なんともゆったりと温かいひとときだと思います。

　若い頃には絵本や紙芝居の締め切りに追われイベントにも追われ、無我夢中でやってきて、ゆっくり〝紙芝居とは〟と考える余裕もなく創ってきましたが、今となっては、子どもたちとの交流も大きな勉強になったんだなぁと思います。時代が変われば子も親も変わりますが、みんな子育てに一生懸命なのです。親子が優しくなれるような、食べものを大切にするような、そしてちょっと自分の知識や経験も入れて紙芝居を創っていきたいと思います。

手作り紙芝居の世界から

ときわ　ひろみ

数日かけて子どもたちと紙芝居作りをする講座を開いています。初めに、手作り・印刷を問わず様々な紙芝居を演じて、具体的な作り方を伝えます。自分から紙芝居を作ろうとするぐらいですから、食い入るように観てくれます。「どんな紙芝居が好き?」と尋ねると、いつも「面白いの」「楽しくなるの」「笑っちゃうの」と決まった答えが返ってきます。

「さあ、それではそんなものを作ってみよう!」

と、実作の開始―お話作りです。

初めはみんな暗中模索です。そのうち書きながら笑い出す子や、友だちに見せて、予想外の反応をされてしょぼくれ戸惑っている子もいます。お話が浮かび気持ちが高ぶっているのに、表現方法がわからず考え込んでいる子もいます。そんな時、想像の翼に少し風を送ってやれば、簡単に離陸します。その時の嬉しそうな顔はどの子も最高です。

子どもの場合、お話が浮かぶと同時に絵も心の中に描いているので直ぐに描き始める子もいます。しかし心の中のもやもやの景色をみんなにわかる絵にするのが難しく、合点がいくまで何度も描き直しています(図書館で講座をする時は、子どもたちに図書館資料の活用を勧めます)。

全員の脚本が出来上がった頃、進捗《しんちょく》状況と内容を発表し合います。どんな話を作ったか興味津々、驚くほど熱心に聞いています。日を重ねるごとに彼らの間に信頼関係が生まれ、友だちになっているからかも知れません。何より想像した架空の世界の中で様々な表現をすることは、自らを日常から解放することにつながることなので、心が自由になっているからなのでしょう。

子どもたちは、だんだんご機嫌になっていきます。特に絵を描く日は鼻歌交じりに筆を動かしている子もいます。

さて、手作り紙芝居は作品を観衆の前で演じて初めて完成です。最終日は一人ひとりが舞台の横に立ち、お話がみんなに聞こえるよう、大きな声で演じます。その日、どの子の顔も誇らしげに輝いて見えます。自分の表現した物語世界が、まわりの人に受け止められた感動からでしょうか?この時の気持ちは、きっとこれからの生き方の大きな力になると思います。脚本を書き、絵を描き、少しなりきって演じる「手作り紙芝居」講座の参加者は増え続け、リピーターの数も多くなっています。子どもたちは紙芝居の本当の面白さに気がついたのかもしれません。

創り手・演じ手として

——とよた かずひこ

「今までどんな方が講師に?……」

「昨年はあきやまただしさん、その前が、えーと、長谷川義史さん、飯野和好さん…」

フムフム、なるほど、いつもの顔ぶれ…。

ある地方の図書館から講演依頼があり、その打ち合わせの中の会話である。

2000年「子ども読書年」制定以降、子どもの活字離れを危惧して官民あげての読みきかせ運動──その一端として作家も子どもたちの前で読み語りを、の依頼が多くなった。

子どもの集中力は15分あるかないか、その中で90分近く引きつけておくには、読み手にかなりの力業が必要になってくる。読み語りの間に、歌ったり踊ったり、楽器を弾《ひ》いたり唸《うな》ったり…結局、芸達者でエンタティナー的要素を持った作家にお座敷がかかる。いかがなものかと思いながらも現実の子どもたちを見ていると、そうだろうなと得心する。

そこで、とよただ。歌えない踊れない、オレには何があるのだろう。

紙芝居である。

普通サイズの紙芝居舞台の後ろに、暗幕で覆って大型紙芝居舞台を忍ばせておく。そして瞬時に入れ換えて見せる。「おおっ」と子どもたちの集中力が一気に高まる。紙芝居作品を二作演じたあと、絵本の読みきかせに入る。あくまでも本を主体にしたオーソドックスな読み語りである。そして中間地点でもう一作紙芝居を演じて気分転換、こうして何とか90分やっていけるのである。小生にとっては紙芝居は必須アイテムなのだ。それゆえ創るのも必死だ。編集者も容赦なく没にしてくれる。一つのアイディアに固執していては前に進めない。また別のお話を提出して格闘する。

「講演がうまくなると文章がへたになる」

評論家大宅壮一が言った名言だ。作家は調子に乗って人前に出るな、という箴言《しんげん》である。だが、こと紙芝居作家にとっては現場を知らないとやっていけない。子どもの肌触り・息遣いを確認できる場所はありがたい空間なのだ。

私と紙芝居

―― 夏《なつ》目《め》尚《しょう》吾《ご》

　通っていたお寺の幼稚園でもきっと紙芝居を観せてくれていたのでしょうが、なぜかお話の内容は記憶にありません。覚えているのは本堂の前の大きなクスノキと、その涼しい木陰、いたずらをして入れられたお堂の中の土のような匂いだけです。

　しかし、近所の神社に来ていた紙芝居屋さんの鉦《かね》と太鼓の音にわくわくして駆けつけ、夢中で観た記憶はあります。テレビもまだほとんど普及していなかったあの頃、絵があり、その物語を大人が語ってくれる紙芝居は本当に魅力的でした。後になってそのおじさんが家と仕事のつながりがあるガラス屋さんだとわかり、ちょっと嬉しかったのを覚えています。

　いろんなきっかけがあり紙芝居の絵を描くようになりましたが、ついつい絵本と同じように描いてしまう時があり、「遠目がきくように」「紙芝居としての色、空間の使い方」「絵本とは違い、主人公をハッキリさせるため、本筋に関係ないものはできるだけ省略する」など、童心社の編集の方たちにいろいろ教わりながらここまでやってきました。

　どこかで聞いたのですが、「絵が動かない分、心と頭が動く」という事です。動かない絵があり、その物語を肉声で語る演じ手の力が加わるのですから、デジタルテレビやゲームが氾濫している今でも紙芝居は子どもたちに人気があるのでしょう。

　ちょうどこの原稿を書いている時、1974年初版の川崎大治さん脚本の『はだかのおうさま』の増刷献本が送られてきました。長い期間出版されていて本当に嬉しいことです。しかし、今でもそうなのですが、絵を渡し製品になったものを見ると、これでよかったのかなー、ああすればよかった、こうすればよかったか？と思うことの繰り返しです。こんなふうに迷いながらですが、これからも子どもたちに共感してもらえる紙芝居を創っていきたいと思っています。

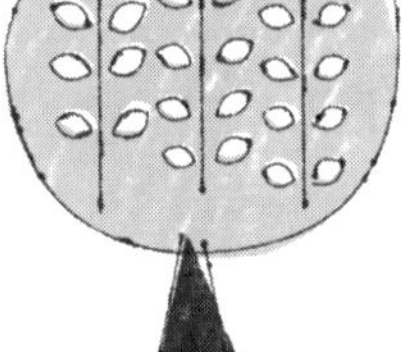

私と紙芝居

藤《ふじ》本《もと》四《し》郎《ろう》

私は児童書のさし絵・絵本、そして紙芝居の絵を描くようになって三十余年になる。

その前はアニメーションの世界で仕事をしていた。当初、虫プロダクション（手塚治虫主宰）で『悟空の大冒険』（杉井ギサブロー監督）の美術監督をやらせてもらった。

このテレビアニメで主役の悟空の声をやられたのが声優・右手和子さんだった。愛川欽也・近石真介・野沢那智といった声優とともに、縦横無尽に活動する悟空の声を元気いっぱいに演じられた右手和子さんの声を思い出す。

その後私はテレビの『まんが日本昔ばなし』で演出もやることとなり、キャラクターデザイン等もやらせてもらったが、元々絵描きとして、また児童書の仕事もしたかったのでフリーとなり、アニメの世界を離れた。

紙芝居の仕事をするようになってしばらくしてから、子どもの文化研究所で右手さんに再会した時は本当に驚いた。右手さんはテレビの世界を離れて紙芝居の演者に専念しておられたのだ。

私が初めて紙芝居を描いたのは1982年頃。佐々木悦さんが脚本を書かれた『たぬきじいさんのいもにかい』（童心社）という作品だった。一人暮らしの寂しいお爺《じい》さん狸を子狸たちが外に連れ出して元気づけようと芋煮《いもに》会を企《くわだ》てるが、経験不足でうまくできない。それを見かねたお爺さん狸が手伝って（子狸たちの思惑も実り）みんなで楽しく食べた…というお話だ。絵を描くに際して、子狸たちの生き生きとした表情や動き、多数の子どもたちが観ることを考えて遠目からでもわかるように…と描いたことを思い出す。

自分の絵は今でもあかぬけした絵にはならないが、基本的には観る子どもたちが紙芝居の世界に引き込まれるような絵や展開にしたいと思っている。子どもの頃、文句なしに街頭紙芝居に引き込まれた記憶と重なるところがあるのかも知れない。

紙芝居と私

古《ふる》山《やま》広《ひろ》子《こ》

1972年に〝紙芝居を作る会〟に入って、紙芝居作りに励み、出版もされるようになって何年か過ぎたある日、ふと、小学生の時にあった事を思い出して、不思議な気持ちに包まれました。

私は、今でもそうですが、小さい頃から吃《ども》りでした。国語は得意科目でしたが、国語の授業は嫌でした。小学五～六年の頃の事です。国語の授業は、その日にやる段落を一人が立って読んでから始めるのですが、ただでさえ吃るのに立てばますます上がって、吃りながらも読めればまだましで、最初の語を発声できないと声すら出ません。明日は順番が回るという前の夜は、病気になればいいのに…、とふとんの中で思いました。ある日、順番で、私は教科書を持って立ち上がりました。が、冒頭が音も出せない苦手な言葉で、私はそのまましばし立っていました。「坐《すわ》っていいですよ」と先生に言われて坐りましたが、恥ずかしいし頭はグラグラいっているし、で、休憩時間になっても、すぐには外に出られなくて、仕方がない、これが私―と気持ちを整理しました。

それからしばらくして、今度は、紙芝居をやる順番が回ってきました。私は終戦の翌年の2月に生まれたのですが、小学校には文学や伝記の紙芝居があり、給食の後に週番の人が読むことになっていました。私はO・ヘンリーの『最後の一葉』を選んで、心配しながら紙芝居を持ってみんなの前に立ちました。すると、みんなの顔は見えなくなり、私と私の両腕と紙芝居に囲まれた四角い空間は、作品の世界でした。私は少し安心して、大好きな作品を読みました。終わったら先生が、「ちゃんと読めるじゃない」と言いました。私は恥ずかしくもあり、また、嬉しくもありました。

このことを思い出してから、時折、雨に打たれる蔦《つた》の葉のツルの先に、赤い糸が揺れるのが見えるのでした。

名作『芭蕉』に学ぶ

水《みず》谷《たに》章《しょう》三《ぞう》

数年前に見た九段「昭和館」での「昭和の紙芝居」という企画展は刺激的でした。サブタイトルが「戦中・戦後の娯楽と教育」で、資料も豊富に揃えてのしっかりした展示でした。

紙芝居は、日本固有の文化と言われ、十二世紀頃の絵巻物と言われる「鳥獣人物戯画」、そして遊行の僧や比丘《びく》尼《に》が辻つじに立って地獄極楽を説いた「絵解き」などの流れから生まれたのではないか、とも言われます。

時代は1930年前後、街頭では飴を売るために子どもを集めようというので、紙芝居は、手軽な客寄せの道具でした。それが子どもの娯楽として一世を風靡《ふうび》しました。

企画展では、当時の紙芝居が驚くほどたくさん揃えられていました。涙と恐怖の波乱万丈のストーリーは、極彩色の絵となっていつ果てるともなく続々々と、紙芝居屋のおじさんのダミ声と声色が聞こえるようでした。

この集客能力とある種のエネルギーが、軍部のプロパガンダに利用される結果となりました。紙芝居も戦争一色でした。

「娯楽と教育」の危険な混同は、隙《すき》をねらっていつでもやって来るのです。

紙芝居『芭蕉』（脚本／堀尾青史　絵／西正世志）は、異彩を放ってその中にありました。二十二場面全てが日本画的な構図と淡彩（八場面は墨のみの遠景）、人物にほとんど動きはありません。波乱万丈とは逆の極北を行く思想を覗《のぞ》かせます。脚本もまた削りに削って、すでに小さな観客に向かってはいません。

「芸術家は、自分の命をなげ出して、まっしぐらに進んでゆかねばなりません」。最終場面でのこの語りには、身の引き締まる想いがします。

子どもの文化研究所の鈴木孝子さんに教わりました。俳諧三部作として『芭蕉』のあとに続くはずだった二つの作品は、戦意高揚を失墜させるとして、出版を禁止されたというのです。

名作『芭蕉』に比べるべくもありませんが、私も渡辺享子さんとともに『りょうかんさん』（すずき出版）を作らせていただきました。

いつも子どものそばに…

宮《みや》崎《ざき》二美枝《ふみえ》

初出版は1978年『ありのえんそく』(画／西村繁男旧姓椎名二美枝)でした。堀尾青史先生に「だまし絵の手法でおもしろい」と評していただきました。1988年、二冊目『きんのうり ぎんのうり』(画／石橋三宣)は、かこさとし氏から「おならを扱っているが下品にならず、おおらかな楽天性にあふれている」と評をいただきました。

二作品とも童心社の脚本募集入選作で、その後の創作のベースになっています。

堀尾先生には、ドラマ作りを教えていただきましたが、仕事・結婚のことも相談に乗っていただきました。成瀬正勝氏の本整理のアルバイトをさせていただいたり、生活できなくて教師の道を選ぶ時「子どもへの作品を書くのだったら、いつも子どものそばにいることは、いいことです」と言われたことを今でも忘れません。

上地ちづ子さんは、自信のない私をいつも励ましてくれ、汐文社の紙芝居創りに声をかけていただきました。七年間で四作品出版することができました。大きい子向けの紙芝居を創る作業は、大変楽しかったです。児童演劇の脚本家でもあった上地さんから、脚本の書き方をていねいに教えていただきました。

学生時代の児童文化研究会での活動、プーク人形劇団研究生、教師時代の演劇脚本創作、季節風での幼年童話創作、全て今の紙芝居作りにつながっている気がします。

途中、子育てや夫の看護で十年ほどのブランクはありますが、ほそぼそと書き続けました。童心社を始め、汐文社・教育画劇と雲母書房に取り上げていただき、出版紙芝居が30冊を超えました。

堀尾先生が言われた「いつも子どものそばにいなさい」とは、子どもをよく見なさい、子どもの声に耳を傾けなさいということです。

今、現場教師は退きましたが、紙芝居を持って子どもたちの中に入り、声を聴きながら紙芝居創りに精進していこうと思います。

紙芝居とぼく

―― やべ　みつのり

ぼくは子どもの頃、倉敷の小さな寺で過した。どこからか黒い自転車に乗ってやって来る紙芝居のおじさん。拍子木の音を聞くと、針金を「し」の字にして賽銭《さいせん》箱から穴の開いた五円玉を釣り上げ、握りしめて紙芝居劇場の空地へと走った。街頭紙芝居を、ハラハラドキドキ観ていた。

数十年後、テレビの出現とともに消えていったと思っていた紙芝居に東京で再会した。懐かしさより何か作ってみたい気持ちになった。三十六歳の時、東京保育所でお世話になった恩師、所長の山崎先生を主人公にした『やまざきせんせい』（脚本／龍沢友子　B2判22枚）の長編の大型手作り紙芝居を作ったのが初めて。それを絵本作家の田畑精一さんが見てくださって、童心社へ紹介してくれたことが、ぼくの出版紙芝居の仕事につながった。

その後、子どもの造形教室『ハラッパ』を始め、16年間活動。紙芝居作りもよくやり、子どもたちから多くのことを学んだ。何枚かの紙に描かれた絵を重ね、一枚ずつ「抜き・演じる」という素朴な形式の中で、どんな遊びが、新しいことができるか、穴を開けたり、つなげたり、夢中になってやってきた。それから30数年で50作品ほど作った。

1995年、国際協力のNGO『ラオスの子どもに絵本を送る会』（現ラオスのこども）から、絵本作家のわかやまけんさんと専門家派遣で、初めてラオスへ行った。その後、長野ヒデ子さん、堀田穣さんたちと訪問して、『紙芝居づくりセミナー』を毎年のように6回開催。ラオスの地に種まきした紙芝居は育ち、楽しまれている。

2007年には、30年にわたって紛争の続くアフガニスタンに、シャンティ国際ボランティア会（SVA）から派遣され、児童図書出版関係者の研修をした。2013年には、カンボジア・ラオス・ミャンマー難民キャンプでも、同じような研修をした。アジアへの旅は、「子どもの頃の自分の感性」を思い出させてくれた。本当の豊かさって何だろうと考えるようになった。

日本児童教育専門学校では、『紙芝居』の授業をして今年で9年目。若い人たちに、紙芝居の面白さ、ぼくのやってきたことを伝えている。

紙芝居とぼくは、五円玉の御縁から今につながっている。旧き懐かしき世界にいつも新しい目で取り組みたいと思っている。

私と紙芝居

―― わしお　としこ

ありがとう！　最初に私の紙芝居たちに感謝の言葉を。紙芝居という偉大なメディアによって、表現活動が大きく飛躍でき、多くの方々に出会えました。

子どもの文化研究所の紙芝居研究会に参加したのは、三十年ほど前。友人に誘われて「見学です」と挨拶《あいさつ》した覚えがあります。当時は脚本を書くことなど全く考えなかったのです。でも紙芝居研究会には堀尾青史先生がおいででした。堀尾先生は、若き保育者であった私を童話創作の道へ導いてくだった先生。紙芝居の脚本作りも基礎から教えてくださいました。

処女作は『くちのあかないカバヒポポくん』（童心社）。保育雑誌に載った8見開きの童話を12場面の紙芝居に。楽しんで脚本を書きました。画を描いてくださったのは、雑誌の時と同じ田畑精一先生。冬の日、先生と取材のために上野動物園にご一緒したことが思い出されます。嬉しいことに今でも愛され、版を重ねています。

私は動物が好きです。国内外の動物園は言うまでもなく、野生動物の観察会にも出かけます。動物たちを通して、命の尊さを伝えたいという想いで作品を作り続けてきました。毎年、動物愛護週間には上野公園の噴水前広場の大テントの中で、自作紙芝居を演じています。かなりの喧騒の中、観客は子どもと大人半々。戦時中の犬を描いた『マアを返してください』の終演後、涙を浮かべて感想を伝えてくれた子連れのお母さんにも出会えました。このように、作者として最上の喜びを感じる時がしばしば訪れるのです。

無から有を生む脚本作りは苦しいけれど楽しい仕事です。紙芝居の魅力から抜け出すことはできません。観客の顔を思い浮かべながら、歩んでいきます。ありがとう！

焼け跡で演じた紙芝居

渡《わた》辺《なべ》享《きょう》子《こ》

私が生まれてすぐ日中戦争が始まりました。その頃はまだ町はのんびりしており、新宿の裏通りの煎餅《せんべい》屋の娘の私は、一日中外で友だちと遊んでいました。楽しみは街頭紙芝居。おじさんの人柄なのか、しみじみとした場面だけが思い出されます。でも戦況が怪しくなり、米を菓子にするとはけしからんと閉店させられて、五歳の時郊外へ引っ越しました。ススキばかりの淋しい土地で、友だちのいない私を気遣った母がアンデルセン童話集の古本とぬり絵紙芝居を買ってくれました。『三びきのこぶた』でした。B5くらいの画用紙に線で絵が描いてあり、好きに色を塗ると、面白くてアンデルセンを読んでもらっては夢中で紙芝居を作りました。

間もなく1941年、太平洋戦争が始まりました。私は国民学校一年生。校庭で目と耳を手で押さえて伏せる訓練をさせられました。爆弾が落ちた時、鼓膜が破れ、目が飛び出さないためと言われました。やがて空襲が始まり級友の母親が直撃弾を受け、洋服の一片が電線に残り体は消えたと知って、戦争の恐ろしさに震えました。そして1945年3月10日の東京大空襲では、今スカイツリーが建つ下町は火の海、何本も火柱が立ち上がり、赤い竜のように炎が空をうねるのが東京中から見えました。地方都市も空襲され、広島・長崎の原爆投下で終戦。ヒロシマに疎開していた親友が亡くなりました。

八年後、私は下町の焼け跡の町で、子どもたちに友人と紙芝居を演じていました。子どもたちは昼間は靴磨きで忙しいので、夜行きました。電灯もない焼トタンのバラックが並ぶ街の中に、古シートでテントが作ってあり、天井からは裸電球が一つ。満員の子どもたちは夏冬同じボロ一枚の暮らしなのに、むしろに座って大はしゃぎ。紙芝居のすばらしさを子どもたちから教えられ、私が紙芝居を描く原点となりました。「また来てね」と抱きつく顔がかわいい。その後この子どもたちを始め、戦争で命を奪われた同級生や身近な人たちのことを紙芝居にしてきました。みんな一生懸命生きていた証を残したくて、もっともっと生きたかったのにという思いを伝えたくて描いてきました。子どもたちに二度とこのような悲しいことがないように、平和と命の大切さを込めてこれからも紙芝居を創っていきたいと思います。

私にとって紙芝居は…

和歌山《わかやま》 静子《しずこ》

私にとって紙芝居は、子どもの頃は見る人、今は仕事として作る人、人生の大半は紙芝居と切れることなく過ごしてきたといっても過言でありません。子どもの時の紙芝居は街頭紙芝居です。今のようにテレビもゲームもない時代の一番の楽しみでした。駄菓子屋さんなど楽しい場所はありましたけど、なぜ紙芝居だったのか？　それは絵の力だと思います。私が絵描きだからではなく、その絵を紙芝居屋のおじさんが演じてくれたからだと思います。耳からおじさんの調子のよい声、目にはびっくりするような絵を見ながら、口にはおいしい飴や梅せんべい、至福の時でした。

わが家には『正チャンの冒険』（画／樺島勝一）などの絵本がありましたが、親にゆっくり読んでもらうことはありませんでした。戦後すぐの頃の親は食べていくだけで忙しく、子どもに本を読む余裕などありませんでした。洗濯機もなく冷蔵庫もなく、掃除機も炊飯器もなかったんです。現在の私たちは大人も子どもも、便利な物に囲まれて暮らしています。しかも、音や機械の声が知らせてくれます。スマホやテレビも生の人間の声ではないのです。

絵本は読んでもらうのが大切だといわれています。まして、何人もの仲間と一緒に笑ったり、しゅんとしたり怒ったり、みんなの気持ちが一つになれる紙芝居は、あの私が子どもだった時代より、今の子どもたちの方がもっと大切な時間、もっと必要としているのでは？　今、紙芝居には描き手、作り手、演じ手、それぞれに色々な課題があるように感じられます。最初仕事として紙芝居を描いていた私は、絵本と紙芝居の違いにどのように対応していくかに苦心していました。今の私は新しい世界を紙芝居に取り込む作品を書くのに苦心しています。絵本の世界では様々なお話が展開されていますが、それらの中から何を選ぶのかは読者です。紙芝居ではどれを取り上げるかは演じる人です。

私の新しい試みの作品『みみをすませて』（151ページ）は演じにくいという声が聞こえてきます。演じるということが難しいことはある意味では、絵本の読み聞かせより難しいのではと思います。今、私は紙芝居の世界を広げたいと感じ、新しいテーマに取り組んでいます。でも、演じる方たちが新しい世界に果敢に取り組んでくれないと、紙芝居の世界の広がりと深みは遅々として進まないと考えられます。紙芝居は演じる人で印象が変わってきます。また観客のことも考えて作品を選んだりもします。演じ手は私たち描き手にも、観客にもとても大切な存在だと言えるでしょう。

紙芝居のゆったりがここちよくて

―― 長《なが》野《の》ヒデ子《こ》

私と紙芝居の出会いは街頭紙芝居と日曜学校の伝道紙芝居です。大人になり、文庫活動、1977年から絵本の創作に入り、しばらくして紙芝居の依頼がありました。尊敬する加古里子さんはセツルメント運動の中で紙芝居を作り、それが原点と知りました。生身の声で演じ、ゆったり流れる時間の心地よさ。荒削りに見える生活感のある庶民性にも惹かれ、実はそれは綿密できめ細やかなのだとも知りました。創作はその人が出ます。創作を続けることは実に厳しく、いい作品を生み出すのは至難の業です。色々学びながら、色々作りました。『くわず女房』では赤羽末吉さんの絵本もあり、だからこそ紙芝居ならではの特徴、〈抜き〉の効果、構図の面白さ、脚本と絵のシンプルさで無駄のない力強さを出しつくさねば！と思いました。

その後「かつて無かったものを！あくまでもオリジナルを！」全て自分で生み出したいと。そして出したのが『ネコのたいそう』です。当時はこのような紙芝居はなく、中川ひろたかさん、せなけいこさんから絶賛していただく一方で、紙芝居ではないと厳しい声も聞きました。しかしネコくんは人気が出て、定期で『おりょうり』『おてがみ』の3作を出しました。当時は参加型は『おおきくおおきくおおきくなあれ』がありましたが、ネコと一緒に体操したり、歌ったり、手紙を読んだりは子どもたちを虜にし「猫になったまま元に戻らないよー」と言われました。右手和子さんもよく演じてくださいました。版を重ね、海外でも、「言葉が通じなくても心が繋がる」と人気でした（今は絶版）。この頃から私は紙芝居の深み、素晴らしさを知り紙芝居にはまりました。今、一度この3部をさらに進化させ完璧な紙芝居に作り直したいと思うのです。

心に残るのは、まどみちおさんの短くて深い詩から生まれた『おひさまにこにこ』。紙芝居の効果を最大限に生かして作ったこの紙芝居を、まどさんの前で演じた時「紙芝居っていいねえ！」の声が忘れられない。まどさん、93歳の時。「そうだ、子どもも演じられる紙芝居、赤ちゃんの紙芝居を創ろう」。そして生まれたのが『ころころじゃぽーん』。赤ちゃんから大人までこのリズムの心地よさに嬉しそう。

紙芝居を創ることで絵本が、絵本を創ることで紙芝居が見えてきます。だから私はともに大事にしたい。そして紙芝居にかかわる色々な人や会と繋がり、手作り紙芝居の持つ魅力と、子どもたちから力強い生きる力のまばゆさを教えられました。だからこそ、「世界中の子どもたちとともに毎日平和な朝を迎えたい」と祈らずにはいられません。そして新しい紙芝居の持つ力を信じてやまないです。

ぬすびととこひつじ…………………………120
花のき村とぬすびとたち…………………131

の

野村るり子
トボンとプクンのクリスマス……………109

は

ハリス
やぎじいさんのバイオリン………………154

ひ

平塚武二
ころころこぐま……………………………75

へ

ペロー
ながぐつをはいたねこ……………………113

ほ

ボーモン
美女と野獣…………………………………135
ホフマン
くるみわりにんぎょう……………………63

ま

松谷みよ子
モモちゃん「あかちゃんのうち」へ……98

み

宮沢賢治
おいの森とざる森、ぬすと森……………41
貝の火………………………………………52
グスコーブドリの伝記……………………61
けんじゅうこうえんりん…………………66
セロひきのゴーシュ………………………88
注文の多い料理店…………………………100
どんぐりとやまねこ………………………110
なめとこ山のくま…………………………115
ふたごのほし………………………………141
まつりのばん　……………………………147
祭の晩………………………………………148
雪わたり……………………………………157
よだかの星…………………………………158

む

椋　鳩十
ツルかえる…………………………………101
村上春夫
おまんじゅうのすきなとのさま…………51
村山籌子
おねぼうなじゃがいもさん………………49
だいこんのとこやさん……………………91
もしもあめのかわりに……………………91

も

モンセル，エッチ（モンセル，ヘレン）
こぐまのクリスマス………………………69

ら

ラーゲルレーヴ
ニルスのふしぎなたび（前・後編）……119

ろ

ロダーリ，ジャンニ
チポリーノのぼうけん……………………100

わ

ワイルド，オスカー
しあわせの王子……………………………79

マッチうりのしょうじょ…………………… 147
みにくいあひるのこ………………………… 150
雪の女王……………………………………… 157

い

イソップ
のねずみとまちのねずみ…………………… 124
ぱんくがえる／ぺちゃんこがえる……… 133
よくばりわんくん…………………………… 158
りっぱなつののしか………………………… 160
厳谷小波
なんにもせんにん…………………………… 116

え

江口文四郎
しろいしか……………………………………　84
エインズワース，ルース→アインズワース

お

小川未明
のばら………………………………………… 125
尾崎紅葉
金色夜叉……………………………………　76

か

ガアグ
ひゃくまんびきのねこ……………………… 138

き

君島久子
おひゃくしょうとえんまさま……………　50

く

グリム
きんのがちょう……………………………　59
こびととくつや……………………………　73
ハンスのしあわせ…………………………… 133
ひとうち七つ………………………………… 136
ブレーメンのおんがくたい………………… 144

け

剣持弘子
やせためんどりとキツネ…………………… 155

こ

小泉八雲
あらしのうみのゆうれい…………………　34
いなむらの火………………………………　36
呉　承恩
そんごくう　火炎山をこえるのまき……　90
そんごくう　金角銀角のまき……………　90
そんごくう　シリーズ……………………　90
そんごくう　たびだちのまき……………　90
そんごくう　たびのおわりのまき………　90

さ

斎藤隆介
モチモチの木………………………………… 152

し

シートン
りすのもりにはるがきた…………………… 160

す

ステーエフ
あひるのぴいぴいとひよこのぴっぴ……　32

た

高橋五山
てんからおだんご…………………………… 104
武田雪夫
やさしいおともだち………………………… 155

ち

チュコフスキー
ひよこちゃん………………………………… 138

と

豊島与志雄
ハボンスのしゃぼん玉……………………… 132

な

長沢秀比古
がんばれ！勇くん…………………………　58

に

新美南吉
あめだま……………………………………　33
くじらのしま………………………………　61
げたにばける………………………………　65
こぞうさんのおきょう……………………　71
ごんぎつね…………………………………　76
てぶくろをかいに…………………………… 103
でんでん虫…………………………………… 104

やなせたかし
アンパンマンとおむすびまん…………… 54
アンパンマンとカレーパンマン………… 54
アンパンマンとしょくぱんまん………… 54
アンパンマンとばいきんまん…………… 54
それいけ！アンパンマン………………… 54
なぞなぞのくにのアンパンマン………… 55
やべみつのり
ゴリラのあかちゃんモモタロウ………… 74
ザリガニつり……………………………… 78
小さな神さま……………………………… 118
どうぶつのてんきよほう………………… 106
山内和朗
なんかなんかあるよ……………………… 116
山口みねやす
ばかされギツネ…………………………… 127
山本祐司
おーい、はるだよー……………………… 42

ゆ
ユノセイイチ（油野誠一）
ニルスのふしぎなたび…………………… 119
ふたごのほし……………………………… 141

よ
横内　襄
こいぬがうまれた………………………… 67
横溝英一
りょうしとうずら………………………… 163

わ
若菜　珪
おさんぎつね……………………………… 46
くるみわりにんぎょう…………………… 63
さるかにがっせん………………………… 78
はなたれこぞうさま……………………… 130
わかやまけん（若山憲）
おたまたまごろう………………………… 47
かぜのかみとこども……………………… 53
どんぐりのあかちゃん…………………… 111
やっぱりだいすき！おかあさん………… 156
雪わたり…………………………………… 157
若山甲介
ほねほね…ほ！…………………………… 146
和歌山静子
きかんしゃシュッシュ…………………… 58
くださいな………………………………… 61
こねこのしろちゃん……………………… 72
これはりんご……………………………… 74
しんかんせんははやい…………………… 85
たまごがころべば………………………… 94
ふたつのこづつみ………………………… 142
みみをすませて…………………………… 151
もりのぶらんこ…………………………… 153
輪島清隆
関東大しんさい…………………………… 57
輪島みなみ
したきりすずめ…………………………… 81
つるのおんがえし………………………… 102
渡辺享子
おかあさんのうた………………………… 44
コスモス…………………………………… 71
白旗をかかげて…………………………… 85
ぞろぞろ…………………………………… 89
父のかお母のかお………………………… 99
トラのおんがえし………………………… 109
なぜ、お月さまにおそなえをするの？　114
ニャーオン………………………………… 119
ねこのおかあさん………………………… 120
根の国のものがたり……………………… 118
はしれ！バルトー………………………… 128
はるだよニャーオン……………………… 132
ぼくはかぶとむし………………………… 146
渡辺有一
七どぎつね………………………………… 82
どんぐりとやまねこ……………………… 110
はのいたいおまわりさん………………… 132

原作

あ
アインズワース
きかんしゃシュッシュ…………………… 58
あまんきみこ
はるのおきゃくさん……………………… 133
ふうたのはなまつり……………………… 139
アンデルセン
おかあさんのはなし……………………… 44
すずのへいたい…………………………… 85
はだかのおうさま………………………… 128

ボロルマー，バーサンスレン
ゾウとネズミ…… 89

ま

前田松男
ぶんぶくちゃがま…… 144
前田康成
おなべとことこ…… 48
牧村慶子
ひなのやまかご…… 137
ましませつこ
いやいやたまご…… 37
うめぼしさん…… 40
間瀬なおかた
まっくらぐらぐら…… 147
松井エイコ
二度と…… 117
まついのりこ
おおきくおおきくおおきくなあれ…… 42
ごきげんのわるいコックさん…… 67
よいしょよいしょ…… 157
松成真理子
うぐいすのホー…… 38
みにくいあひるのこ…… 150
まつやまふみお
かさじぞう…… 53
丸木俊子
天人のはごろも…… 105

み

mitty
地震がきたらどうするの？…… 81
水野二郎
おさんだぬきとかりゅうど…… 46
よさくどんのおよめさん…… 158
箕田源二郎
うまいものやま…… 39
かさじぞう…… 53
せんとくのおかね…… 88
ゆきおんな…… 156
三谷靱彦
たなばたものがたり…… 92
箕田美子
てぶくろ…… 103
宮崎　駿
パンダコパンダ　あめふりサーカス、だいこうずい…… 135
パンダコパンダ　おおきなパパとちいさなママ…… 134
パンダコパンダ　サーカスがやってきた！…… 135
パンダコパンダ　ちいさなちいさな、おきゃくさま？…… 134
パンダコパンダ　パンちゃん、がっこうへいく…… 134
パンダコパンダ　パンちゃん、ききいっぱつ！…… 134
宮下　森
ありのぼうけん…… 34
わっしょいわっしょいぶんぶんぶん…… 164
宮本忠夫
あんもちみっつ…… 35
とりのみじっちゃ…… 110
ばけものでら…… 127
ブレーメンのおんがくたい…… 144

む

村上康成
ねないこだあれ…… 123
村田エミコ
おひゃくしょうさんとだんご…… 49
村山知義
おねぼうなじゃがいもさん…… 49

も

毛利将範
しょうじきこぞうさん…… 83
諸橋精光
あらしのうみのゆうれい…… 34
ごんぎつね…… 76
なめとこ山のくま…… 115
モチモチの木…… 152

や

安　和子
ころころこぐま…… 75
だれかさんてだあれ…… 95
安　泰
こねこちゃん…… 72
安井康二
やっとこどっこい赤おにさん…… 156
矢玉四郎
おべんとうのえんそく…… 51

ひ

ピーマンみもと
みいちゃんの春…… 150
ヒサクニヒコ
あずきとぎ…… 30
ひろかわさえこ
くねくねゆらゆら…… 63
ごろん…… 75
つきよのヤマネ…… 101
どろんこおばけ…… 110
のはらでんしゃ…… 125
ヒロナガシンイチ
ミイラ男…… 150

ふ

福田岩緒
おかあさんまだかな…… 45
コンコちゃんとなかまたち…… 76
三びきのこぶた…… 79
だるまさんがころんだ…… 94
のーびた　のびた…… 124
福田庄助
うしかたとやまんば…… 38
おいの森とざる森、ぬすと森…… 41
しりなりべら…… 84
とんまなおおかみ…… 112
まつりのばん…… 147
藤沢友一
マッチうりのしょうじょ…… 147
藤田勝治
うみのみずはなぜからい…… 40
おじいさんといぬ…… 46
けんじゅうこうえんりん…… 66
じごくけんぶつ…… 80
十五夜さま…… 83
太陽のかみのけ…… 91
たのきゅう…… 93
にじになったきつね…… 117
ぬすびととこひつじ…… 120
美女と野獣…… 135
ふくはうち　おにもうち…… 141
ふたりはなかよし　オウエンとムゼイ… 142
へっこきよめさま…… 145
藤本四郎
あとかくしの雪…… 31
おおみそかのおきゃくさま…… 44
くろねこのしろいはな…… 64
げんきなカバのあかちゃん…… 66
こすずめのチュン…… 71
こねこの七夕まつり…… 73
すてきなおにいさん…… 86
藤本ともひこ
なにがつれるかな…… 115
二俣英五郎
あひるのぴいぴいとひよこのぴっぴ…… 32
うみにしずんだおに…… 39
おけやのてんのぼり…… 45
おだんごころころ…… 47
おひゃくしょうとえんまさま…… 50
こぎつねコンチといちご…… 68
こぎつねコンチとおかあさん…… 68
こぎつねコンチのにわそうじ…… 68
こぎつねコンとこだぬきポン…… 68
じいさまときつね…… 80
たべられたやまんば…… 94
てぶくろをかいに…… 103
とんだちょうじゃどん…… 111
ぱんくがえる／ぺちゃんこがえる…… 133
ひよこちゃん…… 138
びんぼうがみとふくのかみ…… 139
まほうのふで…… 148
降矢なな
やさしいまものバッパー…… 155
降矢洋子
いなむらの火…… 36
おおぐいのダチョウ…… 43
かあさんのイコカ…… 52
竜のおさんばさん…… 163
古川タク
あなからみえるよ…… 31
にこにこまんとじめじめ…… 117
ひもかとおもったら…… 137

ほ

穂積　肇
くじらのしま…… 61
保手浜 孝
ねこはしる…… 121
堀内誠一
こぶたのまーち…… 74
したきりすずめ…… 81
ながぐつをはいたねこ…… 113
堀川　波
だいくとねこ…… 91

トンミー
いぼがえるとにわとり……………………… 37

な
中尾　彰
天人のよめさま…………………………… 105
仲川道子
おたまじゃくしの１０１ちゃん………… 47
かいじゅうトドラ・トットコ…………… 52
コッコおばさんシリーズ………………… 70
コッコおばさんのうれしいおでんわ…… 70
コッコおばさんのおいしいレストラン… 70
コッコおばさんのおおきなすいか……… 70
コッコおばさんのおだんごパーティー… 70
コッコおばさんのおばけのアイスクリーム……………………………………… 70
だんごむしのころちゃん………………… 97
仲倉眉子
こぎつねまちへいく……………………… 69
よわむしおばけ…………………………… 159
中沢正人
げたにばける……………………………… 65
ねこのちゃわんで大さわぎ……………… 121
長島克夫
のねずみとまちのねずみ………………… 124
長野ヒデ子
イナバのしろうさぎ……………………… 118
うばすて山………………………………… 39
おとうふさんとそらまめさん…………… 48
がんばれ！勇くん………………………… 58
くわず女房………………………………… 64
ネコのおてがみ…………………………… 122
ネコのおりょうり………………………… 122
ネコのたいそう…………………………… 122
はないっぱいになあれ…………………… 129
ふとんやまトンネル……………………… 143
やまたのおろち…………………………… 118
中村文子
しあわせの王子…………………………… 79
中村有希
そりのうえのちいさいおうち…………… 89
中谷靖彦
かめのえんそく…………………………… 56
夏目尚吾
おぶさりてい……………………………… 50
すずのへいたい…………………………… 85
そんごくう　火炎山をこえるのまき…… 90
そんごくう　金角銀角のまき…………… 90
そんごくう　たびだちのまき…………… 90
そんごくう　たびのおわりのまき……… 90
だんごとじぞう…………………………… 95
ツルかえる………………………………… 101
どっちだ？………………………………… 107
はだかのおうさま………………………… 128
ひっこし…………………………………… 135

に
にいざかかずお
りっぱなつののしか……………………… 160
西巻茅子
さるとかに………………………………… 78
西村達馬
ねずみのおもちつき……………………… 123
りゅうになったおむこさん……………… 161
西村敏雄
がらがらごろごろ………………………… 56
西山三郎
花のき村とぬすびとたち………………… 131
冬のわらたば……………………………… 143
ももうりとのさま………………………… 152

の
野々口 重
ながぐつをはいたねこ…………………… 113
野村たかあき
あめだま…………………………………… 33
ないたあかおに…………………………… 113

は
長谷川知子
たぬきのてがみ…………………………… 93
どきどきうんどうかい…………………… 106
長谷川義史
うなぎにきいて…………………………… 38
はたよしこ
がんばれウンチくん……………………… 58
馬場のぼる
おうさまさぶちゃん……………………… 42
きつねとごんろく………………………… 59
原田ヒロミ
むかでのおつかい………………………… 151

はのいたいモモちゃん…………………… 96
モモちゃんがあかちゃんだったとき…… 96
モモちゃんとかた目のプー……………… 96
モモちゃんのおみせやさん……………… 96
鈴木幸枝
花かごわっしょい………………………… 129

せ
瀬名恵子（せなけいこ）
おさじさん………………………………… 45
だいこんのとこやさん…………………… 91
ちいさなおばけ…………………………… 97
にんじんさんだいこんさんごぼうさん… 120
ひよこのろくちゃん……………………… 138
やさしいおともだち……………………… 155

た
太賀　正
ももたろう………………………………… 153
高橋五山
ぶたのいつつご…………………………… 142
高橋恒喜
ひとうち七つ……………………………… 136
高橋ゆいこ
おふろでプクプク………………………… 50
滝平二郎
グスコーブドリの伝記…………………… 61
ちからたろう……………………………… 99
武部本一郎
りすのもりにはるがきた………………… 160
田沢梨枝子
イルカいらんかさかなやさん…………… 37
けむりがモクモク………………………… 66
田島征三
でっかいぞでっかいぞ…………………… 102
多田ヒロシ
どくのはいったかめ……………………… 107
田中武紫
きんのがちょう…………………………… 59
田中秀幸
トキのあかちゃん！……………………… 106
のんびりきょうりゅうのんのん………… 126
田畑精一
おとうさん………………………………… 126
くれよんさんのけんか…………………… 64
せかい一大きなケーキ…………………… 87
くちのあかないカバ　ヒポポくん……… 62
ロボット・カミイ　おみせやさんごっこのまき…………………………………… 162
ロボット・カミイ　げきあそびのまき　162
ロボット・カミイ　ちびぞうのまき…… 162
ロボット・カミイ　ロボットのくにへかえるのまき……………………………… 162
垂石眞子
おおきくなりたいな……………………… 43
ひまわりパンツ…………………………… 137
ダン・ミン・ヒエン
しあわせの花……………………………… 80

ち
チョン・ヒエウ
太陽はどこからでるの…………………… 92

つ
津田直美
たぬきときつねのつきみだんご………… 92
津田光郎
アムンゼン………………………………… 32
ちいさなきかんしゃ……………………… 99
津田櫓冬
トビウオのぼうやはびょうきです……… 108
つちだよしはる（土田義晴）
ぞうちゃんのおかし……………………… 88
ちいさいモモちゃん　よるですよう…… 98
ぴったんこってきもちいいね…………… 136
三つになったモモちゃん………………… 98
モモちゃん「あかちゃんのうち」へ…… 98
モモちゃんちにきたぞうさん…………… 98
モモちゃんどうぶつえんへいく………… 98

と
徳田徳志芸
せみがおとなになるとき………………… 87
得田之久
てんとうむしのテム……………………… 105
とべ！とのさまバッタ…………………… 108
富永秀夫
こびととくつや…………………………… 73
友利恭子
りゅうとにわとり………………………… 161
とよたかずひこ
あかしろうんどうかい…………………… 30
おむすびくん……………………………… 51
でんしゃがくるよ………………………… 104

たいへんなわすれもの…… 60
びっくりだいはつめい…… 60
ゆうれいのおきゃくさま…… 60
黒川光広
がんばれきょうりゅうぼうや…… 62
きょうりゅうぼうやのおともだち…… 62
きょうりゅうぼうやのさかなつり…… 62
黒崎義介
はなさかじじい…… 130
黒田征太郎
天の石屋戸…… 118

け
剣持晶子
やせためんどりとキツネ…… 155

こ
小出保子
ねこのさかなとり…… 121
こさかしげる
かるかやバレーがっこう…… 57
こばやしえりこ
どんぐり　ぽとん…… 111
小林ひろみ
チャボのおとうさん…… 100
駒井啓子
あっちゃんのふうせん…… 31
つばめのおやこ…… 101
小松　修
まほうのひょうたんいけ…… 148
古味正康
すてきなおんがくかい…… 86
小谷野半二
はなのすきなおじいさん…… 131

さ
桜井　誠
のばら…… 125
ハボンスのしゃぼん玉…… 132
笹尾としかず
タンキョー　マリア・ルス号ものがたり
…… 95
さとうあや
よんでよんで…… 159
佐藤忠良
平和のちかい…… 145
佐藤わき子
なんにもせんにん…… 116
サワジロウ
金色夜叉…… 76

し
篠崎三朗
いのししのすもう…… 36
おまんじゅうのすきなとのさま…… 51
ざしきわらし…… 77
よだかの星…… 158
篠原勝之
ハンスのしあわせ…… 133
渋谷正斗
とのさまからもらったごほうび…… 108
島津和子
あめふりともだち…… 33
清水耕蔵
あめかいゆうれい…… 33
おにのかたなづくり…… 49
トンボになったヤン…… 112
陣崎草子
りゅうのめのなみだ…… 163

す
菅野博子
お茶にしましょ…… 48
すがわらけいこ
トラよりつよいカエルくん…… 109
スズキコージ
国ゆずりのものがたり…… 119
くまになったピアナ…… 63
鈴木寿雄
まるぱんころころ…… 149
鈴木信一
こわいおおかみのこわいもの…… 75
鈴木琢磨
サンタのすず…… 79
鈴木　徹
五色のしか…… 69
でんでん虫…… 104
須々木博
子そだてゆうれい…… 72
ふしぎなしゃもじ…… 141
鈴木未央子
あめこんこん…… 96
ちゅうしゃにいったモモちゃん…… 97

ふうちゃんのそり……139

え
江口準次
原爆の子　さだ子の願い……67
遠藤てるよ
りゅうぐうのおよめさん……160

お
大畑いくの
ヤギとコオロギ……154
大和田美鈴
けちくらべ……65
てつだいねこ……103
岡野　和
こぞうさんのおきょう……71
しろいしか……84
祭の晩……148
豆っ子太郎……149
やぎじいさんのバイオリン……154
岡村好文
なんでもこおらせペンギン……116
岡本武紫
チポリーノのぼうけん……100
めしくわぬよめさま……151
奥田真美
しょいくらべ……83
小倉玲子
アンネフランクの希望……35
尾崎曜子
すてきなしっぽがほしいなあ……87
花ぬのむすめ……131
小沢良吉
のっぺらぼう……124

か
梶山俊夫
うりこひめとあまのじゃく……41
加太こうじ
黄金バット……41
勝又　進
たのしいおしょうがつ……93
金沢佑光
あかんぼばあさん……30
しりやのめいじん……84
つんぶくだるま……102
てんからおだんご……104
トボンとプクンのクリスマス……109
ふるやのもり……144
かみやしん
ジャックとまめのき……82
ブランコみのむし……143
亀井三恵子
ばけくらべ……127
狩野富貴子
天の川にかかるはし……32
川端　誠
へっこきよめ……145
川本哲夫
ひゃくまんびきのねこ……138

き
木佐森隆平
わらしべちょうじゃ……164
木曽秀夫
おおきなぼうし……43
北田卓史
注文の多い料理店……100

く
久住卓也
さらやしきのおきく……77
まんまるまんま　たんたかたん……149
やさいむらのあかたろう……154
工藤市郎
うらしまたろう……40
国松エリカ
さぎとり……77
久保雅勇
貝の火……52
かわいそうなぞう……57
ケーキだほいほい……65
こぐまのクリスマス……69
どこへいくのかな？……107
ねずみちょうじゃ……122
バナナれっしゃ……130
よくばりわんくん……158
わんわんちゃん……164
久米宏一
なぞなぞむこどん……115
黒岩章人
おひなさまをクリーニング……60
きつねのクリーニングやとまほうのマント……60

山路愛子
とのさまからもらったごほうび………… 108
山本典人
嘉代子ざくら…………………………… 56

よ
吉田タキノ
いのししのすもう……………………… 36
むかでのおつかい……………………… 151
吉野弘子
わらしべちょうじゃ…………………… 164
与田準一
おとうさん……………………………… 126
みにくいあひるのこ…………………… 150

わ
若山甲介
タンキョー　マリア・ルス号ものがたり
…………………………………………… 95
ほねほね…ほ！………………………… 146
和歌山静子
くださいな……………………………… 61
みみをすませて………………………… 151
わしおとしこ
くちのあかないカバ　ヒポポくん……… 62
くろねこのしろいはな………………… 64
げたにばける…………………………… 65
げんきなカバのあかちゃん…………… 66
ゴリラのあかちゃんモモタロウ……… 74
トキのあかちゃん！…………………… 106
渡辺享子
おかあさんのうた……………………… 44
コスモス………………………………… 71
白旗をかかげて………………………… 85
トラのおんがえし……………………… 109
なぜ、お月さまにおそなえをするの？
…………………………………………… 114
ねこのおかあさん……………………… 120
はしれ！バルトー……………………… 128
ぼくはかぶとむし……………………… 146

画

あ
相沢るつ子
いつかＶゴール………………………… 35
赤坂三好
こぶたのけんか………………………… 73
アリマ・ジュンコ
シュークリームのおきゃくさま………… 82
アンヴィル奈宝子
すてきなおきゃくさん………………… 86

い
井口文秀
嘉代子ざくら…………………………… 56
池田げんえい
なしとりきょうだい…………………… 114
ひなにんぎょうのむかし……………… 136
池田仙三郎
いっすんぼうし………………………… 36
セロひきのゴーシュ…………………… 88
はちかつぎ……………………………… 129
石倉欣二
ももたろう……………………………… 153
イ・スジン
アリとバッタとカワセミ……………… 34
りゅうぐうのくろねこ………………… 161
いそみゆき（礒みゆき）
ぎゅうっとだっこ……………………… 59
ねんねねんね…………………………… 123
もっとできるよでんぐりこ…………… 152
伊藤秀男
なぜ、おふろにしょうぶをいれるの？　114
今森光彦
いちばんおおきなばった……………… 140
セミくんがおようふくをきがえたら…　140
つよいぞ！カマキリくん……………… 140
いわさきちひろ
おかあさんのはなし…………………… 44
のみのかわでつくった王さまのながぐつ
…………………………………………… 125
雪の女王………………………………… 157
岩淵慶造
はしれトッピー！……………………… 128

う
梅田俊作
かっぱのすもう………………………… 55
はるのおきゃくさん…………………… 133
ふうたのはなまつり…………………… 139

モモちゃんちにきたぞうさん…………… 98
モモちゃんどうぶつえんへいく………… 98
モモちゃんとかた目のプー……………… 96
モモちゃんのおみせやさん……………… 96
りゅうぐうのおよめさん………………… 160
松野正子
こいぬがうまれた………………………… 67
こぎつねコンとこだぬきポン…………… 68
はのいたいおまわりさん………………… 132
間所ひさこ
こねこの七夕まつり……………………… 73

み
水谷章三
あんもちみっつ…………………………… 35
うみのみずはなぜからい………………… 40
けんじゅうこうえんりん………………… 66
ざしきわらし……………………………… 77
じごくけんぶつ…………………………… 80
すずのへいたい…………………………… 85
太陽のかみのけ…………………………… 91
てつだいねこ……………………………… 103
ばけものでら……………………………… 127
花のき村とぬすびとたち………………… 131
ふうたのはなまつり……………………… 139
ふるやのもり……………………………… 144
へっこきよめさま………………………… 145
三谷亮子
しあわせの王子…………………………… 79
三田村信行
おひなさまをクリーニング……………… 60
きつねのクリーニングやとまほうのマント……………………………………… 60
たいへんなわすれもの…………………… 60
びっくりだいはつめい…………………… 60
ゆうれいのおきゃくさま………………… 60
宮崎　駿
パンダコパンダ　あめふりサーカス、だいこうずい………………………………… 135
パンダコパンダ　おおきなパパとちいさなママ…………………………………… 134
パンダコパンダ　サーカスがやってきた！…………………………………………… 135
パンダコパンダ　ちいさなちいさな、おきゃくさま？……………………………… 134
パンダコパンダ　パンちゃん、がっこうへいく…………………………………… 134
パンダコパンダ　パンちゃん、ききいっぱつ！………………………………………… 134
宮崎二美枝
原爆の子　さだ子の願い………………… 67
たぬきのてがみ…………………………… 93

む
村山桂子
こぶたのまーち…………………………… 74
村山知義
おねぼうなじゃがいもさん……………… 49

も
望月新三郎
しりやのめいじん………………………… 84
諸橋精光
あらしのうみのゆうれい………………… 34
ごんぎつね………………………………… 76
だんごとじぞう…………………………… 95
なめとこ山のくま………………………… 115
モチモチの木……………………………… 152

や
八木田宜子
きかんしゃシュッシュ…………………… 58
くれよんさんのけんか…………………… 64
りっぱなつののしか……………………… 160
矢崎節夫
おおみそかのおきゃくさま……………… 44
トラよりつよいカエルくん……………… 109
にこにこまんとじめじめ………………… 117
はしれトッピー！………………………… 128
安田　浩
あめかいゆうれい………………………… 33
したきりすずめ…………………………… 81
ながぐつをはいたねこ…………………… 113
はなたれこぞうさま……………………… 130
矢玉四郎
おべんとうのえんそく…………………… 51
やなせたかし
アンパンマンとおむすびまん…………… 54
アンパンマンとカレーパンマン………… 54
アンパンマンとしょくぱんまん………… 54
アンパンマンとばいきんまん…………… 54
それいけ！アンパンマン………………… 54
なぞなぞのくにのアンパンマン………… 55

美女と野獣…………………………… 135
ふくはうち　おにもうち………………… 141
藤田富美恵
花かごわっしょい………………………… 129
藤本ともひこ
なにがつれるかな………………………… 115
降矢洋子
おおぐいのダチョウ……………………… 43
かあさんのイコカ………………………… 52
古川タク
あなからみえるよ………………………… 31
ひもかとおもったら……………………… 137
古田足日
せかい一大きなケーキ…………………… 87
ロボット・カミイ　おみせやさんごっこのまき…………………………… 162
ロボット・カミイ　げきあそびのまき… 162
ロボット・カミイ　ちびぞうのまき…… 162
ロボット・カミイ　ロボットのくにへかえるのまき……………………… 162
古山広子
サンタのすず……………………………… 79
すてきなおにいさん……………………… 86
そりのうえのちいさいおうち…………… 89
ひなのやまかご…………………………… 137

ほ

堀内誠一
ながぐつをはいたねこ…………………… 113
堀尾青史
ありのぼうけん…………………………… 34
おひゃくしょうとえんまさま…………… 50
くじらのしま……………………………… 61
グスコーブドリの伝記…………………… 61
ケーキだほいほい………………………… 65
こぐまのクリスマス……………………… 69
こねこちゃん……………………………… 72
こねこのしろちゃん……………………… 72
ジャックとまめのき……………………… 82
セロひきのゴーシュ……………………… 88
だいこんのとこやさん…………………… 91
注文の多い料理店………………………… 100
てぶくろ…………………………………… 103
てぶくろをかいに………………………… 103
てんからおだんご………………………… 104
天人のはごろも…………………………… 105
どこへいくのかな？……………………… 107
トボンとプクンのクリスマス…………… 109
どんぐりとやまねこ……………………… 110
とんだちょうじゃどん…………………… 111
とんまなおおかみ………………………… 112
のばら……………………………………… 125
はるのおきゃくさん……………………… 133
ぱんくがえる／ぺちゃんこがえる……… 133
ハンスのしあわせ………………………… 133
ふたごのほし……………………………… 141
やぎじいさんのバイオリン……………… 154
よくばりわんくん………………………… 158
わんわんちゃん…………………………… 164
本田カヨ子
おなべとことこ…………………………… 48

ま

増田尚子
じいさまときつね………………………… 80
松井エイコ
二度と……………………………………… 117
まついのりこ
おおきくおおきくおおきくなあれ……… 42
ごきげんのわるいコックさん…………… 67
よいしょよいしょ………………………… 157
松岡　節
しょうじきこぞうさん…………………… 83
松谷みよ子
あめこんこん……………………………… 96
うみにしずんだおに……………………… 39
うりこひめとあまのじゃく……………… 41
おおきくなりたいな……………………… 43
おさじさん………………………………… 45
おとうふさんとそらまめさん…………… 48
かさじぞう………………………………… 53
くわず女房………………………………… 64
さるとかに………………………………… 78
したきりすずめ…………………………… 81
たべられたやまんば……………………… 94
ちいさいモモちゃん　よるですよう…… 98
ちゅうしゃにいったモモちゃん………… 97
天人のよめさま…………………………… 105
ねないこだあれ…………………………… 123
ばけくらべ………………………………… 127
はないっぱいになあれ…………………… 129
はのいたいモモちゃん…………………… 96
三つになったモモちゃん………………… 98
モモちゃんがあかちゃんだったとき…… 96

仲倉眉子
こぎつねまちへいく…… 69
よわむしおばけ…… 159
長崎源之助
かさじぞう…… 53
ころころこぐま…… 75
さるかにがっせん…… 78
長野ヒデ子
ネコのおてがみ…… 122
ネコのおりょうり…… 122
ネコのたいそう…… 122
中村美佐子
のんびりきょうりゅうのんのん…… 126
中村ルミ子
やさいむらのあかたろう…… 154
中谷靖彦
かめのえんそく…… 56
那須正幹
ふとんやまトンネル…… 143
夏目尚吾
ひっこし…… 135
奈街三郎
うらしまたろう…… 40

に

西野綾子
天の石屋戸…… 118
イナバのしろうさぎ…… 118
国ゆずりのものがたり…… 119
小さな神さま…… 118
根の国のものがたり…… 118
やまたのおろち…… 118
西村敏雄
がらがらごろごろ…… 56
西村彼呂子
シュークリームのおきゃくさま…… 82

ね

ねじめ正一
どきどきうんどうかい…… 106

の

野坂悦子
やさしいまものバッパー…… 155

は

はたよしこ
がんばれウンチくん…… 58
馬場のぼる
おうさまさぶちゃん…… 42
きつねとごんろく…… 59
浜田ひろすけ
ないたあかおに…… 113
はなさかじじい…… 130
りゅうのめのなみだ…… 163
浜田留美
いっすんぼうし…… 36
林原玉枝
たぬきときつねのつきみだんご…… 92
半沢一枝
かいじゅうトドラ・トットコ…… 52

ひ

ピーマンみもと
みいちゃんの春…… 150
東川洋子
あめだま…… 33
なしとりきょうだい…… 114
めしくわぬよめさま…… 151
東　君平
もりのぶらんこ…… 153
肥田美代子
なんでもこおらせペンギン…… 116
平田恵美子
りゅうとにわとり…… 161
ひろかわさえこ
くねくねゆらゆら…… 63
ごろん…… 75
どろんこおばけ…… 110

ふ

福島のり子
こわいおおかみのこわいもの…… 75
福田岩緒
おかあさんまだかな…… 45
だるまさんがころんだ…… 94
のーびた　のびた…… 124
武鹿悦子
ぞうちゃんのおかし…… 88
のはらでんしゃ…… 125
藤田勝治
おじいさんといぬ…… 46

高橋五山
こぶたのけんか…… 73
のみのかわでつくった王さまのながぐつ…… 125
ひゃくまんびきのねこ…… 138
ぶたのいつつご…… 142
高橋ゆいこ
おふろでプクプク…… 50
竹下文子
いやいやたまご…… 37
田沢梨枝子
イルカいらんかさかなやさん…… 37
けむりがモクモク…… 66
多田ヒロシ
どくのはいったかめ…… 107
田村忠夫
ぴったんこってきもちいいね…… 136
田村つねこ
竜のおさんばさん…… 163
垂石眞子
ひまわりパンツ…… 137
足沢良子
やっとこどっこい赤おにさん…… 156
りょうしとうずら…… 163
ダン・ミン・ヒエン
しあわせの花…… 80

ち
千世まゆ子（千世繭子）
おーい、はるだよー…… 42
つきよのヤマネ…… 101
どんぐり　ぽとん…… 111
ぬすびととこひつじ…… 120
チョン・ヒエウ
太陽はどこからでるの…… 92

つ
津田紀子
ゾウとネズミ…… 89
土家由岐雄
かわいそうなぞう…… 57
筒井敬介
ぶんぶくちゃがま…… 144
常光　徹
なぜ、おふろにしょうぶをいれるの？…… 114
坪田譲治
うしかたとやまんば…… 38
おだんごころころ…… 47
津谷タズ子
冬のわらたば…… 143
ももうりとのさま…… 152
鶴見正夫
おにのかたなづくり…… 49
くるみわりにんぎょう…… 63

と
ときありえ
花ぬのむすめ…… 131
ときわひろみ
あとかくしの雪…… 31
父のかお母のかお…… 99
よんでよんで…… 159
得田之久
てんとうむしのテム…… 105
とべ！とのさまバッタ…… 108
都丸つや子
ニャーオン…… 119
はるだよニャーオン…… 132
とよたかずひこ
あかしろうんどうかい…… 30
おむすびくん…… 51
でんしゃがくるよ…… 104
トンミー
いぼがえるとにわとり…… 37

な
中川ひろたか
これはりんご…… 74
しんかんせんははやい…… 85
たまごがころべば…… 94
仲川道子
コッコおばさんのうれしいおでんわ…… 70
コッコおばさんのおいしいレストラン 70
コッコおばさんのおおきなすいか…… 70
コッコおばさんのおだんごパーティー 70
コッコおばさんのおばけのアイスクリーム…… 70
中川美穂子
チャボのおとうさん…… 100
中川李枝子
こぎつねコンチといちご…… 68
こぎつねコンチとおかあさん…… 68
こぎつねコンチのにわそうじ…… 68

こ
小出保子
ねこのさかなとり…… 121
香山美子（こうやまよしこ）
だれかさんてだあれ…… 95
へっこきよめ…… 145
ももたろう…… 153
小林純一
あひるのぴいぴいとひよこのぴっぴ…… 32
はなのすきなおじいさん…… 131
ひよこちゃん…… 138
小春久一郎
ツルかえる…… 101
トンボになったヤン…… 112
古味正康
すてきなおんがくかい…… 86
こわせ・たまみ
おひゃくしょうさんとだんご…… 49

さ
斎藤　純
とりのみじっちゃ…… 110
さえぐさひろこ
ヤギとコオロギ…… 154
桜井信夫
あずきとぎ…… 30
子そだてゆうれい…… 72
ゆきおんな…… 156
佐々木悦
うまいものやま…… 39
しろいしか…… 84
せんとくのおかね…… 88
ふしぎなしゃもじ…… 141
さとうつきこ
こぞうさんのおきょう…… 71
祭の晩…… 148
佐藤義則
なぞなぞむこどん…… 115
さねとうあきら
くまになったピアナ…… 63
ももたろう…… 153
サワジロウ
金色夜叉…… 76
三遊亭圓窓
ぞろぞろ…… 89

し
柴野民三
まほうのひょうたんいけ…… 148
渋谷　勲
かぜのかみとこども…… 53
かっぱのすもう…… 55
十五夜さま…… 83
しりなりべら…… 84
たのきゅう…… 93
のっぺらぼう…… 124
島津和子
あめふりともだち…… 33
島本一男
ザリガニつり…… 78
どっちだ？…… 107
どんぐりのあかちゃん…… 111

す
杉浦　宏
うぐいすのホー…… 38
どうぶつのてんきよほう…… 106
杉本由紀子
ねずみのおもちつき…… 123
鈴鹿洋子
アムンゼン…… 32
鈴木　徹
五色のしか…… 69
でんでん虫…… 104
鈴木敏子
びんぼうがみとふくのかみ…… 139
すとうあさえ
コンコちゃんとなかまたち…… 76

せ
瀬名恵子（せなけいこ）
ちいさなおばけ…… 97
やさしいおともだち…… 155

た
高家博成
だんごむしのころちゃん…… 97
ブランコみのむし…… 143
高木あきこ
あっちゃんのふうせん…… 31
たのしいおしょうがつ…… 93
まっくらぐらぐら…… 147

折口てつお
おさんぎつね…… 46

か

かこさとし（加古里子）
おたまじゃくしの１０１ちゃん…… 47
かるかやバレーがっこう…… 57
ひよこのろくちゃん…… 138
わっしょいわっしょいぶんぶんぶん…… 164
加太こうじ
黄金バット…… 41
桂　文我
うなぎにきいて…… 38
さぎとり…… 77
さらやしきのおきく…… 77
七どぎつね…… 82
金山美沙子
おたまたまごろう…… 47
上地ちづ子
アンネフランクの希望…… 35
いつかＶゴール…… 35
がんばれ！勇くん…… 58
そんごくう　火炎山をこえるのまき…… 90
そんごくう　金角銀角のまき…… 90
そんごくう　たびだちのまき…… 90
そんごくう　たびのおわりのまき…… 90
ニルスのふしぎなたび…… 119
ミイラ男…… 150
川崎大治
あかんぼばあさん…… 30
いなむらの火…… 36
おけやのてんのぼり…… 45
貝の火…… 52
きんのがちょう…… 59
三びきのこぶた…… 79
せみがおとなになるとき…… 87
ちからたろう…… 99
なんにもせんにん…… 116
にんじんさんだいこんさんごぼうさん…… 120
ねずみちょうじゃ…… 122
はだかのおうさま…… 128
バナナれっしゃ…… 130
ひとうち七つ…… 136
ブレーメンのおんがくたい…… 144
マッチうりのしょうじょ…… 147
まつりのばん…… 147
まほうのふで…… 148
豆っ子太郎…… 149
まるぱんころころ…… 149
雪わたり…… 157
川田百合子
にじになったきつね…… 117
神沢利子
うめぼしさん…… 40
ふうちゃんのそり…… 139
菅野博子
お茶にしましょ…… 48
ガンバートル，イチンノロブ
ゾウとネズミ…… 89

き

菊地ただし
ばかされギツネ…… 127
木曽秀夫
おおきなぼうし…… 43
北田　伸
たなばたものがたり…… 92
りすのもりにはるがきた…… 160
木村次郎
チポリーノのぼうけん…… 100
はちかつぎ…… 129

く

日下部由美子
おまんじゅうのすきなとのさま…… 51
工藤直子
ねこはしる…… 121
国松俊英
おいの森とざる森、ぬすと森…… 41
こすずめのチュン…… 71
つばめのおやこ…… 101
よだかの星…… 158
黒川光広
がんばれきょうりゅうぼうや…… 62
きょうりゅうぼうやのおともだち…… 62
きょうりゅうぼうやのさかなつり…… 62

け

剣持晶子
やせためんどりとキツネ…… 155

作者索引

脚本（P201）画（P194）原作（P187）の作者名を姓・名の五十音順に配列し、作品名と該当ページ数を載せています。巻頭（P6）の「索引―ジャンルと活用別」とあわせてご利用ください。

脚本

あ

相星真由美
モモちゃん「あかちゃんのうち」へ…… 98
赤木かん子
地震がきたらどうするの？………………… 81
秋元美奈子
おさんだぬきとかりゅうど……………… 46
よさくどんのおよめさん………………… 158
あまんきみこ
すてきなおきゃくさん…………………… 86
新井悦子
だいくとねこ……………………………… 91
荒木文子
まんまるまんま　たんたかたん………… 149

い

池田まき子
ふたりはなかよし　オウエンとムゼイ… 142
池田善郎
ちいさなきかんしゃ……………………… 99
石川光男
関東大しんさい…………………………… 57
イ・スジン
アリとバッタとカワセミ………………… 34
りゅうぐうのくろねこ…………………… 161
いそみゆき（礒みゆき）
ぎゅうっとだっこ………………………… 59
ねんねねんね……………………………… 123
もっとできるよでんぐりこ……………… 152
市川京子
おぶさりてい……………………………… 50
稲庭桂子
おかあさんのはなし……………………… 44
こびととくつや…………………………… 73
のねずみとまちのねずみ………………… 124
ハボンスのしゃぼん玉…………………… 132
平和のちかい……………………………… 145
雪の女王…………………………………… 157
いぬいとみこ
トビウオのぼうやはびょうきです……… 108
今関信子
りゅうになったおむこさん……………… 161
今森光彦
いちばんおおきなばった………………… 140
セミくんがおようふくをきがえたら… 140
つよいぞ！カマキリくん………………… 140
岩崎京子
うばすて山………………………………… 39
ふたつのこづつみ………………………… 142

う

内田麟太郎
でっかいぞでっかいぞ…………………… 102
鳥兎沼宏之
つんぶくだるま…………………………… 102
宇野克彦
ねこのちゃわんで大さわぎ……………… 121

お

岡上鈴江
つるのおんがえし………………………… 102
奥田真美
しょいくらべ……………………………… 83
尾崎曜子
すてきなしっぽがほしいなあ…………… 87
鬼塚りつ子
やっぱりだいすき！おかあさん………… 156
小野和子
天の川にかかるはし……………………… 32
けちくらべ………………………………… 65
ひなにんぎょうのむかし………………… 136
小野寺悦子
なんかなんかあるよ……………………… 116

子どもの文化研究所（こどものぶんかけんきゅうしょ）

◆子どもの文化と保育・教育に関わる様々な分野の人が集まり交流し、創造と研究にチャレンジしている。『子どもの文化学校』で、保育・幼児教育・子育て支援に携わる方に、スキルアップ研修の場を提供している。月刊誌『子どもの文化』で、様々な角度から子ども・文化・保育・教育・社会等の情報を発信している。

詳しくは、ホームページをご覧ください。http://www.kodomonobunnka.or.jp/

連絡先＝東京都豊島区目白 3-2-8　電話 03-3951-0151

紙芝居文化推進協議会（かみしばいぶんかすいしんきょうぎかい）

◆紙芝居に関心のある個人・団体が参加。手作り紙芝居コンクールの実施、紙芝居の上演と研修、紙芝居の情報発信をしている。季刊『紙芝居文化ネットワーク』、年刊『手づくり紙芝居コンクール』『紙芝居文献・情報』を発行。

連絡先＝横浜市中区真砂町 3-33 セルテ 11F よこはま市民共同オフィス

本書姉妹編に、『紙芝居―演じ方のコツと基礎理論のテキスト』があります。

日本図書館協会選定図書

紙芝居入門テキスト・セット②

おすすめ紙芝居400冊～こんな時はこの紙芝居を

2015 年 3 月 15 日　第 1 版第 1 刷発行
2015 年 5 月 15 日　第 1 版第 2 刷発行

編　者　子どもの文化研究所（こどものぶんかけんきゅうしょ）
協　力　紙芝居文化推進協議会（かみしばいぶんかすいしんきょうぎかい）

イラスト　鈴木明子
デザイン　深澤紗織（アートマン）

発行者　米山傑
発行所　株式会社一声社
東京都文京区本郷 3-11-6　浅香ビル 1 F
電話 03-3812-0281　FAX03-3812-0537
郵便振替　00170-3-187618　URL http://www.isseisha.net

印　刷　株式会社シナノ

ISBN978-4-87077-227-4　C0037